文案创作与活动策划

从入门到精通

苏航◎著

人民邮电出版社

北京

图书在版编目（CIP）数据

文案创作与活动策划从入门到精通 / 苏航著. -- 北京 : 人民邮电出版社, 2018.6
ISBN 978-7-115-47922-8

Ⅰ. ①文… Ⅱ. ①苏… Ⅲ. ①广告－写作②活动－组织管理学 Ⅳ. ①F713.8②C936

中国版本图书馆CIP数据核字(2018)第029775号

内 容 提 要

本书围绕文案创作和活动策划主题，为读者提供拿来即用的实战技巧。

文案创作部分的主要内容有：熟悉文案的基本结构、内容、写作方法；调研市场，做好定位；打造有吸引力的标题，创作有内涵的内容；熟练掌握文案写作技巧，写出电商、微商等行业吸精文案。活动策划部分的主要内容有：确定活动策划主体思路，包括活动策划的流程和原则；明确活动策划的核心要点，包括时间、地点、宣传方式等。书中为读者提供了实操性强的解决方案，并给出了丰富的实战案例。

本书适合文案创作和活动策划人员，还适合电商、新媒体等行业从业人员。

◆ 著　　　　苏　航
责任编辑　恭竟平
责任印制　周昇亮

◆ 人民邮电出版社出版发行　　北京市丰台区成寿寺路 11 号
邮编　100164　电子邮件　315@ptpress.com.cn
网址　http://www.ptpress.com.cn
北京虎彩文化传播有限公司印刷

◆ 开本：700×1000　1/16
印张：15.5　　　　　　　　　2018 年 6 月第 1 版
字数：253 千字　　　　　　 2024 年 8 月北京第 26 次印刷

定价：49.80 元

读者服务热线：(010)81055296　印装质量热线：(010)81055316
反盗版热线：(010)81055315
广告经营许可证：京东市监广登字 20170147 号

　　古语云：临渊羡鱼，不如退而结网。大意为：站在水边想得到鱼，不如回家去结网。

　　在日常工作中，我们见多了令人拍案叫绝的文案和精彩非凡的活动策划。但与其看、羡慕，不如自己学会并以此来创造佳绩。

　　那作为一个新手，不会编写文案怎么办？作为职场新人，不会策划活动怎么办？

　　不用担心，本书正是为解决这两个问题而作。书中分析了一些经典的实战案例心得，而这些心得是很多文案工作者和活动策划者不愿意与他人分享的，因为其中的任何一个实用性强的技巧，都是这些从业者花了无数的时间、精力和金钱成本获得的，是不可轻易示人的。

　　笔者写这本书的价值便在于此，力争将自己通过大量时间、精力和金钱成本获取的文案和活动的干货技巧，提供给对文案写作和活动策划有需要的朋友们。如果能抛砖引玉，对大家有所启发，那这本书便值了！

　　本书分为11章，第1章至第7章的内容包括细说文案的前世今生、文案的市场调研、写出有吸引力的标题、解密文案的写作技巧、文案营销要讲好故事、电商微商营销文案实战、传统节日活动文案实战，从文案创作的具体概念、创作目标、写作技巧、思维方式等多个角度，结合案例和图表，提供了让人一目了然的文案创作技巧。

　　第8章至第11章的内容包括剖析活动策划的价值、活动策划的主体思路、活动策划的核心要点、活动策划的综合实战，重点讲解了活动策划的价值和作用、策划思路、执行要点等，列举了大量实战案例，提供了丰富的图解分析，使大家的活动策划能力上升一个台阶。

　　常言道：台上一分钟，台下十年功。文案写作和活动策划能力的提升需要工作中经验的积累。希望大家能充分运用本书的知识，在实践中多加练习，不断总结创新。

　　许多超级文案的创作者和活动策划者在谈及成功的秘诀时，只有一句话：努力、努力、再努力。在此与大家共勉。

　　本书由苏航编写，参与编写的人员还有陈林等人。由于作者的知识水平有限，书中难免有错误和疏漏之处，恳请广大读者批评、指正。

第 4 章 **解密文案的写作技巧** / 076

第 5 章　**文案营销要讲好故事 / 095**

第 6 章 **电商微商营销文案实战** / 110

第 1 章

细说文案的前世今生

01

学前提示

文案对于产品的销售与品牌的推广都起着决定性的作用，是销售与营销人员必须要了解的内容。

本章主要针对文案的具体组成内容进行分析，讲解何为文案和文案的要求，认识文案的写作，为后面章节的学习打好基础。

要点展示

- ➤ 文案的概念
- ➤ 文案的价值
- ➤ 文案的基本要求
- ➤ 文案的内容、构成及写作方法
- ➤ 认识文案创作

1.1　文案的概念

文案，最初的意思是指用于放书的桌子，后来泛指在桌子上写字的人。随着时代的发展，现在所说的文案，主要是指公司或企业中从事文字工作的人进行的相关策划。

在实际的写作应用中，文案在字面上是"广告文案"的简称，由英文advertising copy 翻译而来。广告文案的概念有广义和狭义之分，如图 1-1 所示。

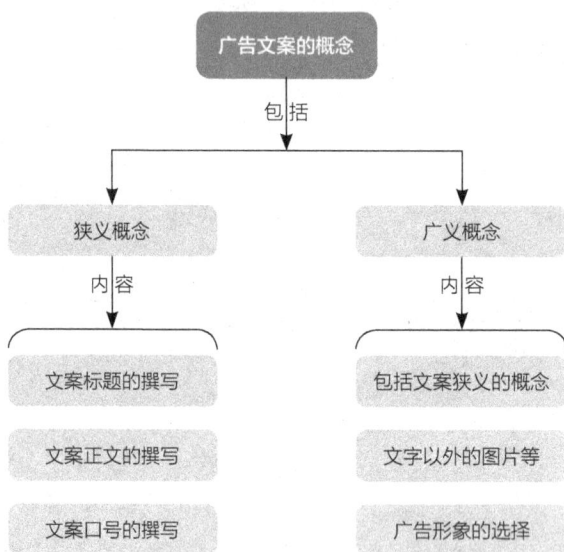

图 1-1　广告文案的概念

文案主要源于广告行业，但是与广告类型的活动策划存在一定的区别，如表 1-1 所示。

表 1-1　文案策划与活动策划的区别

名称	区别
文案策划	侧重文字本身的意思
活动策划	侧重活动本身的内容

1.2　文案的价值

在现代商业竞争中，精彩的文案往往能够让一个产品在众多的同类产品中脱颖而出。文案是竞争的利器，更是产品的核心和灵魂所在。

如图 1-2 所示，以农夫山泉为例，其文案就着重突出了它的水质相较于其他品牌的矿泉水更加环保，在无形之中表现出水源的优质性与安全性。

图 1-2 天然健康的农夫山泉的广告文案

对于企业而言，一个优质的文案可以促进品牌的推广，提高其人气和影响力，进而提升企业的声誉，吸引更多的用户。文案的作用十分广泛，尤其在广告业蓬勃发展的商业社会中。

1.3 文案的基本要求

文案是商业宣传中较为重要的一个环节，从其作用来看，优秀的文案具备强烈的感染力，能够给商家带来数倍的收益和价值。在信息繁杂的网络时代，并不是所有的文案都能够获得成功，尤其对于缺乏技巧的文案而言，获得成功并不是轻而易举的事情。

从文案写作的角度出发，文案的感染力主要来自 4 个方面，如图 1-3 所示。

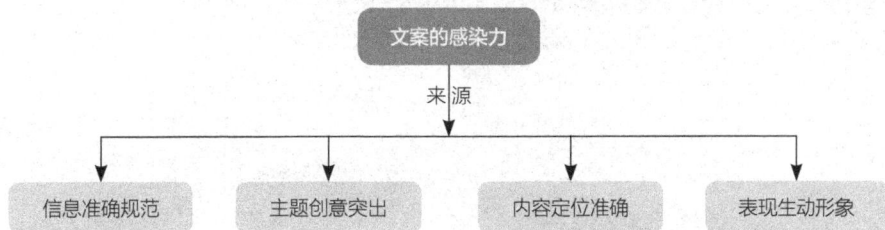

图 1-3 文案的感染力来源

1.3.1　信息准确规范

随着互联网技术的发展，每天更新的信息量是十分惊人的。"信息爆炸"的说法主要就源于信息的快速增长。庞大的原始信息量和更新的网络信息量通过新闻、娱乐和广告信息等传播媒介作用于个人。

由此可见，每个人每天被动接受的信息量十分庞大，尤其是广告类信息较为繁杂。对于文案创作者而言，要想让文案被大众认可，在庞大的信息量中脱颖而出，首先需要做到准确和规范。

在实际的应用中，准确和规范是对于文案写作的基本要求，具体如图1-4所示。

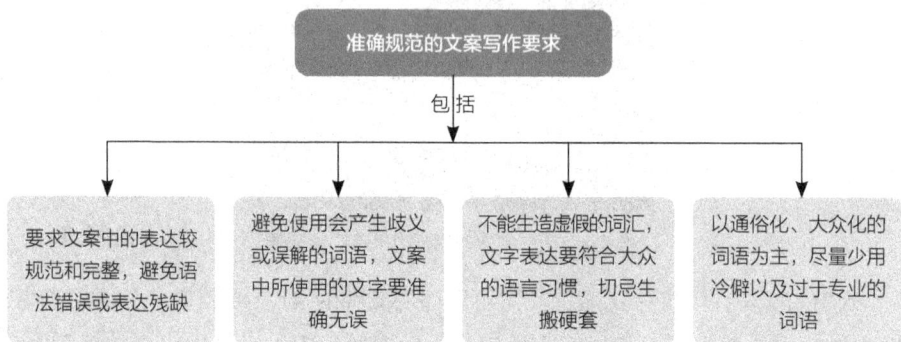

```
┌─────────────────────────────────┐
│      准确规范的文案写作要求          │
└─────────────────────────────────┘
              包括
```

要求文案中的表达较规范和完整，避免语法错误或表达残缺	避免使用会产生歧义或误解的词语，文案中所使用的文字要准确无误	不能生造虚假的词汇，文字表达要符合大众的语言习惯，切忌生搬硬套	以通俗化、大众化的词语为主，尽量少用冷僻以及过于专业的词语

图 1-4　准确规范的文案写作要求

准确和规范的信息能够促进广告的有效传播，节省产品的相关资金投入和人力资源投入等，从而创造出更好的效益。

1.3.2　主题创意突出

创意对于任何行业的广告文案都十分重要，尤其在网络信息极其发达的社会，自主创新的内容往往能够让人眼前一亮，进而获得更多的关注。图1-5是以贫困地区儿童为突出点，强调吸烟有害健康的广告文案。

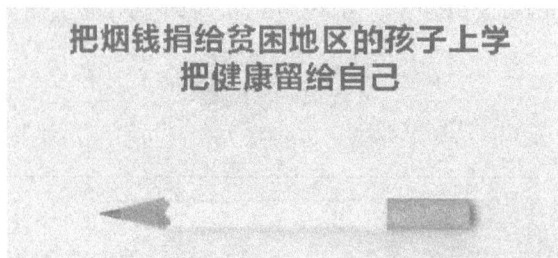

把烟钱捐给贫困地区的孩子上学
把健康留给自己

图 1-5　突出吸烟有害健康的广告文案

整个文案中没有直接指明戒烟，仅仅用一种富有创意的表现形式来说明吸烟的坏处，在突出主题的情况下更好地让受众从视觉上接受广告。

创意是为广告主题服务的，所以文案中的创意必须与主题有直接的关系，创意不能生搬硬套、牵强附会。在常见的优秀案例中，文字和图片的双重创意往往比单一的创意更能打动人心。图 1-6 所示为某品牌照相机的文字、图片双重创意广告。

图 1-6　某品牌照相机的文字、图片双重创意广告

该图片的创意在于将人物和背景进行双重曝光处理，同时结合广告文字的内容创意，共同突出广告想要表达的内容，打造出震撼人心的效果。

对于正在创作中的文案而言，要想突出文案的特点，在保持创新的前提下需要通过多种方式更好地打造文案本身。图 1-7 所示为对文案的多种要求。

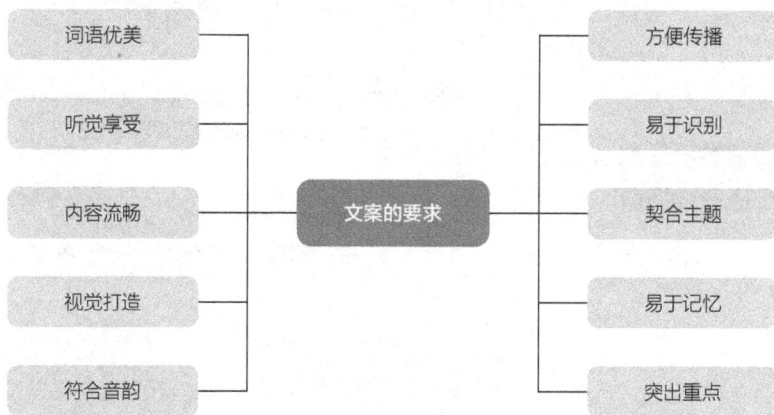

词语优美		方便传播
听觉享受		易于识别
内容流畅	文案的要求	契合主题
视觉打造		易于记忆
符合音韵		突出重点

图 1-7　文案的要求

1.3.3　内容定位精准

精准定位同样属于文案的基本要求之一，每一个成功的广告文案都具备这一特点。图 1-8 所示为特步运动鞋的推广文案。

图 1-8　特步运动鞋的推广文案

从内容角度而言，特步的这则广告文案主要体现其产品能够使人充满活力、释放真我。精准的内容定位不仅能够让产品更好地被受众群体所接受，还能让潜在用户也被相关的信息打动。对文字创作者而言，要想做到内容精准定位，可以从 4 个方面入手，如图 1-9 所示。

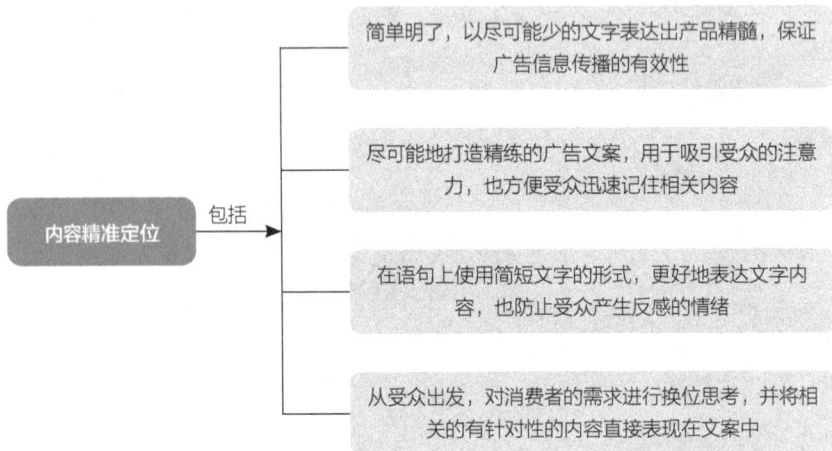

简单明了，以尽可能少的文字表达出产品精髓，保证广告信息传播的有效性

尽可能地打造精练的广告文案，用于吸引受众的注意力，也方便受众迅速记住相关内容

内容精准定位　包括

在语句上使用简短文字的形式，更好地表达文字内容，也防止受众产生反感的情绪

从受众出发，对消费者的需求进行换位思考，并将相关的有针对性的内容直接表现在文案中

图 1-9　内容精准定位

1.3.4 表现生动形象

对于文案创作者而言，每一个优秀的文案在最初都只是一张白纸，需要创作者不断地添加内容，才能够最终成型。图 1-10 所示为图片生动形象在文案中的效果。

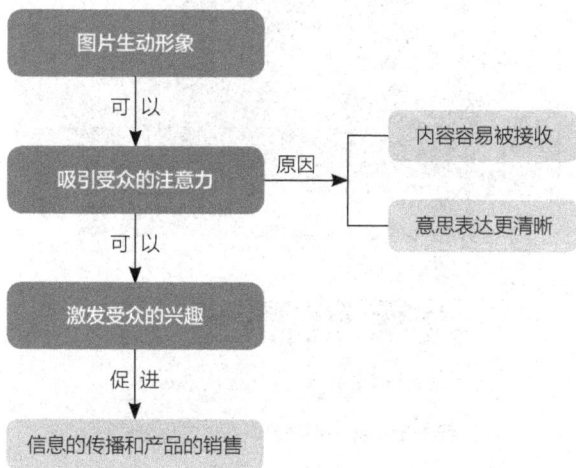

图 1-10 图片生动形象在文案中的效果

1.4 文案的内容、构成及写作方法

在文案的创作中，了解了文案的基本要求后，接下来我们将介绍文案的内容、构成及写作方法，帮助你进一步提高文案的创作水平。

1.4.1 文案的内容

随着企业对文案的日趋重视，文案逐渐渗透至各个行业，尤其在广告领域发挥着越来越重要的作用，成为宣传方式的主角。在广告的策划中，一般美工和文案分工明确，各自完成不同的任务，但服务于同一个主题。

图 1-11 所示为某房地产公司的广告文案，简洁的文字搭配精美的图片，很好地突出了公司的广告用意。

图 1-11　某房地产公司的广告文案

　　在实际应用中，除了房地产公司的这种广告口号属于文案之外，还有很多其他方面的内容与文案有着密切的关系，具体分析如图 1-12 所示。

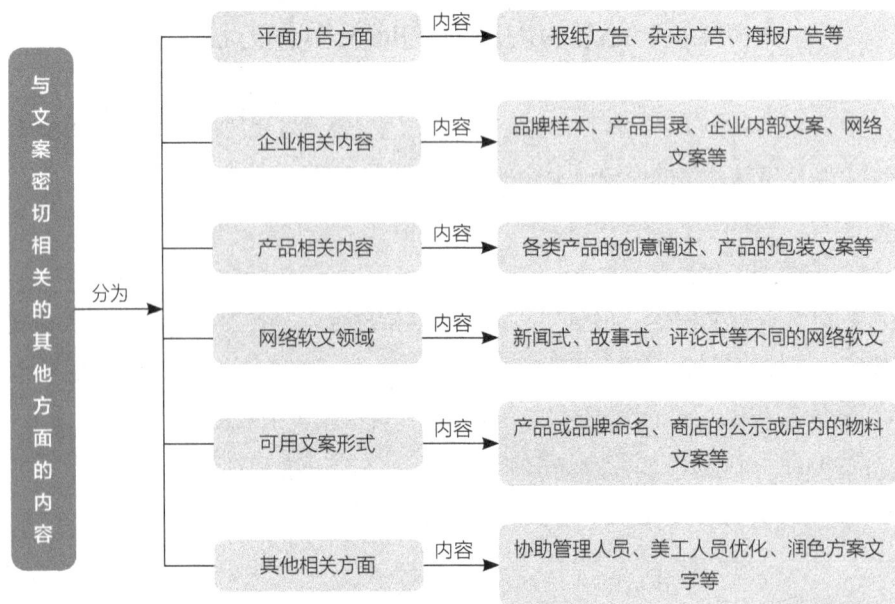

图 1-12　与文案密切相关的其他方面的内容

1.4.2 文案的构成

广告公司根据行业需求的不同,创造了种类繁杂的文案类型,比如创意文案、企划文案、品牌文案等。一个完整的文案是广告内容的文字化表现,主要由 4 个部分构成。

下面针对广告文案的 4 个组成部分进行简单分析,主要是对各部分在文案中所起的作用进行分析,从而让你更加深入地了解文案本身。

1. 广告文案的标题

标题是广告文案的主题,在内容上往往也是广告的诉求重点。针对标题的相关分析如图 1-13 所示。

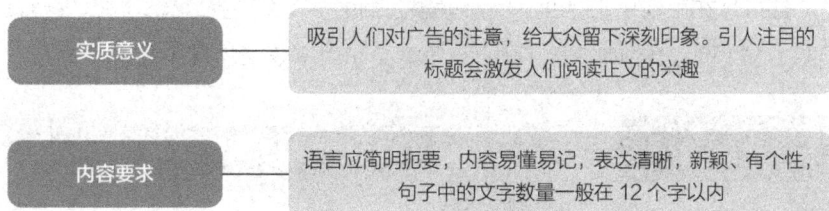

实质意义	吸引人们对广告的注意,给大众留下深刻印象。引人注目的标题会激发人们阅读正文的兴趣
内容要求	语言应简明扼要,内容易懂易记,表达清晰,新颖、有个性,句子中的文字数量一般在 12 个字以内

图 1-13　广告文案标题的相关分析

2. 广告文案的副标题

副标题是相对主标题而言的,是对主标题的补充说明。副标题属于文案的重要组成部分,关系到文案的内容表现,具体分析如图 1-14 所示。

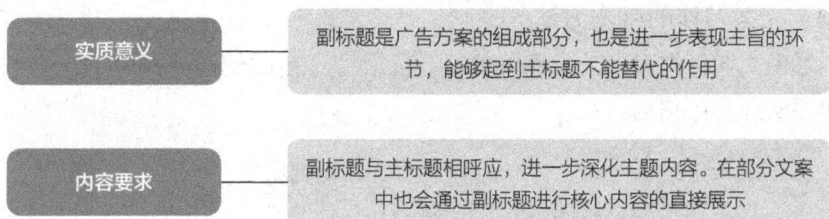

实质意义	副标题是广告方案的组成部分,也是进一步表现主旨的环节,能够起到主标题不能替代的作用
内容要求	副标题与主标题相呼应,进一步深化主题内容。在部分文案中也会通过副标题进行核心内容的直接展示

图 1-14　广告文案副标题的相关分析

3. 广告文案的正文

对于任何行业而言,要想打败竞争对手、获得受众市场,不能没有广告的支持,而广告正文就是广告中最为直接有效的部分,具体分析如图 1-15 所示。

| 实质意义 | 以客观的事实、具体的说明来强化消费者对于商品的了解与认识，从而打动消费者进行产品消费 |

| 内容要求 | 正文应抓住所要表达的主要信息进行叙述，言简意赅，突出重点，同时文案内容要实事求是，通俗易懂 |

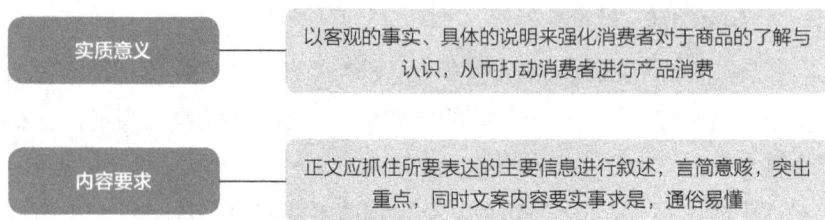

图 1-15　广告文案正文的相关分析

4. 广告文案的口号

口号的表现形式就是不断地重复，从而取得一定的宣传效果，属于一种战略性的文字。对于企业而言，口号是推广商品的基本要素之一。

广告口号在生活中很常见，比如联想公司的"人类失去联想，世界将会怎样"等。图 1-16 所示为针对广告口号的实质意义和内容要求的具体分析。

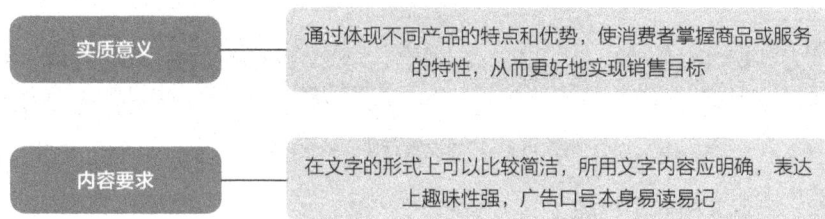

| 实质意义 | 通过体现不同产品的特点和优势，使消费者掌握商品或服务的特性，从而更好地实现销售目标 |

| 内容要求 | 在文字的形式上可以比较简洁，所用文字内容应明确，表达上趣味性强，广告口号本身易读易记 |

图 1-16　广告文案口号的相关分析

1.4.3　文案写作的基本方法

对于文案写作而言，内容和模式不容忽视。相关的写作方法主要分为 3 种模式，如图 1-17 所示。

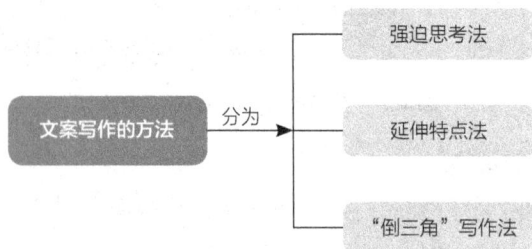

文案写作的方法　分为　→　强迫思考法

延伸特点法

"倒三角"写作法

图 1-17　文案写作的方法

强迫思考法主要是针对文案前期的写作，用于构建文案整体思路的基本结构，相关分析如图 1-18 所示。

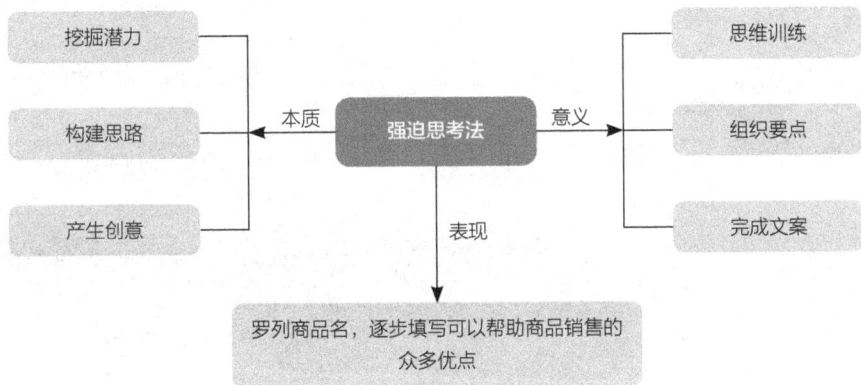

图 1-18　强迫思考法的相关分析

　　除了强迫思考法，常见的还有延伸特点法，主要是在原有的商品特点基础上进行思考延伸，进一步挖掘商品特点的潜在内容，需要以原有特点为出发点。图 1-19 所示为苹果手机广告文案中的特点展示。

图 1-19　苹果手机广告文案中的特点展示

　　还有一种写作方式是模仿新闻学中的"倒三角"写作法，就是将文案的内容分为 3 个部分逐步完成，相关分析如图 1-20 所示。

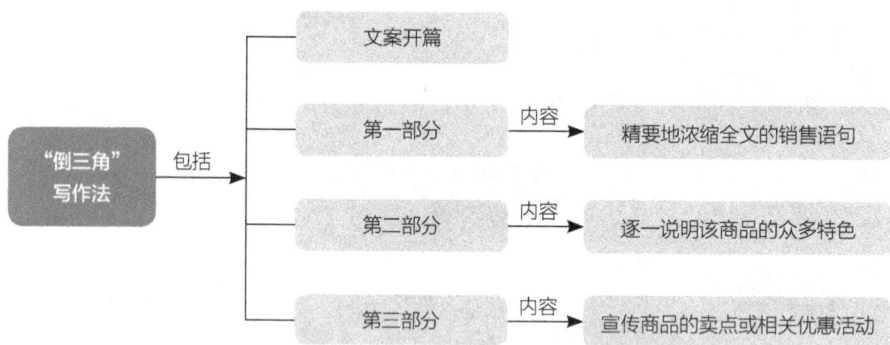

图 1-20　"倒三角"写作法的相关分析

1.5　认识文案创作

对于商业公司而言，对内对外的宣传都是极为重要的。专业的文案创作者对于商业公司的作用和影响是十分明显的。

文案创作者在类型上主要分为两种，分别是组织内部的员工和自由撰稿人。在这两类人员中，以内部的工作人员为主。与文案创作者相关的公司或组织如图 1-21 所示。

图 1-21　与文案创作者相关的公司或组织

1.5.1　对文案创作者的 4 个要求

文案涉及的领域有很多，不同的职位所需要的文案人员的能力不尽相同，

图 1-22 所示为某公司招聘文案人员的相关要求。

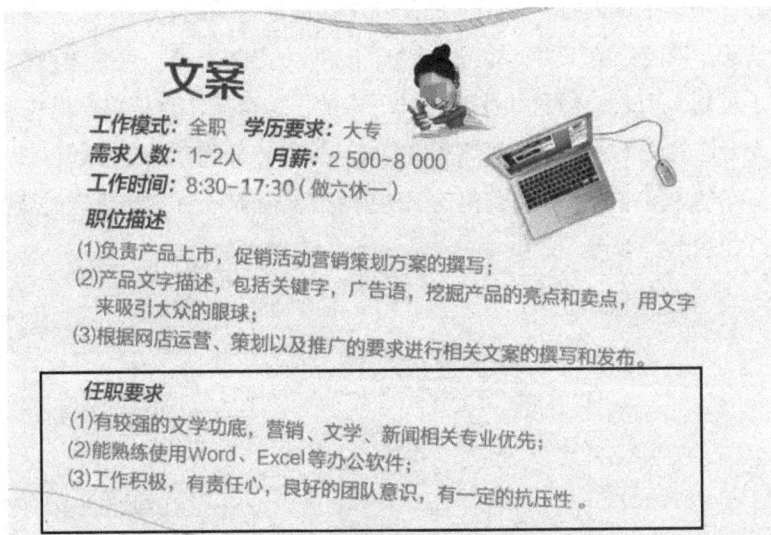

图 1-22　某公司招聘文案人员的相关要求

在职位招聘中，对文案人员的常见要求主要集中于 4 个方面，如图 1-23 所示。

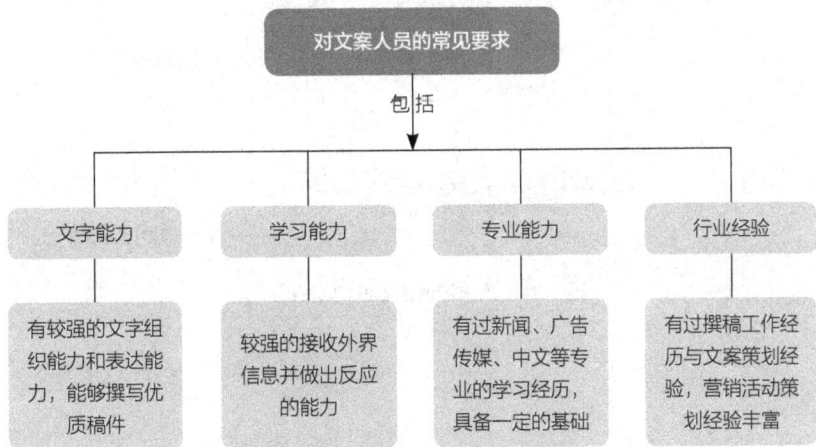

图 1-23　对文案人员的常见要求

1.5.2　文案和美工的相互沟通

文案所需的工作内容并不是独立存在的，在广告文案的设计中，美工和文案要有所分工，但两者工作的中心点是相同的。

作为一个文案策划者，在平时的工作中如何通过沟通，将自己的创意充分传达给美工，进而让美工用具体的图片或作品表达出来，是一件有难度的事情。

对于策划人而言，创意往往是独具一格的，甚至无法直接用言语去表达。与策划人合作的美工需要充分理解文案内容，才能够准确完成任务。

从文案的角度来看，要想避免美工的重复工作，那么在需求沟通时要注意 4 个方面，如图 1-24 所示。

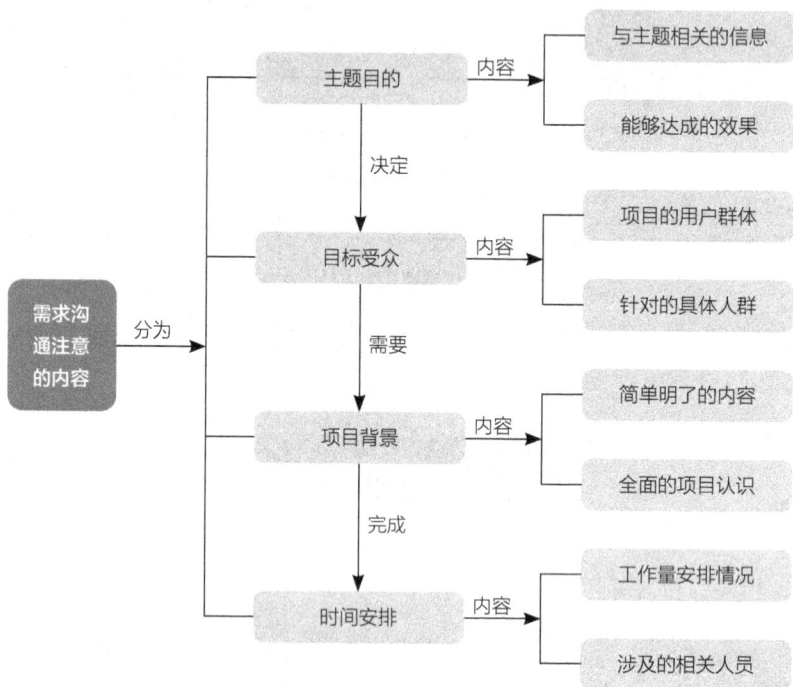

图 1-24　需求沟通注意的内容的分析

第 2 章

文案的市场调研

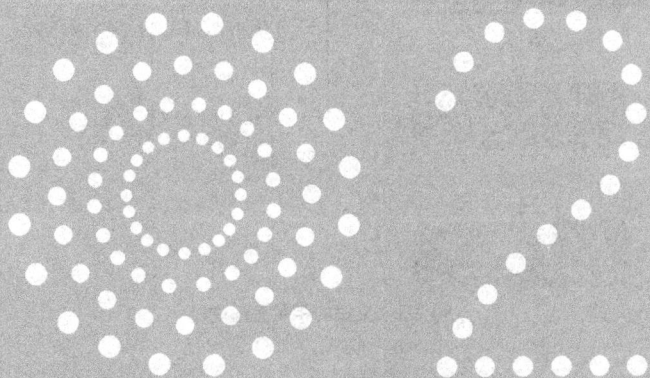

没有市场调研的文案很容易偏离撰写目标，熟悉产品和市场是文案写作的必要前提。

本章主要从文案写作出发，对相关的市场调研文案进行分析，对市场调研文案的创作进行探讨，从而使读者认识到市场调研对于文案的重要性。

学前提示

➤ 做好文案的市场研究
➤ 做好文案的市场定位
➤ 高转化率文案的秘诀

要点展示

2.1　做好文案的市场研究

对于文案创作者而言，每一个优秀的文案在最初都只是一张白纸，需要创作者不断地添加内容，才能够最终成型。要想更有效地完成任务，就需要对相关的工作内容有一个完整的认识，如图 2-1 所示。

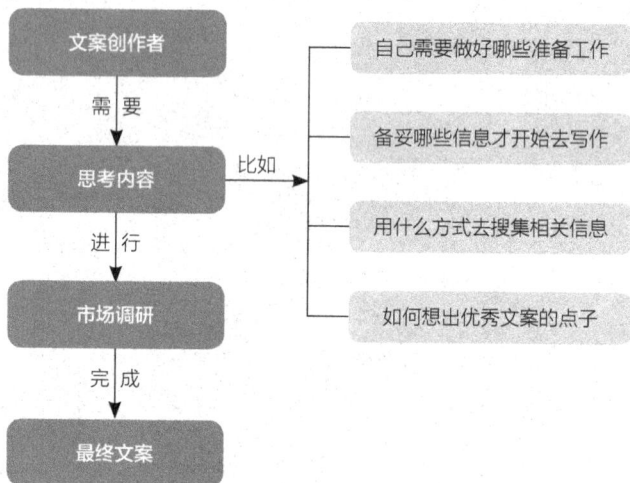

图 2-1　文案的相关工作内容

2.1.1　如何为文案研究做准备

对文案研究而言，文案创作者写作前的构思和规划固然重要，但前期的市场调研也是必不可少的。市场调研的对象主要是各种数据、资料、信息，比如销售额、市场份额、盈利性问题等。要想完成市场调研，同样需要一定的技巧和相关步骤，在前期的准备工作中，主要集中于 3 个方面，如图 2-2 所示。

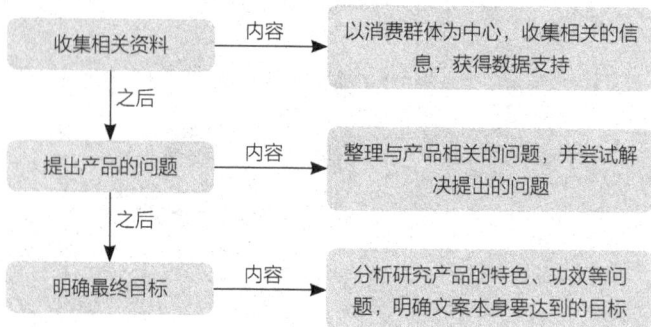

图 2-2　文案研究的前期准备工作

关于上图提及的 3 个方面的前期准备工作，具体介绍如下。

1. 收集资料

对于文案创作者而言，需要在调研前期收集的资料类型有很多种，其中较常见并有一定借鉴意义的有企业或产品宣传册。图 2-3 所示为某科技公司的企业宣传册的封面。

图 2-3　某科技公司的企业宣传册封面

如果文案是针对已经生产的产品，那么与产品相关的背景资料都需要搜集起来进行参考，如图 2-4 所示。

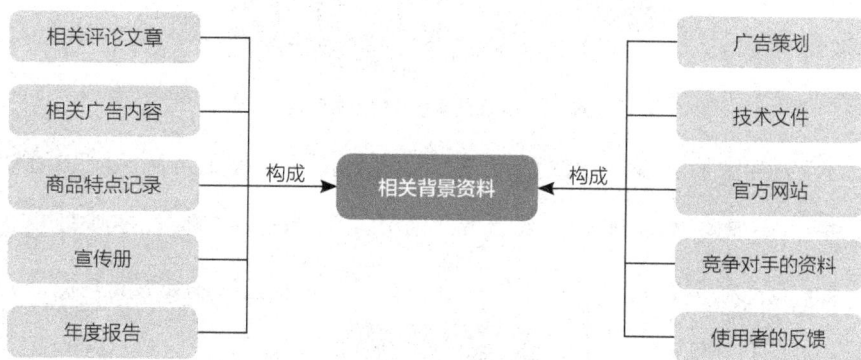

图 2-4　相关背景资料

在网络时代，从网络上搜索产品信息并进行分析整理是最为常见的写作技巧。花费一定的时间去打印资料、阅读网站信息或产品信息，能够在文案写作过程中获得事半功倍的效果。

比如在百度搜索、360 搜索引擎中，可以以关键字的形式获得更多适合用在文案中的重要信息。善用网络工具是文案工作人员必备的技能。

2．提出问题

为了更好地对相关信息进行整理，一般情况下可以对与产品相关的问题进行分析并列成完整的清单，以便及时有效地查找相应资料。在诸多问题中，产品的特色与功效是需要重点关注的，这也是文案的宣传重点，一般选择 3 ~ 4 个功能进行解说即可。图 2-5 所示为某品牌净水器的相关解说。

图 2-5　某品牌净水器的相关解说

从实用角度而言，文案需要了解并提出的产品问题主要有图 2-6 所示的几个方面。

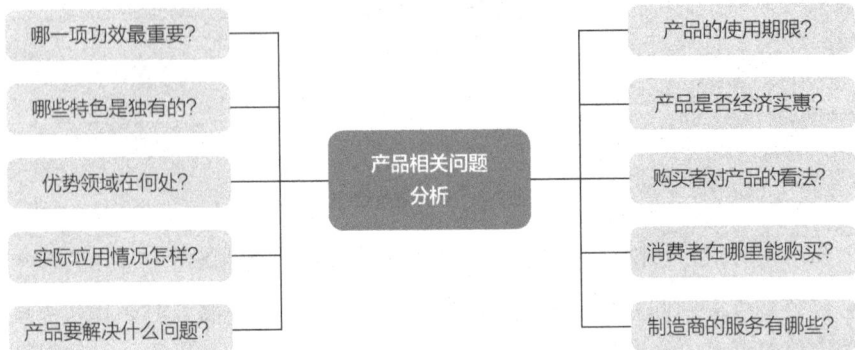

图 2-6　产品相关问题分析

3．明确目标

文案的写作根据目标的不同会有不同的创作方式，所以在市场调研的准备工作中，明确文案的目标是重要环节。相关内容的分析如图 2-7 所示。

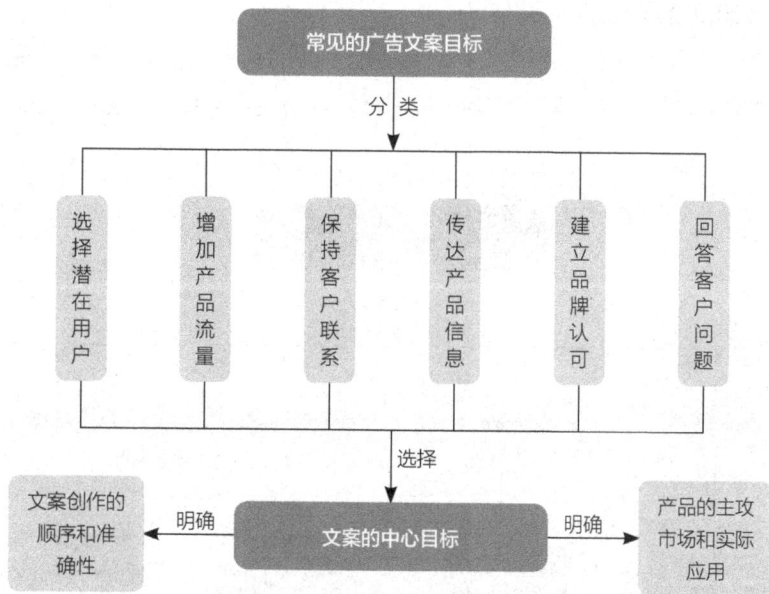

图 2-7　广告文案目标的相关内容分析

一个文案可以只有一个中心目标，比如传达产品信息；也可以同时有多个中心目标，如图 2-8 所示。

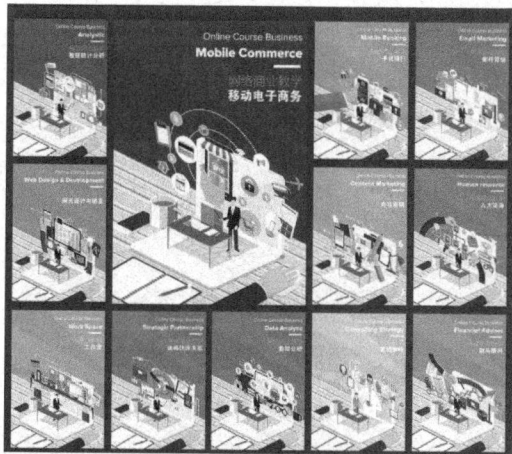

图 2-8　同时有多个中心目标的广告文案

图 2-8 所示为某互联网在线教育的广告文案，其目标就是增加移动电子商务课程产品的流量，并且展示其服务范围。

2.1.2 调研文案的 4 大类型解析

在调研方面，除了广告类文案需要通过调研收集数据信息之外，调研本身也属于文案类型的一种，实际应用比较广泛。调研文案具体可分为图 2-9 所示的 4 类。

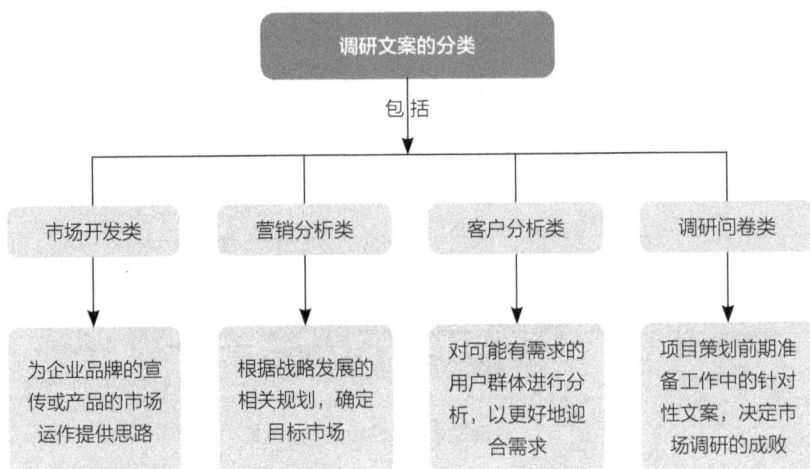

调研文案的分类

包括

市场开发类	营销分析类	客户分析类	调研问卷类
为企业品牌的宣传或产品的市场运作提供思路	根据战略发展的相关规划，确定目标市场	对可能有需求的用户群体进行分析，以更好地迎合需求	项目策划前期准备工作中的针对性文案，决定市场调研的成败

图 2-9　调研文案的分类

针对图 2-9 所示的 4 种类型，下面一一进行介绍。

1. 市场开发类

市场开发类文案是企业直面竞争的有效手段，需要遵循市场发展的规律。从内容上主要分为图 2-10 所示的 6 个方面。

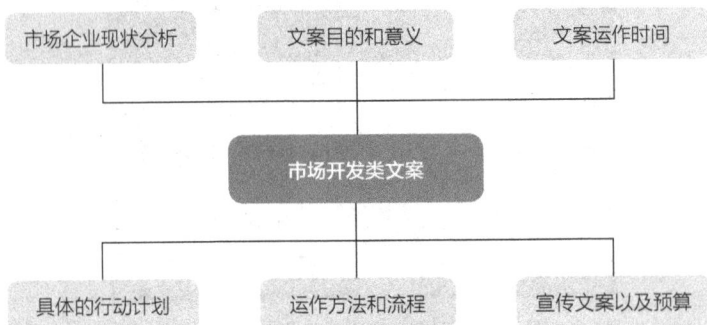

市场企业现状分析	文案目的和意义	文案运作时间

市场开发类文案

具体的行动计划	运作方法和流程	宣传文案以及预算

图 2-10　市场开发类文案的内容

从企业的角度出发，针对不同的市场，其采用的开拓策略也不尽相同。在市场开发类文案中，根据市场调查，可以持续地收集反馈信息及产品使用情况，及时调整营销策略。

在市场开发类文案中，创作重点主要集中于选择准备进入哪类市场，以及相关的后期安排，具体分析如图 2-11 所示。

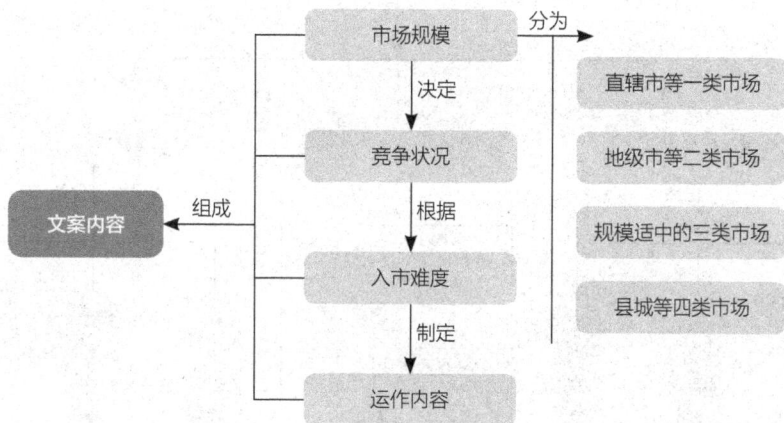

图 2-11　市场开发类文案的内容分析

2. 营销分析类

营销分析类文案是用于确定目标市场之后选择相应的市场营销策略组合，进行实际实施和控制的文字计划，在内容上主要分为图 2-12 所示的 6 个方面。

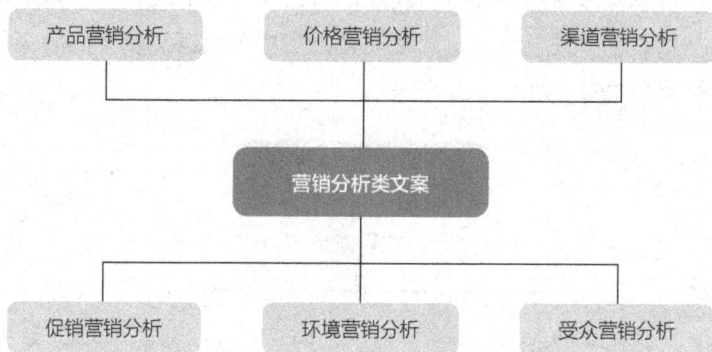

图 2-12　营销分析类文案

营销分析类文案根据要求的不同，在实际中体现的内容重点也有所不同。从目标上而言，主要是提高企业的营销资源利用效率，使企业资源能够得到最大化的利用，具体实施时应针对目标市场制定相应的经营策略。

在营销分析类文案中，创作重点主要集中于 3 个方面，分别是选定目标市场、制定市场营销策略以及注意相关问题，具体分析如图 2-13 所示。

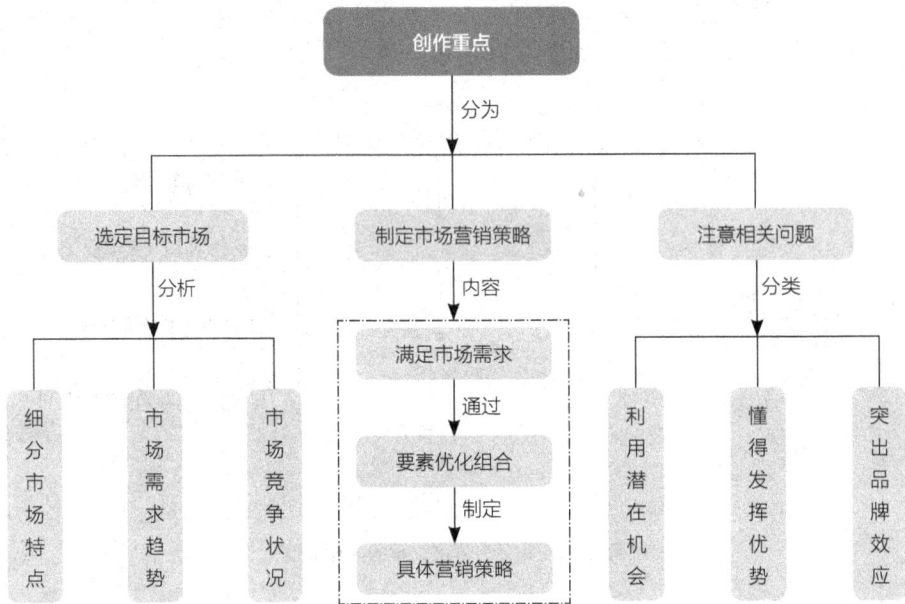

图 2-13　营销分析类文案的创作重点

3. 客户分析类

客户分析类文案是产品进入市场之前就需要完成的工作，在整个销售过程中也需要持续关注，并及时改进。在内容上主要是根据消费者的购买行为进行分析，包括两个方面，如图 2-14 所示。

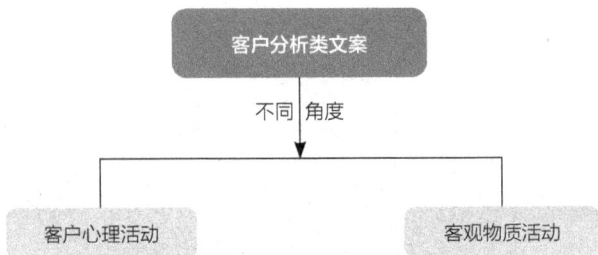

图 2-14　客户分析类文案

客户分析侧重于对客户消费能力的分析，以及对产品质量的反馈等。从目标受众而言，与客户相关的内容主要有 6 个方面，如图 2-15 所示。

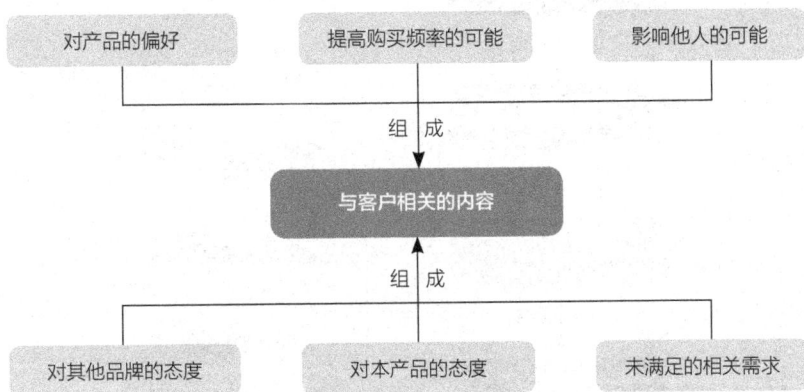

图 2-15 与客户相关的内容

在客户分析类文案中，创作重点主要集中于 3 个方面，分别是市场需求、受众分析和潜在受众分析，如图 2-16 所示。

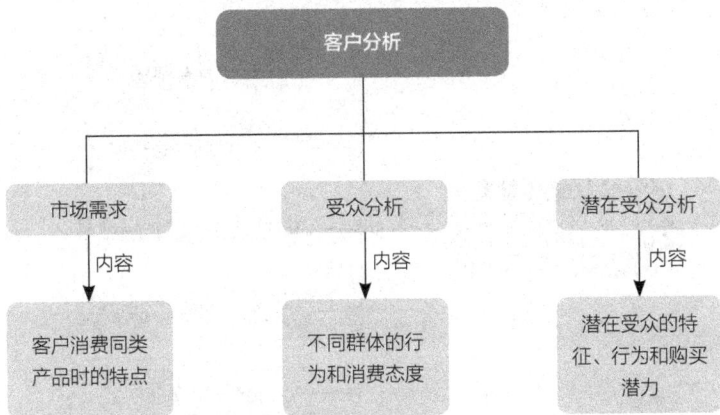

图 2-16 客户分析类文案创作重点

4．调研问卷类

问卷调研是市场营销的必要环节，对于搜索信息资料有着重要作用。在前期的准备工作中，没有有效问卷信息的支持，营销策划和市场操作就没有规则可遵循。

从实际应用而言，问卷调研也是市场营销调研中最为有效的一种方法，所以问卷设计属于重要的部分，直接决定了市场调研的成功与否。从调研问卷本身来看，其相关内容分析如图 2-17 所示。

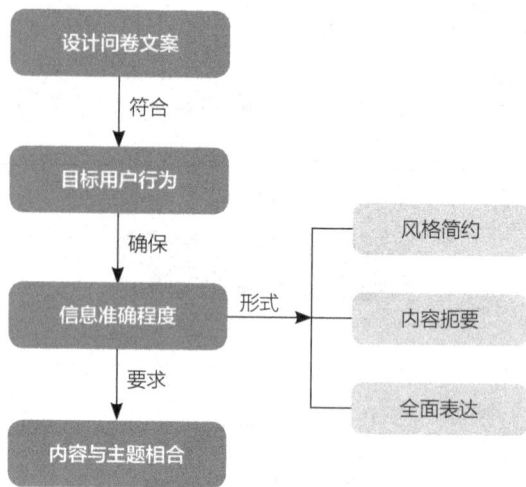

图 2-17　调研问卷类文案的相关内容分析

　　根据不同行业和问卷的调研方向，实际的问卷设计在形式和内容上也有所区别，一般需要注意图 2-18 所示的几个方面。

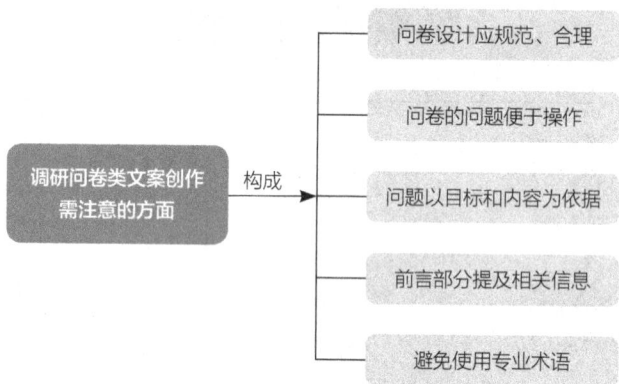

图 2-18　调研问卷类文案创作需注意的方面

　　设计问卷的目标是为了收集市场信息，在问卷设计过程中，把握调研目的和要求，才能更好地获得有效信息。

2.1.3　制定一套完善的写作流程

　　文案创作者的工作，主要是通过构建字句和想法，让产品等能够达到预期的销售目标。在具体的创作过程中，有一系列标准步骤，如图 2-19 所示。

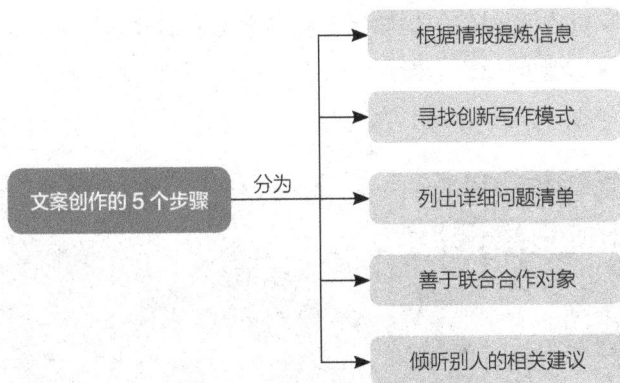

图 2-19 文案创作的 5 个步骤

针对图 2-19 所示的 5 个步骤，下面一一进行介绍。

1. 提炼信息

情报主要源于市场调研，提炼出来的信息则是直接应用于文案。从文案创作的角度出发，其相关内容分析如图 2-20 所示。

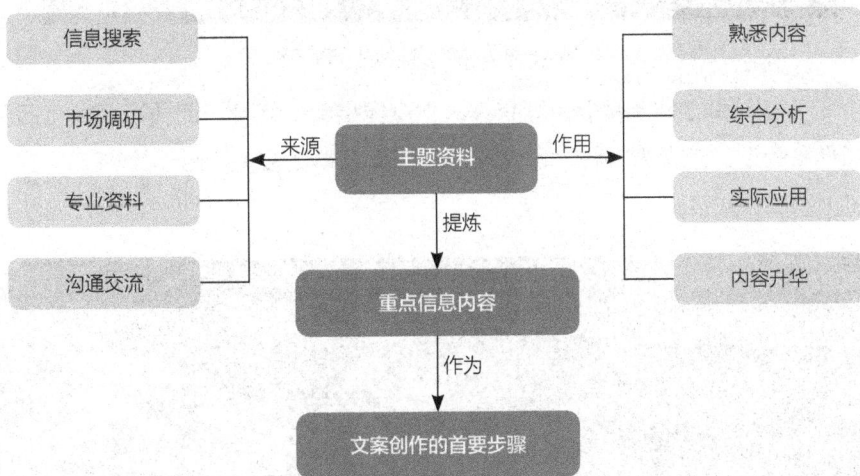

图 2-20 主题资料的相关内容分析

2. 创新写作模式

文字的创新往往就在于不同想法的不同搭配，尤其是文字与图片的不同组合创造了更多可能。文案的写作模式一般可以分为 3 种，分别是文字创新、图片创新以及平实的文字和平实的图片组合后产生的创新效果。

如图 2-21 所示，以某运动饮料的创意广告为例，它根据足球运动员的形象进行创新，图片主体是射门的足球运动员和水构成的"守门员"，主要宣传的运动饮料在并不显眼的位置，但是两者合二为一，就突出了体育运动畅快振奋的感觉，从而表现了运动饮料给人的刺激感。

图 2-21　某运动饮料的创意广告文案

文字和图片的组合属于在既有想法中搭配出新的组合，此外还可以将两种不同形象的设计组合为一种，通常在图片中体现得比较多。图 2-22 所示为三星手机创意广告文案。

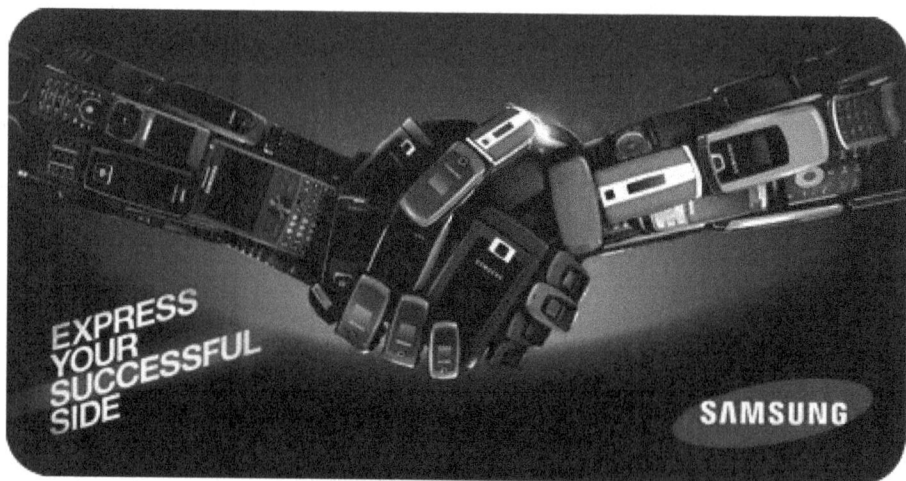

图 2-22　三星手机创意广告文案

3．列出清单

列出清单不仅在市场调研时能起决定作用，对创作过程也有较大的帮助。清单所列出的问题能够刺激创作者的思考，进而成为新想法的起点。对不同类型的创作者进行分析，如图2-23所示。

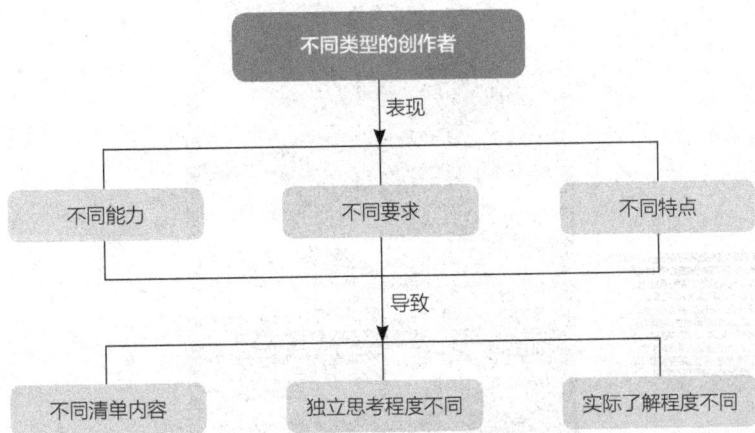

图2-23 对不同类型的创作者进行分析

不同的创作者在进行创作时的状态不同，创作方式也往往因人而异。一般情况下，文案的创作很难在一开始就获得成功、写得完美无缺。即使是优秀的文案创作者，也需要改写多次，才能够将所有的元素归纳到位。

对于文案新手而言，列出详细问题清单更有必要。除此之外，怕写出平淡的句子、蹩脚的想法，也是新手常常会面临的问题。尽管文案本身的内容或许并不是很多，但是搜索的背景资料应该远多于文案所需。

4．联合对象

在文案人员需要联合的合作对象中，美工是至关重要的。关于美工的相关分析如图2-24所示。

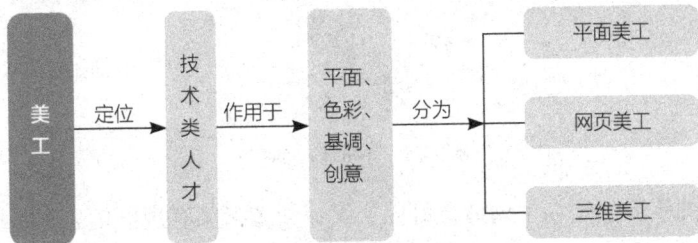

图2-24 关于美工的相关分析

美工的工作主要表现为艺术指导，负责图像内容，其在广告业中的作用十分突出。图 2-25 所示为某公司用于招聘的美工作品。

图 2-25　某公司用于招聘的美工作品

术业有专攻，对于文案创作者而言，善于联合合作对象，是完成文案任务的必要步骤。没有美工的帮助，即使文案创作者写出了优质的文字或内容，也很难实现预期的文案效果。

5. 倾听建议

即使是大侦探福尔摩斯，也同样需要华生医生在某些时候提供帮助或建议。对于文案创作者而言，在文案创作过程中或完成文案之后，倾听别人的相关建议是很有必要的，如图 2-26 所示。

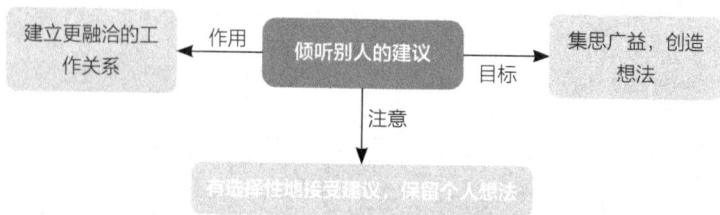

图 2-26　倾听别人的建议

所有的步骤都是为了创造更好的文案，通过汇集有用的信息来帮助文案创作者进行深层次思考。

2.2　做好文案的市场定位

无论对于产品还是对于企业而言，定位往往是至关重要的基础条件中之一。

本节主要针对不同定位的文案进行分析，帮助你深入了解不同定位的文案所起的不同作用。文案定位的作用主要分为认识自身、明确受众和推广品牌 3 个方面，如图 2-27 所示。

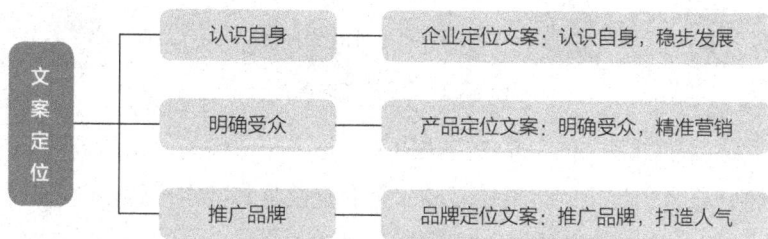

图 2-27　文案定位的 3 个作用

2.2.1　根据企业进行定位

企业定位类型的文案主要面向两种企业，即初创型企业和正处于扩张期的成熟企业。针对不同类型的企业，定位文案的内容也会有所不同。首先需要了解初创型企业和成熟企业的不同点，相关分析如图 2-28 所示。

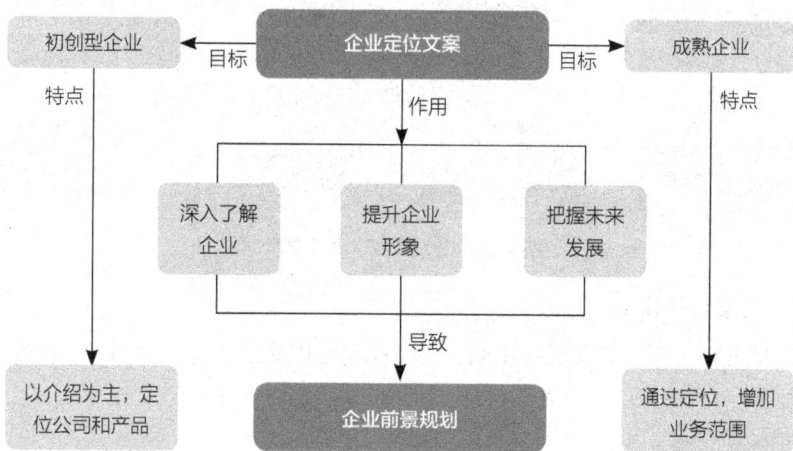

图 2-28　企业定位文案的相关分析

1. 文案的具体内容

要了解企业定位文案的内容，首先需要了解企业定位的含义，相关内容分析如图 2-29 所示。

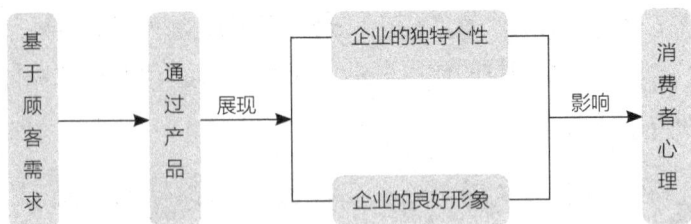

图 2-29　企业定位的含义

企业定位与产品定位和品牌定位的关系是十分密切的，尤其是对于初创型企业而言，三者一体化的程度比较高。企业定位是其他定位的基础条件，在企业定位内容中，也会对其他定位有所涉及。

需要注意的是，不管对于初创型企业还是成熟企业而言，企业定位文案的 4 个要素是确定的，相关分析如图 2-30 所示。

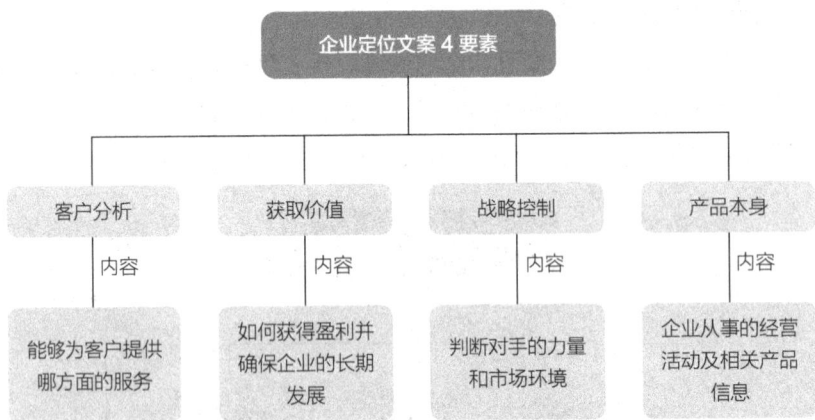

图 2-30　企业定位文案 4 要素

2. 文案创作重点

不同的企业所处的发展期不同，要考虑自己的企业处于一个什么样的地位，是领导者还是挑战者，抑或是行业内的专家型企业。企业的不同处境决定了文案创作的重点不同。

如果只是从文案的 4 个要素出发，常见的文案创作的重点主要分为 10 个方面，如图 2-31 所示。

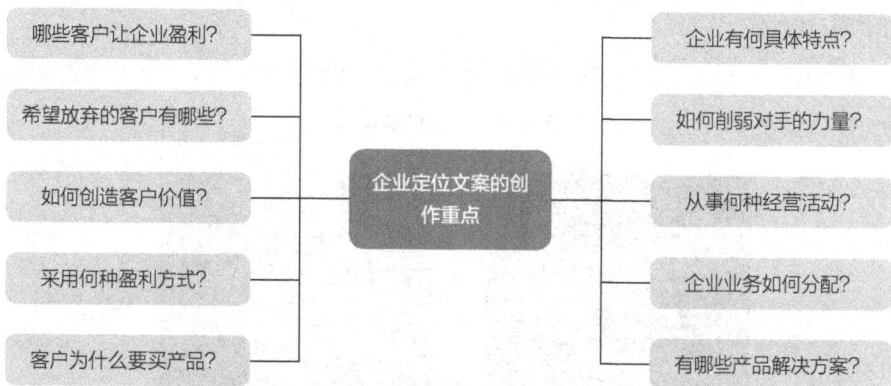

图 2-31　企业定位文案的创作重点

在实际的文案创作中，创作重点不一定是完全根据这 10 个方面进行的，同时侧重点也会有所不同。

2.2.2　根据产品进行定位

在国内的凉茶行业中，王老吉和加多宝在竞争中选择的产品定位就很值得借鉴。作为配方几乎一样的同类饮料，如何在产品定位上超过对方，成为这两种品牌始终在琢磨的事情。图 2-32 所示为王老吉在 2016 年春节的产品定位。

图 2-32　王老吉在 2016 年春节的产品定位

相比于之前王老吉"怕上火，喝王老吉"的产品定位而言，其春节的产品定位显得更受欢迎。产品定位是需要根据不同的发展阶段、不同的发展目标和环境而及时进行更新的。

作为竞争对手，加多宝也反应迅速，推出了金罐模式，以争夺王老吉的市场份额。图 2-33 所示为其产品在不同时期的多重定位。

图 2-33　加多宝的多重产品定位

需要注意的是，在当前的市场中，尽管大部分人认为产品定位与市场定位区别不大，但实质上两者不是同一个概念，在明确受众方面有着明显的不同，相关分析如图 2-34 所示。

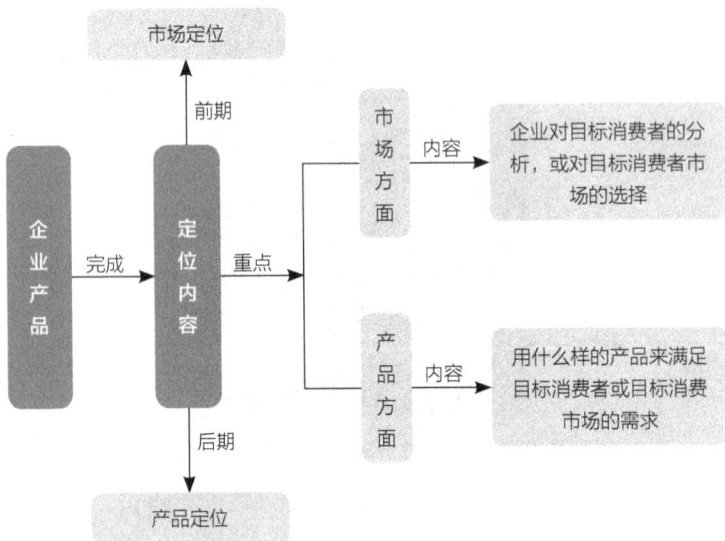

图 2-34　产品定位和市场定位的分析

1. 文案的具体内容

要了解产品定位文案的内容，首先需要了解产品定位的含义，相关内容分析如图 2-35 所示。

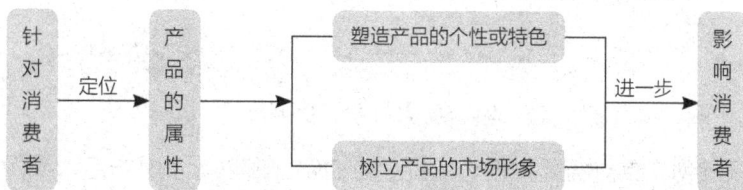

图 2-35 产品定位的含义

对于企业而言，产品定位可以从两个方面考虑，首先是产品特色。无论是产品的实体特色还是从消费者的心理所反映的产品特色，都能够作为产品定位的内容，如图 2-36 所示。

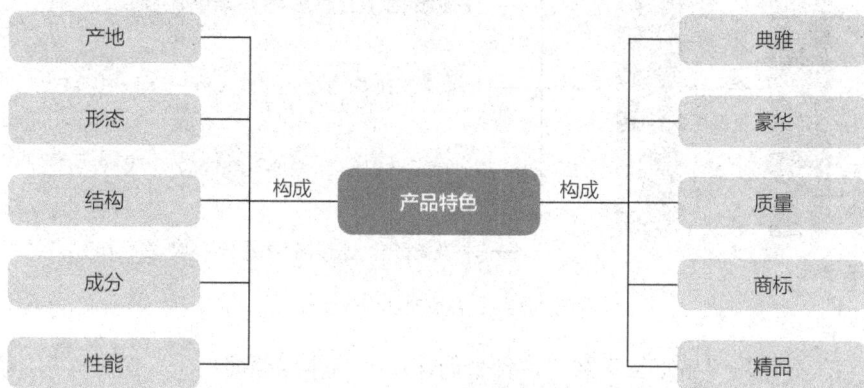

图 2-36 产品特色分析

当产品的特色并不能够完全成为产品定位的唯一标准时，比如王老吉和加多宝的产品特色几乎是一致的，那么就需要从竞争对手的产品定位特色出发，尽可能通过差异化打造市场。

在文案写作过程中，文案创作者需要对产品定位的理念有一定的认识，并且在实际创作中将产品的理念融入文案，如图 2-37 所示。

2. 文案创作重点

产品定位文案一般出现于产品设计之初，或在产品的市场推广过程中。从内容上而言，主要是通过广告宣传或其他营销手段，将产品的形象逐步在消费者心中确立起来，为消费者选择产品时提供思维上的决策捷径。

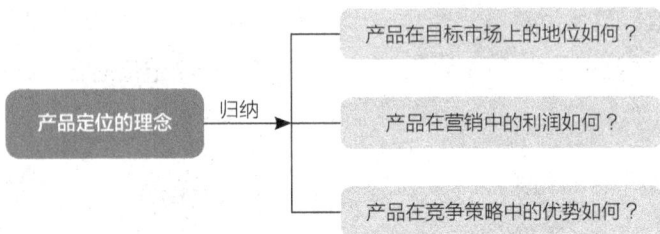

图 2-37　产品定位理念归纳

　　文案的创作重点需要根据产品的定位而定，所以除了对产品本身的定位分析之外，往往还要进行相应的营销定位等分析。从整体内容定位上分析，产品文案的创作重点主要集中于 5 个方面，如图 2-38 所示。

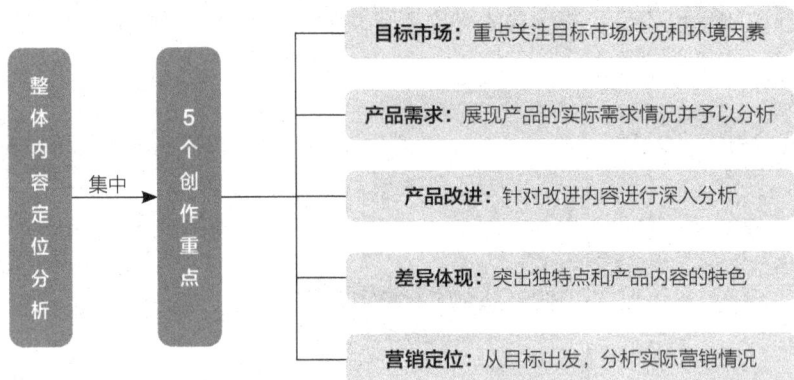

图 2-38　产品文案的创作重点

　　在不同的产品定位文案中，各个创作重点的体现程度不一，但是作为一篇成熟的产品定位文案，往往包含上述 5 个重点。同时就产品本身而言，也存在不同的创作重点，根据产品的属性而定。相关分析如图 2-39 所示。

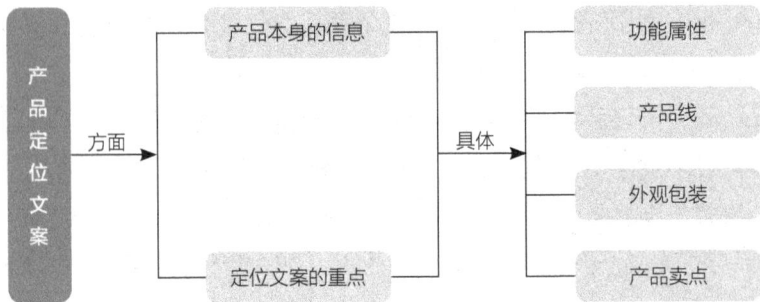

图 2-39　产品属性相关内容分析

2.2.3 根据品牌进行定位

品牌对于企业或产品本身的重要性十分明显，尤其对于有着较大影响力的企业而言。在日常生活中，被广泛认可的品牌有很多，比如汽车行业的宝马品牌（BMW），如图2-40所示。

图2-40 汽车行业的宝马品牌（BMW）

不同行业有着不同的品牌，比如奢侈品领域的 LV 等。品牌建立后能够带给产品更高的利润和无法比拟的影响力。

对于任何产品而言，品牌的定位都是一个比较复杂且重要的过程，品牌的定位并不是简单地树立口号——尽管品牌建立之后都会有一个标志性的口号用语。品牌定位的实现在于企业的执行力，品牌定位属于品牌阶段性发展的基础阶段，所以以定位文案的内容就显得格外重要。

尤其需要注意的是，对于企业而言，品牌往往是独一无二的，在定位内容上也不能够涉及得过于广泛，因为贪多嚼不烂。以星巴克咖啡为例，在可拥有的多种咖啡形式上，星巴克的品牌定位也只有6种。图2-41所示为星巴克拿铁咖啡的广告。

专家提醒

　　品牌定位与企业定位和产品定位不同，属于更深层次的内容。品牌定位属于基于文化取向及产品个性差异的商业性决策，主要用于建立一个与目标市场有关的形象。

图 2-41　星巴克拿铁咖啡的广告

1．文案的具体内容

要了解品牌定位文案的内容，首先需要了解品牌定位的含义，相关内容分析如图 2-42 所示。

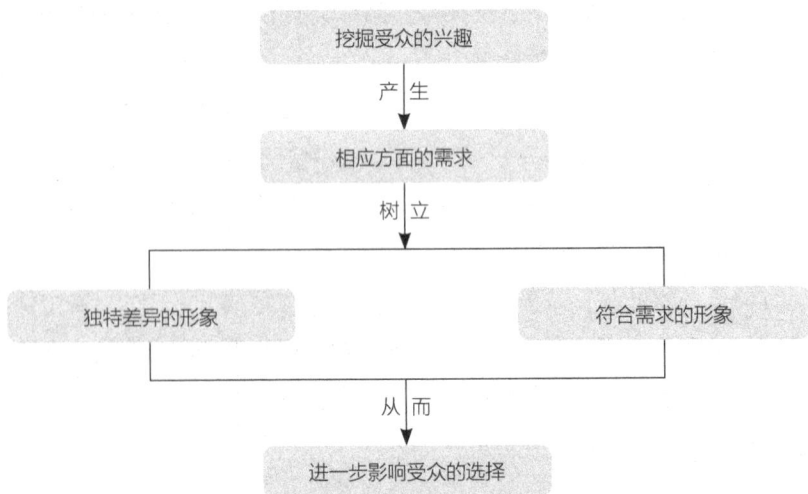

图 2-42　品牌定位的含义

品牌定位的最终目的，就是强化消费者的潜在认识，打造品牌效应，积极引导消费者的消费行为。对于产品销售而言，进行品牌定位主要有图 2-43 所示的几个好处和优势。

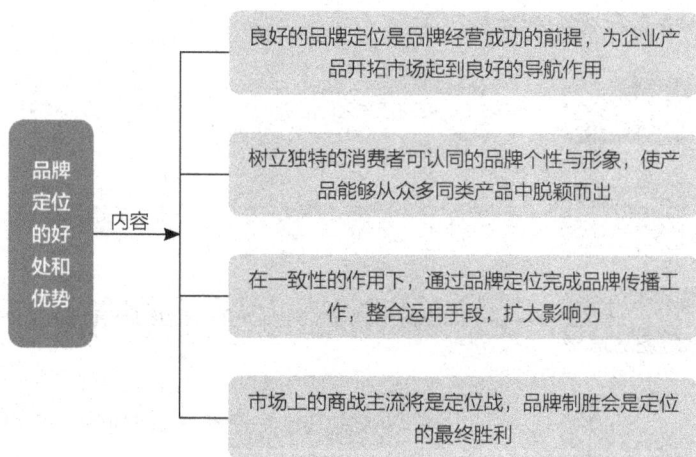

图 2-43　品牌定位的好处和优势

　　品牌定位文案的中心点就是品牌定位，在内容上主要是根据品牌定位的相关维度组织文字，再由文案创作者完成相关的文案创作。具体的维度内容主要有图 2-44 所示的 6 个方面。

图 2-44　品牌定位的具体维度

2. 文案的创作重点

　　品牌定位文案需要表达的中心点就是文案内容的创作重点，在实际的撰写过程中主要有图 2-45 所示的 5 个方面需要重点分析。

　　根据产品定位的不同，品牌定位也会有明显的区别。比如大型品牌产品，品牌的经营者有多个细分子市场，会分别设计不同的产品，提供不同的品牌产品来满足各子市场的不同需求。

　　在文案内容创作中，对于有这方面需求的品牌而言，同样需要进行重点分析。以海尔冰箱为例，仅冰箱一种品牌的产品就有"大王子""双王子""小王子"等多个设计与型号各异的品牌，用于满足家庭、宾馆、餐厅、超市和农村地区等不同细分市场对冰箱的需求。

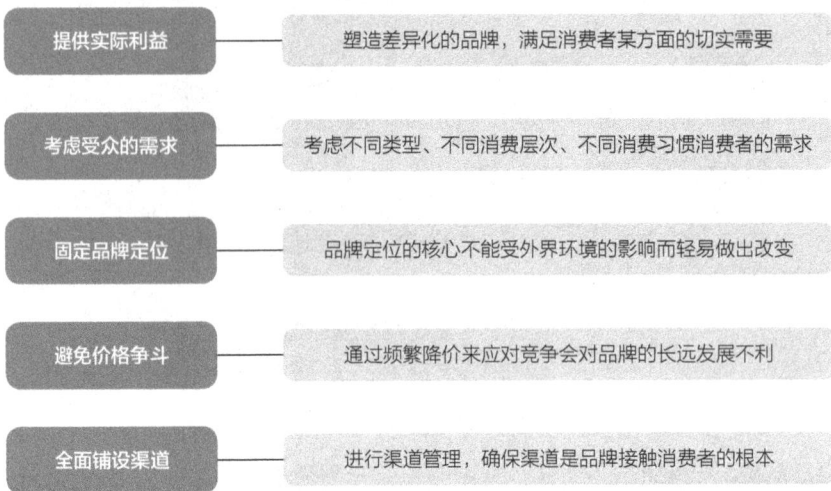

提供实际利益	塑造差异化的品牌，满足消费者某方面的切实需要
考虑受众的需求	考虑不同类型、不同消费层次、不同消费习惯消费者的需求
固定品牌定位	品牌定位的核心不能受外界环境的影响而轻易做出改变
避免价格争斗	通过频繁降价来应对竞争会对品牌的长远发展不利
全面铺设渠道	进行渠道管理，确保渠道是品牌接触消费者的根本

图 2-45　品牌文案的创作重点

图 2-46 所示为海尔针对细分市场推出的超大容量型冰箱。

图 2-46　海尔针对细分市场推出的超大容量型冰箱

2.3　高转化率文案的秘诀

任何新产品的问世都是一场无声的宣战，如何在未来的市场中逐渐成为主角，需要关注的就是卖点。

　　新产品的卖点往往是其销售成功与否的关键所在，文案对新产品卖点的把握自然是关键中的关键。本节将从不同角度重点解析不同文案的内容，以帮助读者了解新产品卖点文案的常规创作方式和图文式创作方式。

2.3.1　抓住卖点的 4 种文案形式

　　无论是否有新品上市，卖点都是产品销售经营的关键要素。卖点能把产品变成商品，实现获取利润的根本目标。对于新品而言，卖点更是直接决定了产品在未来市场的生死。

　　比如"六个核桃"饮品，刚上市的时候根本无人问津，主要原因在于其价格比其他饮料要高得多，在品种众多的饮料行业中无法突出；对于顾客而言，远不如买牛奶实惠。

　　这种状况持续到"六个核桃"成功打造了卖点，之后其在短时间内就创造了少有的销售传奇。图 2-47 所示为"六个核桃"的卖点展示。

图 2-47　"六个核桃"的卖点展示

　　将核桃的食用功能与饮料相结合来打造卖点，上市后的"六个核桃"很快就创造了爆发式的销售热潮。从"六个核桃"的案例可以看出，抓住卖点是新品销售的基础条件，没有卖点就没有销售。

　　就产品本身而言，卖点的来源主要有两个方面，它们都是文案创作者需要在文案中进行深入分析的，如图 2-48 所示。

　　从新品销售的角度出发，要抓住卖点，文案创作需要从多个方面入手，如图 2-49 所示。

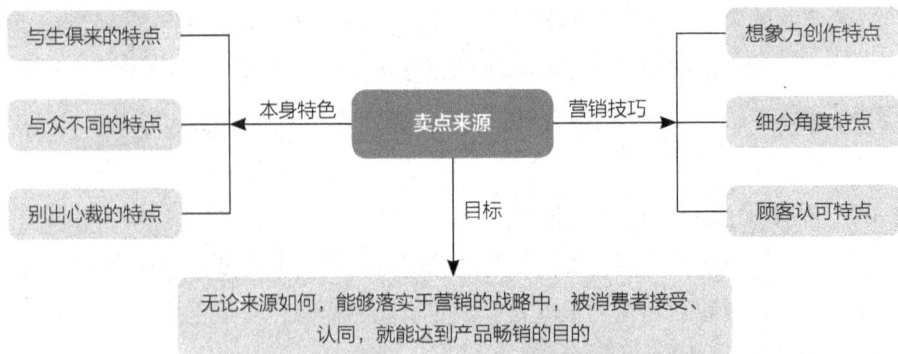

图 2-48　卖点来源的相关内容分析

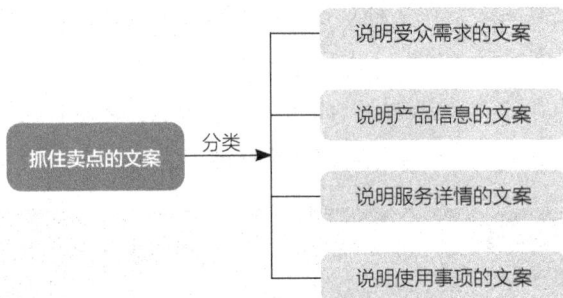

图 2-49　抓住卖点的 4 种文案形式

针对图 2-49 所示的 4 个分类，下面一一进行介绍。

1．说明受众需求

在文案创作之前，首先要了解需求说明文案的对象，也就是受众群体。

一般情况下，新品的需求说明文案的受众并不是产品的直接受众，因此其内容也不是为产品的直接受众而准备的。从产品前段和文案审核两个方面出发，文案本身受众分析如图 2-50 所示。

图 2-50　文案本身受众分析

除了对文案的受众有明确的分析之外，在撰写需求说明文案前，对产品的方向和最终产品用户的把握要足够强；对产品目的、销售及每个链接的含义，都需要有较为准确的定义。

确切地说，当文案创作者开始写需求说明文案时，对相关的内容和需要注意的方面应该已经了然于胸。

根据不同产品的不同要求，需求说明文案也会根据团队和产品的实际情况来确定详细程度。比如在互联网产品的需求说明文案中，要削弱团队的成员用文档来沟通，要加强团队成员的直接交流，进一步简化流程，实现互联网化的快速反馈、快速迭代等。这种情况下，需求说明文案的内容极大地简化。

下面以常见的新品需求说明文案为例，讲解文案重点的分层次展现，如图 2-51 所示。

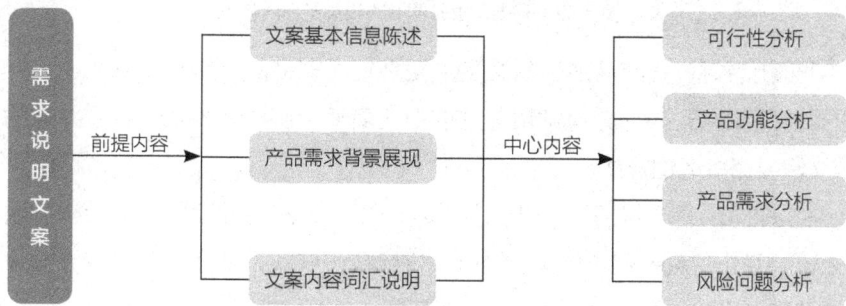

图 2-51 对需求说明文案重点的相关分析

此外，还需要注意文案本身的修改性。需求说明文案在创作过程中需要进行多次修改才能达成最终的目标，所以相关文案中会用不同颜色的字体来进行区分，在最终提交的文案中进行统一处理。

2. 说明产品信息

产品说明文案属于较为常见的产品相关文案类型，主要是以文字的形式对某产品进行相应的详细表述，使人能够更好地认识和直接了解某产品的相关信息。

一般情况下，新品的产品说明文案，其直接的阅读者就是销售人员、运营商和最终的产品受众。

在创作文案之前，要对产品的相关说明内容进行整体把握。产品说明文案的内容要实事求是，不可为达到某种目的而夸大产品的作用和性能，这是创作产品说明文案的职业要求。

在文案创作之前，创作者需要了解相关产品的具体情况，如图 2-52 所示。

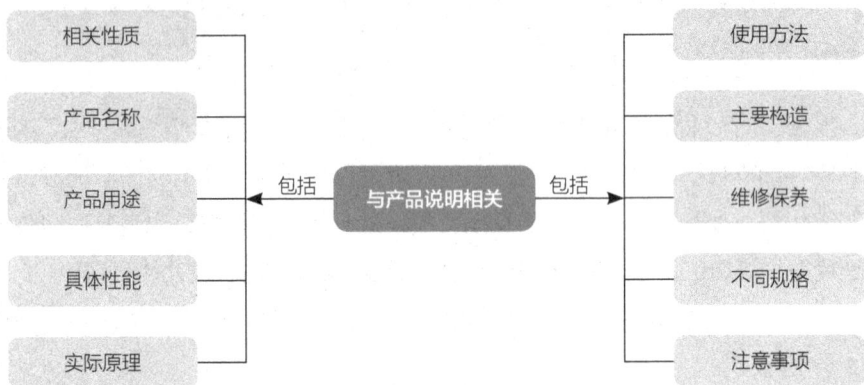

图 2-52　需要了解并明确的相关产品内容

对于新品而言，产品的说明文案主要是针对产品的最终用户的。在内容上要求语言简洁，开头部分通常用概述的形式简要地阐明其性质、特点，有的甚至全文都要用概述的形式。

需要注意的是，根据不同产品的功能、用法，产品说明文案的写作方法也有较大的区别，但是文案的直接作用和目标是一样的，就是为了让读者尽可能直接地了解信息。相关分析如图 2-53 所示。

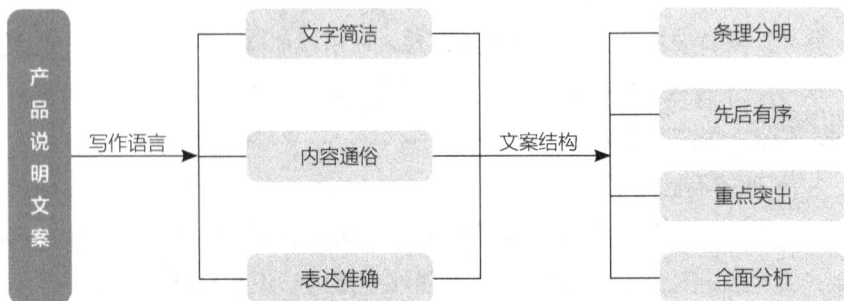

图 2-53　产品说明文案创作重点的相关分析

要把握重点，就需要了解文案对于受众的主要作用有哪些。在常见的文案中，其作用主要表现于以下几个方面，如图 2-54 所示。

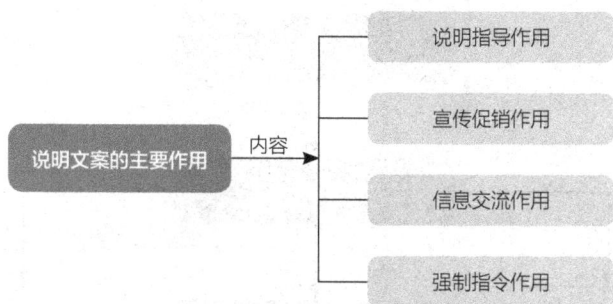

图 2-54　产品说明文案的作用

大部分的产品说明文案都包括了这些内容和作用，但是由于产品说明标准的不同，产品说明文案可分为 3 种类型，如图 2-55 所示。

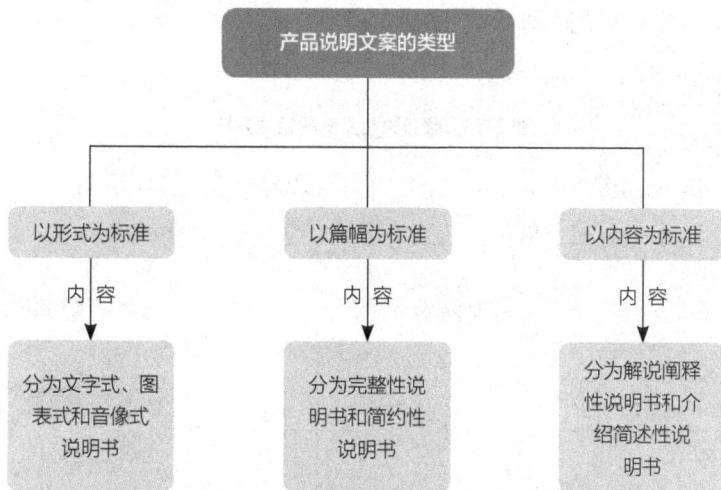

图 2-55　产品说明文案的类型

3. 说明服务详情

服务说明文案往往是与产品说明文案共同使用的，主要是服务行业向相关用户介绍自己所提供服务的性质、对象、收费情况，以及申请或使用这种服务的办法、条件等。

根据内容的不同，服务说明文案主要分为服务介绍说明、服务办法说明两种文案形式，相关分析如图 2-56 所示。

对于新品而言，服务说明的重要性需要根据产品的实际属性而定。一般情况下，文案内容是由产品相关服务直接导向最终受众的。

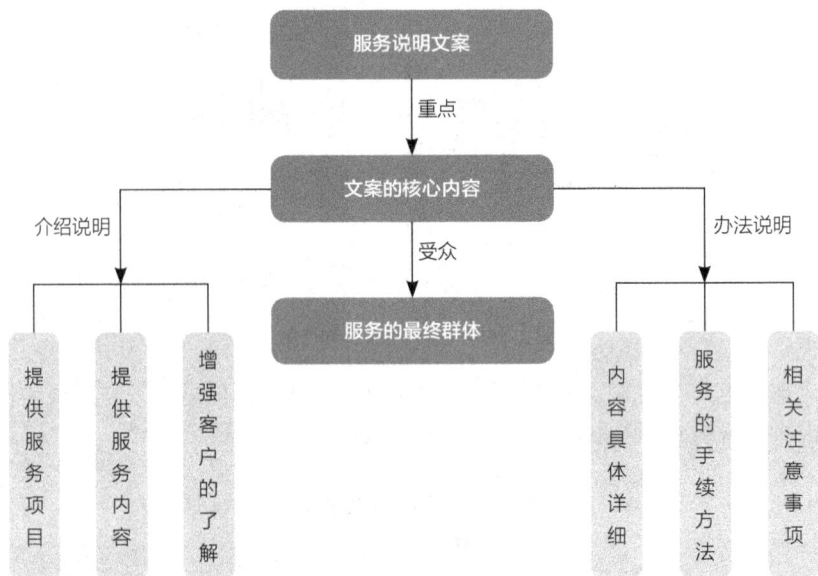

图 2-56　服务说明文案的相关分析

从全面性的角度出发，文案内容的写作可以同时涉及介绍说明和办法说明，两者目标统一，让读者能够尽可能直接了解信息。相关分析如图 2-57 所示。

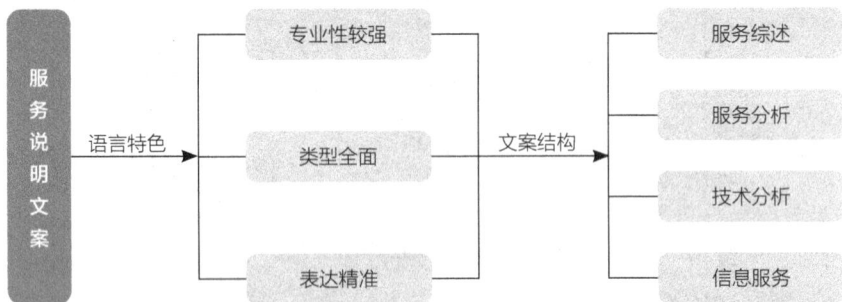

图 2-57　服务说明文案创作重点的相关分析

4. 说明使用事项

使用说明文案也被称为"使用手册"或"用户使用指南"，是常见的便捷式的产品信息集合体。图 2-58 所示为美的微波炉的使用指南封面。

相较于新品内容说明文案，使用说明文案显得更加多样，其写作格式也不拘一格，不可一概而论。其涉及的产品领域，从虚拟到现实不定，但其整体目标是一致的。相关分析如图 2-59 所示。

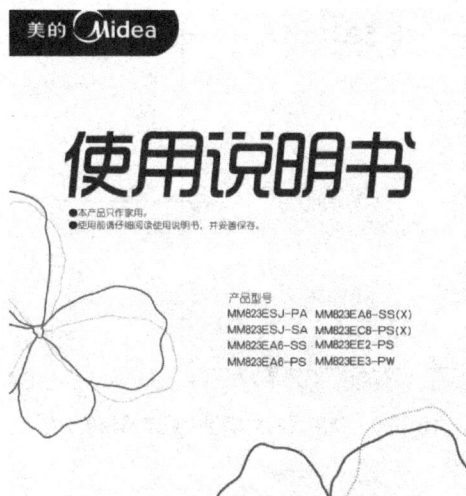

图 2-58　美的微波炉的使用指南封面

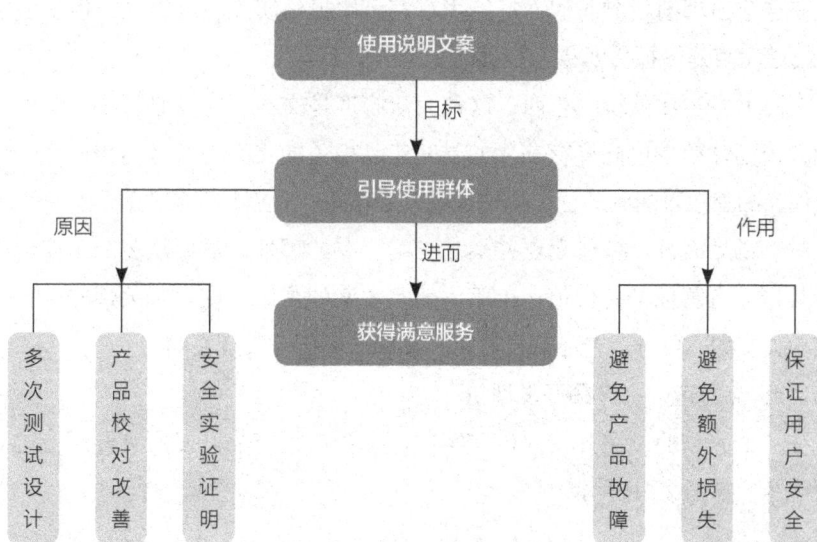

图 2-59　使用说明文案的相关分析

　　新品使用说明文案往往根据产品属性的不同而难易不定。现在社会产品极大丰富，种类繁多，功能较为复杂，大众接触各种产品及其使用说明书的机会比较多，所以要想全面掌握使用说明文案创作有一定的难度。

　　对于文案创作者而言，在进行文案创作之前，需要了解产品说明文案以及使用说明文案的不同，以及相关的内容结构设计，使用说明文案相关的创作重点分析如图 2-60 所示。

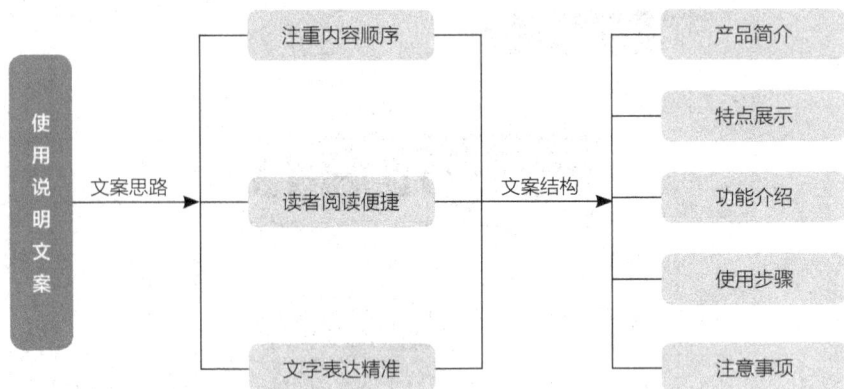

图 2-60　使用说明文案创作重点的相关分析

2.3.2　没有卖点，则要学会打造卖点

在这个追求创新的时代，打造卖点甚至比抓住卖点更为重要，但从层次上而言打造卖点是以抓住卖点为基础的。

人们大多喜欢独特的东西，这种大众心理是文案创作者必须要了解的，因为其在市场营销中也同样存在。如果其产品相关的文案与大多同类产品一样，那么该产品就很难受到关注，买的人就不会很多，也就很难实现赢利。

对于新品而言，打造卖点并不是一朝一夕的事情，需要从多个角度着手。即使某产品有着独特的价值，也不能缺少文案的帮助。在实际的运作中，打造卖点相关文案主要分为产品开发评价文案和产品创业策划文案。

1．卖点打造一：产品开发评价

在一个完整的产品开发评价文案中，主要包括产品开发所需要经历的 8 个阶段内容，如图 2-61 所示。

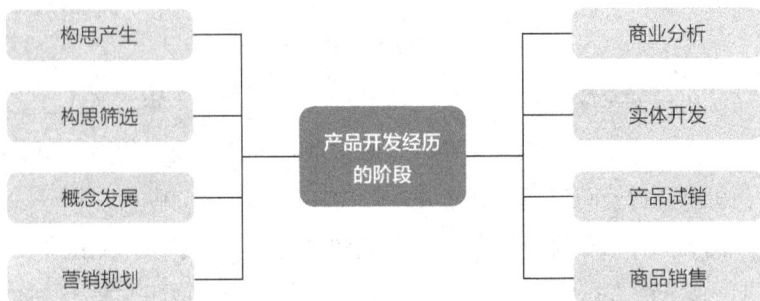

图 2-61　产品开发经历的阶段

产品开发评价文案在内容上往往包含了新品卖点的相关文案内容，比如需求说明、产品说明、服务说明和使用说明等。产品开发评价文案是新品文案中较为重要的部分，直接决定了产品后期的销售情况。

作为新品开发评价文案，首先需要对新品进行定位。根据来源的不同，新产品至少可以分为两种，相关分析如图 2-62 所示。

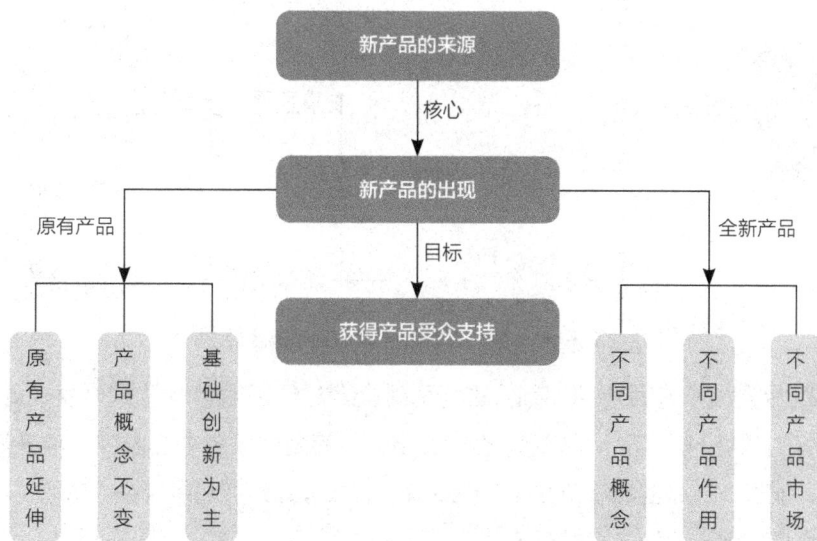

图 2-62　新产品的来源及相关分析

在目前的成熟企业中，根据原有产品进行创新而出现的新品较多，比如商家已经投放了普通的洗衣粉，接着又开发出了香味洗衣粉，这种新产品就是普通洗衣粉的延伸创新，同样拥有新产品概念。

在文案的具体创作重点上，产品开发评价部分主要集中于 5 个方面，也是文案内容的核心要点，相关分析如图 2-63 所示。

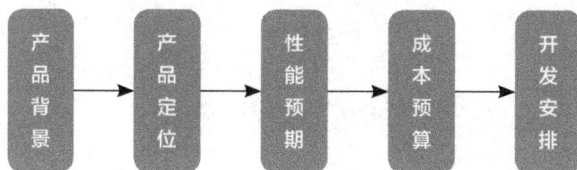

图 2-63　产品开发评价文案的重点分析

2. 卖点打造二：产品创业策划

在主流的产品创业策划文案中，以大学生创业策划文案和市场型创业策划文案最为常见。两者存在一定的区别，尤其是针对新品上市的创业策划内容。大学生创业策划文案在内容方面的要求较低，形式上较为自由，相关分析如图 2-64 所示。

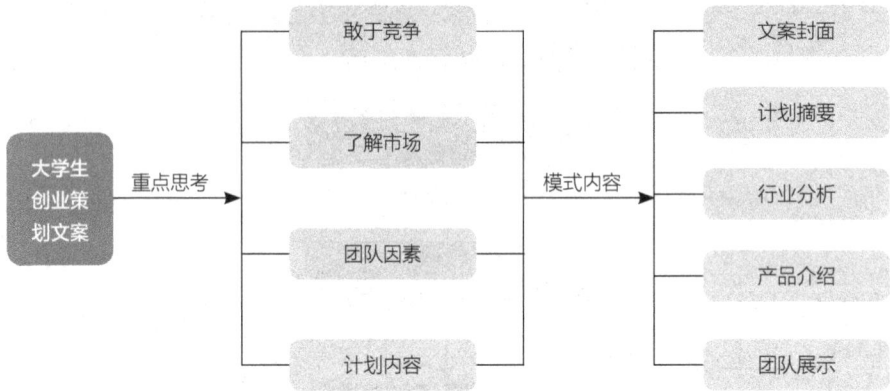

图 2-64　大学生创业策划文案的相关分析

和大学生创业策划文案相比，市场型创业策划文案更加严谨，同时要求更高，在内容的深度与广度上的表达也更加突出，是策划文案的中心内容。对于新品而言，能否在产品创业策划方面取得成就，直接关系到产品能否投入市场。

市场型创业策划文案的相关分析如图 2-65 所示。

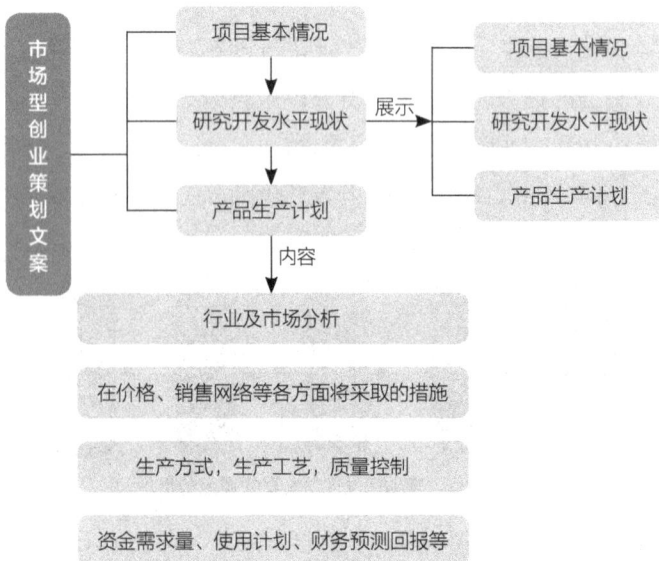

图 2-65　市场型创业策划文案的相关分析

为了打动文案的受众，将新品推广出去，在文案的创作过程中，无论是大学生创业策划文案，还是市场型创业策划文案，都需要把握重点内容。根据对互联网上大量相关文案的分析，创作重点主要集中于图 2-66 所示的 5 个方面。

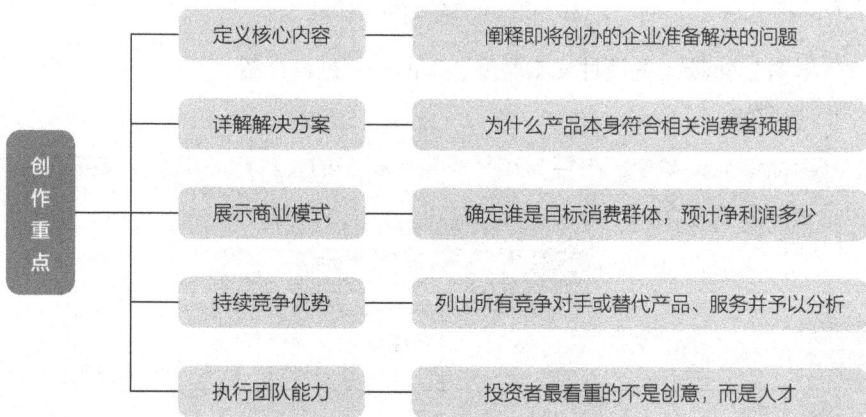

图 2-66　产品创业策划文案的创作重点

根据目标的不同，产品创业策划文案的实际内容深度也有所不同。对于部分风险投资人而言，还需要了解产品的资本回笼机制，相关分析如图 2-67 所示。

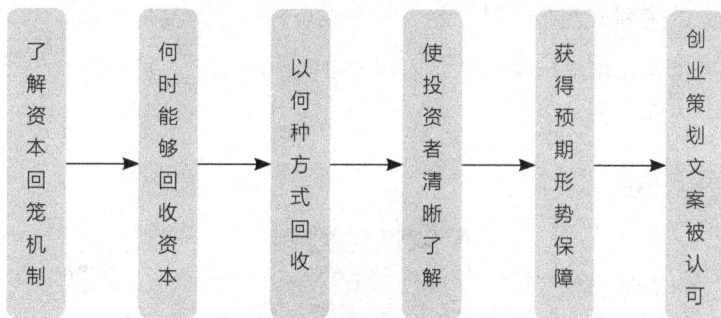

图 2-67　从投资人出发的相关分析

2.3.3　2 种高转化率文案的类型分析

新品文案的目标只有两个，分别是抓住卖点和打造卖点，在前文已经进行了详细分析。在实际应用中，根据目标、环境和团队的不同，各类文案的重点分析也有所不同。

下面我们以完整的新品文案进行分析，了解新品文案的相关要求和重点展示，如图 2-68 所示。

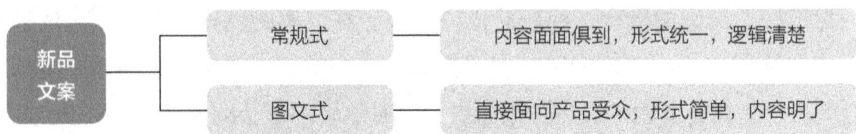

图 2-68　新品文案的两种类型

针对图 2-68 所示的两种文案类型，下面一一进行介绍。

1．常规式

在新品创业文案中，内容与产品是紧密相关的，从产品出发，文案内容主要包括图 2-69 所示的几个方面。

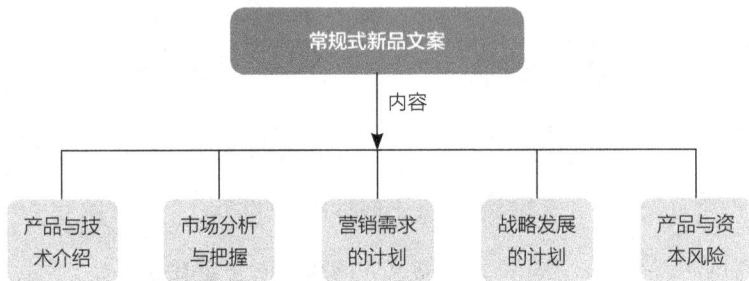

图 2-69　常规式新品文案的内容

新产品的策划文案中，以产品为创作重点，通过产品把握整体内容。常规式新品文案的创作重点主要包括图 2-70 所示的几个方面，这些方面也是新品文案中的重要内容。

图 2-70　常规式新品文案的创作重点

2．图文式

图文式新品文案主要是针对产品的直接受众，而不是相关的渠道经营商或公司人员。从文案本身而言，大篇幅的文字是不可取的，一般情况下采取图文结合的方式，突出中心内容，往往能够起到常规式新品文案不能达到的效果。

以 vivo 智能手机系列的 X5Pro 为例，其新品预热文案非常值得效仿，整个新品文案由数张图片组成，每张图片的重点立足于介绍产品特点，如图 2-71 所示，在介绍新品的同时能直接影响受众群体的选择。

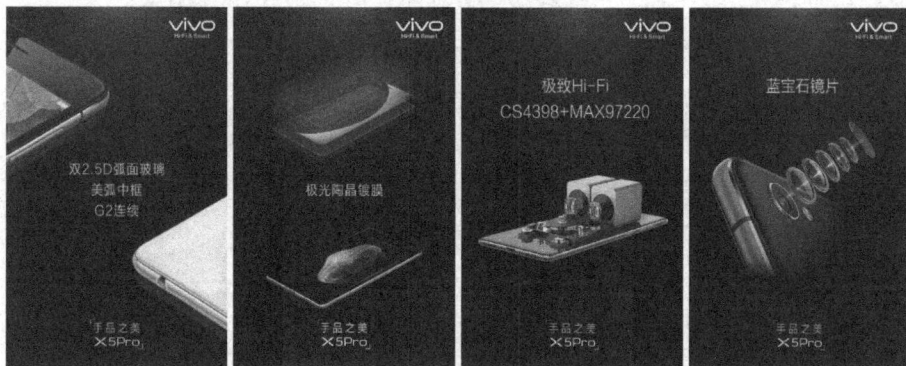

图 2-71　vivo X5Pro 的新品文案

该新品文案的内容十分直接，以"手品之美"的主题来展示产品的造型外观和强大的功能，既能通过精致的图文形式获得用户好评，又传播了产品特色。

最后一张总结性的图片，则将所有图片的内容连贯起来，集中展现了新产品的特色卖点，如图 2-72 所示。

图 2-72　通过新品文案提升品牌特色

第 3 章

写出有吸引力的标题

在文案的诸多要素中，标题是较为突出的一个内容，精彩的标题是文案吸引读者的重要要素。

本章主要针对文案标题进行全面分析，从其作用、类型到实际写作，深入了解其应用，并提供实用的写作技巧。

学前提示

- ➢ 文案标题的主要功能
- ➢ 8 种基本文案标题类型
- ➢ 文案标题的写作技巧

要点展示

3.1 文案标题的主要功能

看书先看皮，看报先看题。这条谚语对于文案同样适用。标题的定义是标明文章、作品等核心内容的简短语句，其对于文案而言十分重要。一般情况下，标题应具备几个基本要素，比如准确、鲜明、简洁、形式美、韵律美等，但随着时代快节奏的发展，目前的文案标题主要突出的是口语化和标新立异特点，其作用如图 3-1 所示。

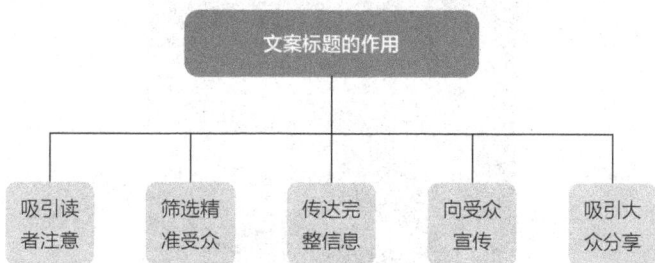

图 3-1 文案标题的作用

3.1.1 吸引读者注意

在网络上，直接有效的标题是最能够创造点击量的，无论是长篇的文案策划，还是一张简单的海报。图 3-2 所示为 NBA2Konline 的直播活动宣传海报，以悬念式的标题，吸引大众点击相关信息。

图 3-2 悬念式标题的海报

除了悬念式的开头之外，从提升读者阅读兴趣的角度来看，文案标题可分为两种形式，第一种是在标题中展示产品的某种作用。图 3-3 所示为云南白药牙膏的广告文案，其标题直接展示了产品功效。

图 3-3　云南白药牙膏的广告文案中通过标题展示产品功效

这种方式直接在标题中将产品作用表现出来，第一时间让有需求的用户产生阅读兴趣。还有一种标题是从产品本身出发，向受众提供一定的产品相关信息。图 3-4 所示为某品牌汽车的广告文案。

图 3-4　某品牌汽车的广告文案

需要注意的是，标题应根据实际内容确定，如果只是在标题上极尽宣传，实际却没有宣传的这些的好处，那么文案与产品就产生了脱节，难以成为优秀的文案。对于言不及义的标题，文案创作者应当避而远之。

3.1.2　筛选精准受众

尽管对产品受众进行撒网式的宣传在网络时代是常见的，但最终能够成为潜力受众的并不是所有人，极少有商品能够面向每一个人。抓住重点，或许能够成就更好的效果，体现在标题上也是如此，即标题存在一定的筛选作用。

图 3-5 所示为某商家推出的节日广告文案，直接明了地将优惠措施和活动产品等标注其上。

图 3-5　直接明了的优惠活动展示

3.1.3　传达完整信息

人们在查阅网络上的新闻时，往往快速浏览一遍就会对相关文章的内容有一个大致的了解，而无须每篇文章都点击进去查看，这是因为文章标题往往已经将文章主要内容囊括进去了。

对于文案而言，在标题部分表现得较为全面的内容信息往往是比较实用的，能够更好地扩大读者的数量。如图 3-6 所示，其突出的标题就是吸引人的"买 1送 1"，对于大众而言，这就是至关重要的内容。

图 3-6　标题直接展示全面的内容信息

3.1.4　对受众进行宣传

不同的文案内容对应的是不同的受众群体，文案的标题可以和文案内容一样向受众进行宣传推广。比如老年保险的宣传文案标题就以"孝"为主题，如图 3-7 所示。

图 3-7　向受众宣传产品

3.1.5　吸引大众分享

要想形成受众的自发营销，文案标题必须明确又实用，写文案的目标是让受众能够进行分享，而不是一次性传播。所以文案标题越全面，引发的连锁效果越强。同时，标题也能够引导读者阅读文案内文。在诸多标题中，只有极少数的文案是能够被大众查看的，能否成功关键就在于标题显示的几个字而已。图 3-8 所示的标题就能够有效地引导读者。

真正与众不同的是
我们的产品成本比包装成本高

棕榈酰三肽-5，
三十多万一千克，真的能███。

【和士秀，含肽】

图 3-8　标题展示内容的同时引导读者阅读内文

3.2　8 种基本文案标题类型

在各类文案创作中，标题的类型技巧早就被文案创作者们深入探讨过，并实际应用于文案创作中。每一个创意人员都希望避免公式化的风格，尽可能地发挥原创性，开创全新的表现方式。

针对现有的五花八门的标题类型，我们筛选出其中 8 种具有实用价值和借鉴价值的模式进行分析。

3.2.1　直接展示

直接展示就是把用户想要的结果提炼在标题上，最为常见的就是打折类活动文案标题，比如"双 11"电商活动，如图 3-9 所示。

图 3-9　打折类活动文案标题

直接展示类型的标题十分常见，尤其是微店、淘宝店铺等撰写活动策划文案时，往往将最能吸引受众的标题摆在显眼位置，吸引流量。关于直接展示类型标题的相关分析如图 3-10 所示。

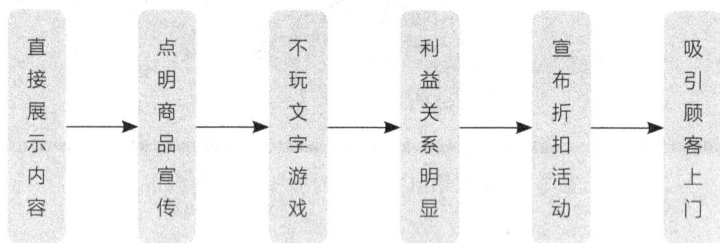

图 3-10　关于直接展示类型标题的相关分析

3.2.2　隐喻暗示

隐喻暗示的标题常见于微信的各类文章，部分文章还有各类图片暗示。对于文案写作而言，这也是一种重要的类型，通过引起读者的兴趣而获得文案信息传播的成功。

如图 3-11 所示，其文案标题看似与内容毫无关系，但实以暗示的方式来说明生态环境的重要性，突出"保护自然环境才能更好地保护野生动物"的主题。

图 3-11　文字暗示类型的文案标题

　　婉转暗示的标题，其目标同样是促进产品的销售，但是首先要引起读者的好奇心，然后通过内文解答读者的疑惑。关于文字暗示类型标题的相关分析如图 3-12 所示。

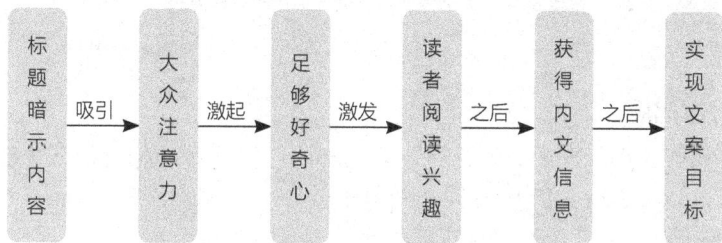

图 3-12　关于文字暗示类型标题的相关分析

3.2.3　传递信息

　　在通过文案宣传产品的过程中，如果文案能传递给读者良好的产品信息，往往可以促进产品的销售。标题作为文案内容的凝练，就更要传递产品的关键信息，这些关键信息通常是产品自身的卖点和产品在行业中的优势，如图 3-13 所示。

　　传递关键信息类型的标题十分常见，尤其是在新产品上市的推广文案或是行业领头羊的广告宣传文案中，它们通过将关键信息传递给读者来引起读者的兴趣和认可。关于传递关键信息类型标题的相关分析如图 3-14 所示。

图 3-13　展示产品在行业中的领先地位

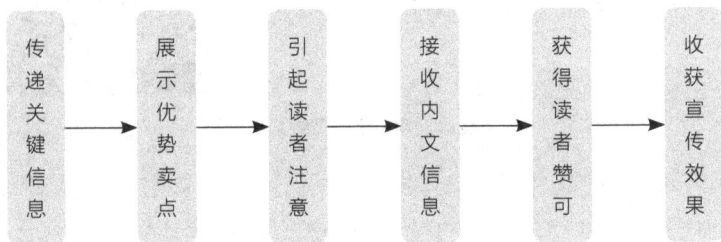

图 3-14　关于传递信息类型标题的相关分析

3.2.4　善用问题

在设问式文案标题中，通常运用问题和回答进行标题构建，往往能在第一时间引起对问题的解决方法有迫切需求的读者的注意，如图 3-15 所示。

图 3-15　通过问题引起招租者的注意

这类标题在电视广告上十分常见，如葵花小儿肺热咳喘口服液的广告，通过"孩子感冒发烧老不好怎么办？"这一问题来引起观众的兴趣，在引发观众思考时将产品作为答案给出，更容易得到观众的认同，也让观众更容易接受接下来的文案内容。相关分析如图3-16所示。

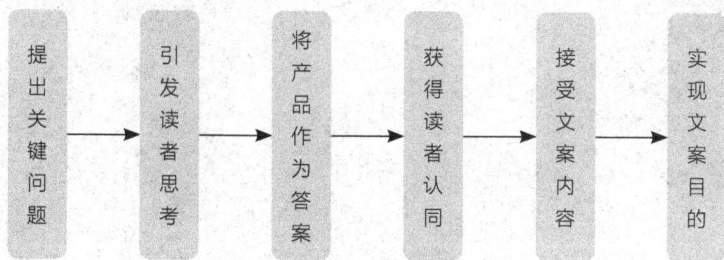

图 3-16　关于设问类型标题的相关分析

3.2.5　提问共鸣

在提问思考类型的文案标题中，常见的就是运用逆向思维进行标题构建，比如聚美优品的"我为自己代言"系列，如图3-17所示。

图 3-17　运用逆向思维进行标题构建

提问思考类型的标题主要有两种作用，除了以类似逆向思维的方式突出文案内容之外，还能通过引起读者的共鸣，激发其阅读兴趣。如图3-18所示，该广告文案就以反问的方式来向观众提问，从而引导观众进行思考。

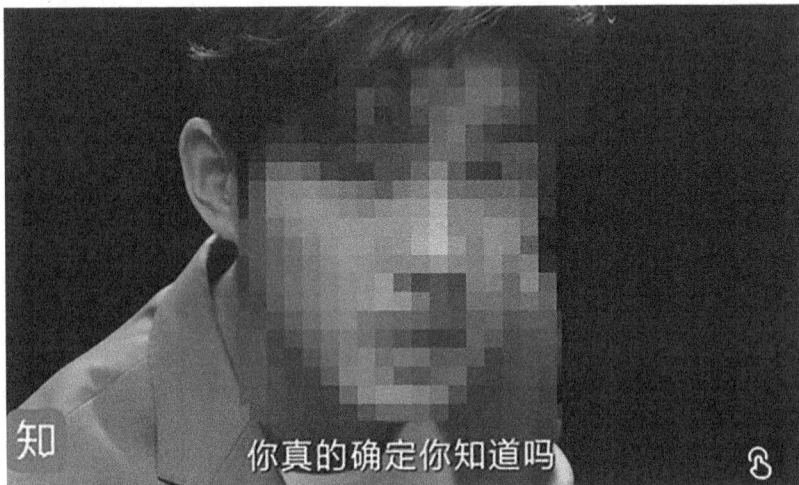

图 3-18　广告文案中的反问式提问

提问思考是充分利用人类与生俱来的思维方式，尤其当问题与产品存在一定的关联时。越是有紧迫性的问题，越能充分展现其价值，从而也就越能吸引大众的注意力，相关分析如图 3-19 所示。

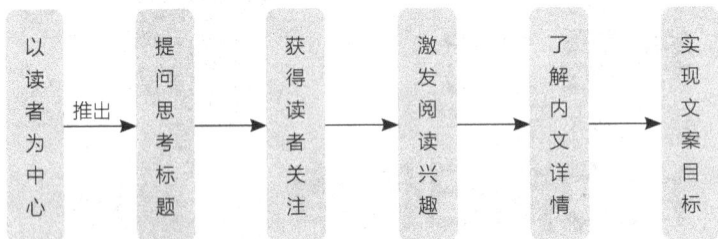

图 3-19　关于提问思考类型标题的相关分析

3.2.6　命令口吻

还有一类标题是直接告诉受众应该如何做，从而吸引其浏览内文。图 3-20所示为去啊网的广告文案。

相较于其他类型的标题，命令形式的标题更容易对处于考虑阶段的受众产生影响，通过提供相应的内容分析，引导受众做出对产品销售有利的决定。与之相关的具体分析如图 3-21 所示。

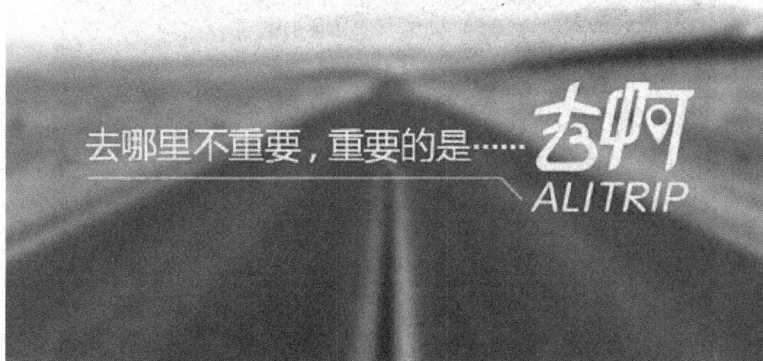

图 3-20 去啊网的广告文案

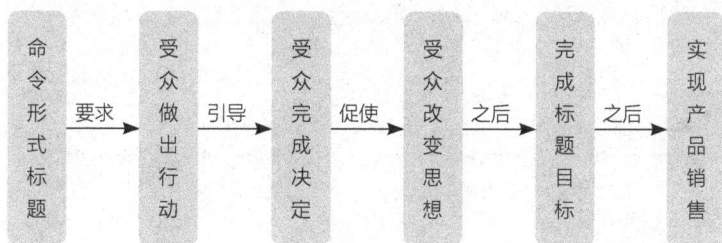

图 3-21 关于命令形式类型标题的相关分析

3.2.7 明确目标

数字在互联网时代的重要性不言而喻，因为相较于烦琐的文字，数字的表现力要更强一些。

在一堆文字中，读者最先关注的往往是单个的数字，而目标导向类型的标题就是通过在标题中添加数字的形式，来激发读者的兴趣。常见的主要有"几大理由""几个步骤""几大类型"等，如图 3-22 所示。

目标导向型的标题能够更好地激发受众的探知欲望，其效果往往也比较实在。需要注意的是，标题导向的内容必须与标题本身相呼应，与之相关的具体分析如图 3-23 所示。

图 3-22　标题中的数字导向

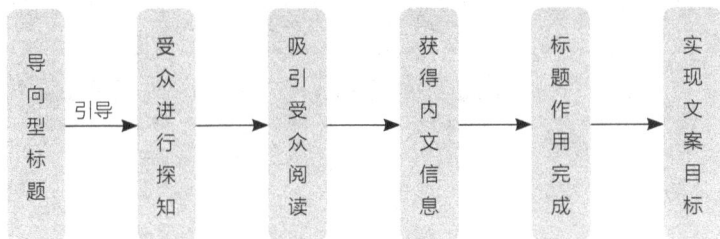

图 3-23　关于目标导向型标题的相关分析

3.2.8　顾客语言

从顾客的角度出发去写作的文案往往更容易被顾客接受，文案的标题也是如此。用接近顾客的语言去展示的标题往往更容易获得顾客的好感，从而引发顾客主动地去获取文案内文的信息。

在众多充斥人们眼球的广告信息中，贴近顾客生活，像是身边朋友的推荐一样的文案标题往往更易于被顾客接受，如图 3-24 所示。

相较于其他类型的标题，以顾客语言去表现的形式更容易让对广告信息感到厌烦、有警诫心理的顾客放下防备，接受文案内的宣传信息。与之相关的具体分析如图 3-25 所示。

图 3-24　由顾客去推荐产品

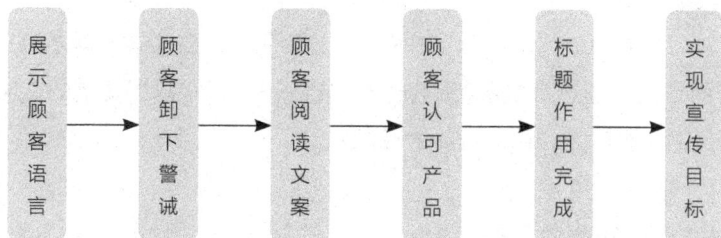

图 3-25　顾客语言式标题的相关分析

3.3　文案标题的写作技巧

对于受众群体而言，每一个广告文案的标题在其视野中停留的时间往往只有短短的一秒钟，是否要查看内文的决定性因素就在于文案标题。那么，在如今这个忙碌而信息泛滥的时代，如何用几个字的标题就吸引住潜在对象，让其相信文案的内容值得一读？这就需要善用技巧，打造标题并引导流量。

3.3.1　通过标题放大营销效果

文案是属于文字创意的工作，文案标题要想有所创新，就要做到有特色。所以做一个好文案很难，不仅需要具备广博的知识，而且要对文字有着相当精深的把握和运用能力。优秀的文案甚至能够成为网络段子，让无数人对其主动宣传，其中的典型口号如图 3-26 所示。

图 3-26　成为网络段子的广告文案

当广告口号成为流行用语时，相关的差异创新型广告文案也就水到渠成了。这也从侧面证明了通过范例进行创新的必要性——既保留了真实的文案内容，又借助了范例的影响力，达成宣传的目标。

3.3.2　创造有效标题的 4 个要素

在文案标题的写作中，较为常见的有效标题写作公式主要由 4 个要素组成。这被认为是可以根据要素进行评分，来判断标题成熟度的一种方法。其相关内容的分析如图 3-27 所示。

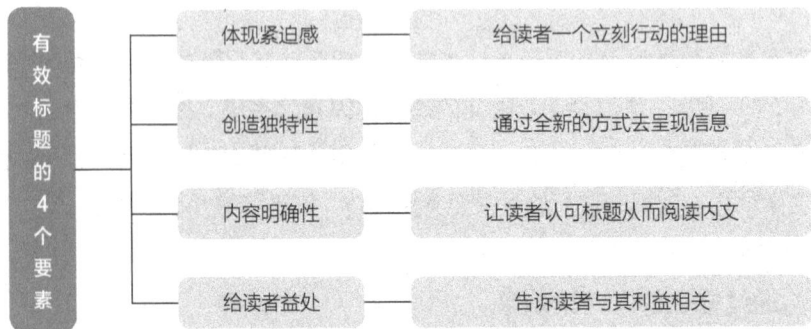

有效标题的4个要素		
	体现紧迫感	给读者一个立刻行动的理由
	创造独特性	通过全新的方式去呈现信息
	内容明确性	让读者认可标题从而阅读内文
	给读者益处	告诉读者与其利益相关

图 3-27　有效标题的 4 个要素

首先，标题要体现紧迫感，借势营销是网络广告文案常用的手法，如图 3-28 所示，即为某文案创作者的设计的文案标题，以体现紧迫感为主。

图 3-28　体现紧迫感的广告文案标题

　　尽管文案内容不见得一定有标题所表现的那么吸引人眼球，但是至少在标题上已经比别人成功了。除了紧迫感，具有独特性的文字往往也能够第一时间被受众看到，如图 3-29 所示。

图 3-29　创造独特性的文案标题

　　尽管文案内容只是对一款打车 APP 的宣传，但是标题搭配得格外有创意。这种独特的标题和文字表达让人很容易就记住产品，并且能激发受众一定的好奇心去查看相关信息。

　　4 个要素中最为常见的就是内容明确性，对于标题而言，简单明了往往能给人留下深刻地印象，如图 3-30 所示，其标题为"冬季常见 9 大危险"。

　　最后一个要素就是主动告诉读者好处，吸引读者查看相关信息，这种标题常见于广告文案，多以文字突出的形式表现，如图 3-31 所示。

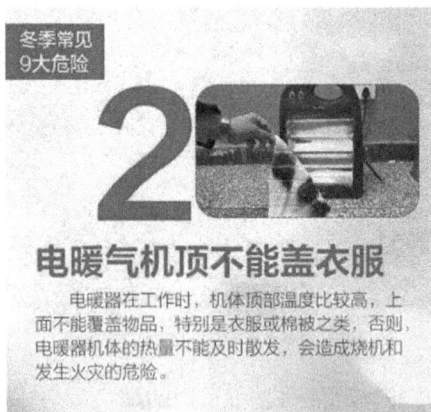

图 3-30　内容明确的有效标题

图 3-31　主动告诉读者好处的文案标题

当文案标题拟定之后，就可以从这 4 个要素出发，评估标题是否符合这 4 个要素以及符合程度。需要注意的是，不仅文案标题可以根据这 4 个要素来创作，其他类型的标题也同样适用，比如电子邮件标题、网页标题、小标题，甚至是项目标题等。

文案创作者从上述 4 个要素对标题进行评估之后，可以视情况重新拟定标题，设法提升标题的吸引力，进而提升标题的阅读率。

3.3.3　在多个标题中择优选择

标题往往和读者的第一印象紧密相连，同一个标题在不同的媒介给读者的第一印象也有所不同。假如读者的第一印象是无趣或跟自己没有相关性，那么，这则文案就不太可能吸引销售对象。

下面简单地对不同媒介的第一印象进行分析，认识标题在不同媒介上的不同作用，如图 3-32 所示。

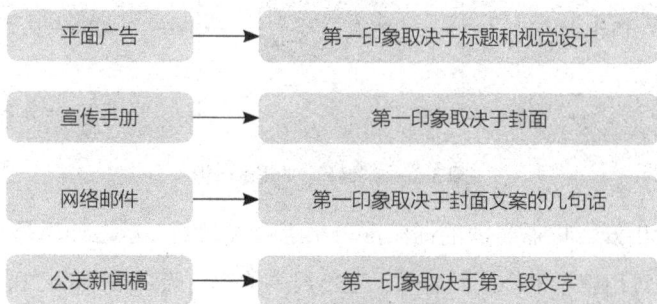

平面广告	→	第一印象取决于标题和视觉设计
宣传手册	→	第一印象取决于封面
网络邮件	→	第一印象取决于封面文案的几句话
公关新闻稿	→	第一印象取决于第一段文字

图 3-32　不同媒介的第一印象分析

能够赢得受众注意力的标题，才是文案成功的关键点。要想给受众留下深刻的第一印象，那么就需要从多个备用标题中选择效果较为突出的那个。临时抱佛脚的方法不可取，作为文案创作者，需要常备一些标题范例。

从多个标题中选择相对合适的那个，不仅能够让文案标题更为突出，也能够让其他的备选标题成为副标题或者文案中的内文中心点。除此之外，也可以选择标题分行展示的方式来表现内容，如图 3-33 所示。

6.344和960万
同样神圣

图 3-33　标题分行展示来表现内容

3.3.4　从内容本身出发提炼语句

从内容本身出发，提炼中心语句，能起到与信息清单类似的作用。将一连串与产品有关的词汇重新排列组合，通过这种方式组成有效标题。以钢笔为例，其相关的词汇清单如图 3-34 所示。

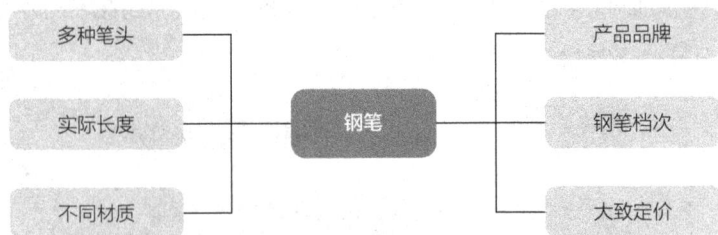

图 3-34 "钢笔"的提炼分析

从标题出发，根据整理的词汇清单来组合成新的标题。如果是从长篇的文案内容中提炼出单一的标题，有 4 个方法可供参考，与之相关的分析如下。

1. 内容关联法

内容关联法是较为常用的一种创造标题的方法，且并不局限于文案类标题。它主要是根据标题与中心内容的关系，直接选择重点词语来打造标题。针对此方法的相关分析如图 3-35 所示。

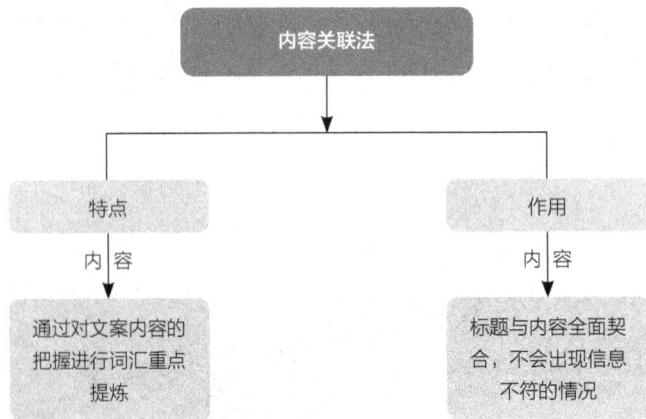

图 3-35 内容关联法的相关分析

2. 位置关系法

从文案内容的常规位置出发，如文章和段落的首、尾、中间，找出重点语句，初步确定标题的中心。相关分析如图 3-36 所示。

3. 语言标志法

语言标志法主要是从位置关系分析的角度出发进行的一种补充式分析。在文案中，一定的内容总有一定的形式标志。语言标志就是选择有针对性的内容，对其完整陈述，是一个完整的句子。其相关分析如图 3-37 所示。

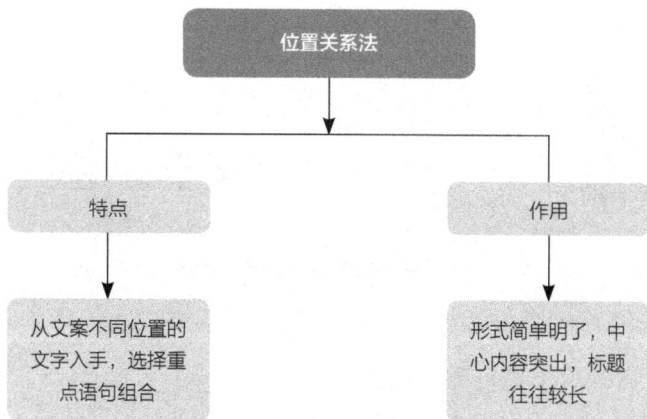

图 3-36　位置关系法的相关分析

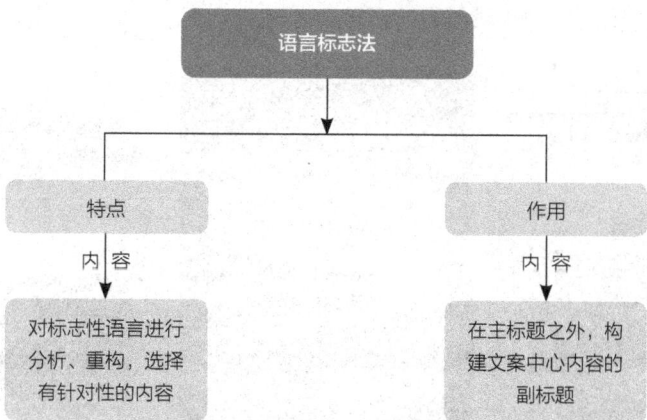

图 3-37　语言标志法的相关分析

4．归纳提炼法

在文案内容较多但是主题较为集中的情况下，在构建标题时可以选择归纳提炼的分析方法。归纳提炼法一般有两种定义，第一种定义为从文案内容的个别前提得出相对统一结论的方法，第二种定义为从个别前提得出必然结论的方法。

关于标题的归纳提炼法的相关分析如图 3-38 所示。

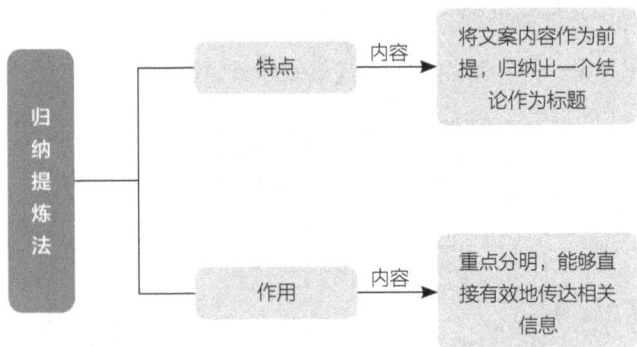

图 3-38　归纳提炼法的相关分析

3.3.5　利用竞争对手进行差异创新

差异创新法常常被同行业的竞争对手们用来创造各类广告文案，图 3-39 所示为 Jeep 汽车的广告文案，针对"大众""奔驰""宝马"这些竞争者进行调侃，让受众从中感受到这种差异创新的特点。

图 3-39　差异创新的广告文案

3.3.6　创作读者感兴趣的标题

标题是文案的重要组成部分，但并不是文案的全部，无论采取哪种方式构建，其功能都在于引起受众注意，使之接受文案内容所传递的信息。所以受众群体喜欢的标题就是好标题。

从实用角度出发，标题或许并不需要设计得多么精妙，多么富有创意，而要具体实用，能为文案内容吸引来流量，完成标题被赋予的目标即可，相关分析如图 3-40 所示。

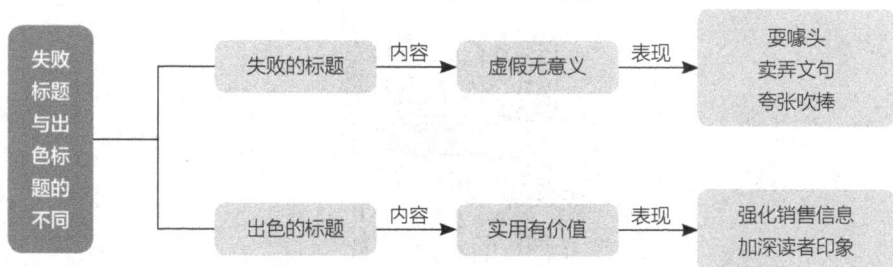

图 3-40 失败标题与出色标题的不同

对于大部分的文案创作者而言，如果无法打造巧妙的高质量文案标题，那么就不要刻意追求标题内容字字珠玑，给标题形式硬加创意，有时这样效果会适得其反。

简单直接的标题也未尝不是一种选择，为了强求创意而进行创意构建，精心设计的标题不一定就比简单明了地传递信息的标题更好，如图 3-41 所示，简单的画面和文字或许能够赢得意外的点击量。

图 3-41 简单的画面和文字展现

在商业气息浓厚的文案领域中，受众喜欢的其实是淡化商业味，传递温情，有趣味性的标题，能够让受众感觉到自身不是一个潜在的商品消费对象，而是一个活生生的人。

图 3-42 所示为以纯服装品牌在微信上推出的一个 H5 页面游戏——《A21 衣疗诊所》，设计风格的趣味性、游戏环节的流畅性、活动文案的张力，在受

众那里刷足了存在感，其标题设计得幽默搞笑，十分吸引受众的眼球。

图 3-42　幽默又不失主题的标题更能让读者喜欢

随着网络的发展，大众的口味越来越多元化，并不是传统的标题写作已经不适用，而是特色化将是未来的主流。读者喜欢的就是好标题，这种讲究幽默感、平易化的广告方式将占据未来主要的文案标题空间。

3.3.7　常见文案标题范例

结合上文所讲内容，我们看几个常见文案的标题范例。

如图 3-43 所示，这是京东商城结合百事可乐猴年营销事件而推出的广告文案，标题文字的紧迫感配合产品精致美观的包装，能立刻激起人们的购买欲望。

图 3-43　猴年纪念装可乐

如图 3-44 所示，这是某能量饮料的宣传文案，标题运用逆向思维，以"放弃算了"为主要信息，这一与社会主流价值观相矛盾的说法能激起读者继续阅读的兴趣。

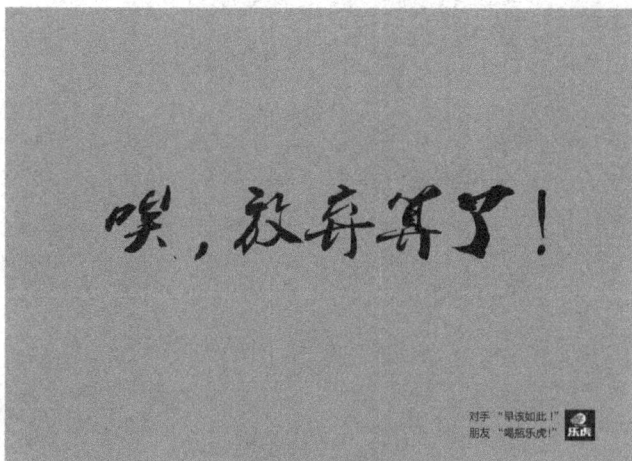

图 3-44　能量饮料的逆向思维宣传

如图 3-45 所示，这是某食品的宣传文案，标题中提出了一个看上去很不合理的问题，容易引起读者的好奇心，吸引其注意，再用三格漫画给出一个幽默诙谐的答案，既让读者记住了文案，又传递出了食品美味的信息。

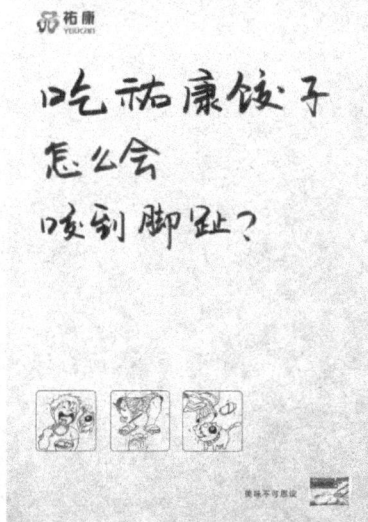

图 3-45　以问题吸引读者注意力

第 4 章

解密文案的写作技巧

04

对于文案创作而言，编写技巧是至关重要的部分，尤其是文案新手，更需要全面了解这方面内容。

本章主要针对文案写作的 3 个方面进行分析，逐步说明，深入了解不同写作技巧的重要性和实际运用。

学前提示

➤ 写出逻辑清晰文案的技巧
➤ 玩转文字的几种方法
➤ 抓对卖点，写出热卖文案

要点展示

4.1　写出逻辑清晰文案的技巧

在互联网时代，不少小成本的公司大放异彩，比如凡客、雕爷牛腩、皇太吉煎饼等，而它们成功的主要原因之一就在于得当的文案创作。

要想通过文案产生逆袭大品牌的效果，首先需要理顺文案的逻辑。只有逻辑清晰明确的文案才能被大多数受众接受，在各群体间获得广泛的传播。

下面就写出逻辑清晰的文案的 13 种技巧分别展开论述。

4.1.1　将读者摆在第一位

首先来看一组以打折为表现中心的广告文案。如图 4-1 所示，这是新年活动期间的一则广告。

图 4-1　新年活动期间的打折广告

这个广告文案围绕打折，从读者的角度出发，抓住读者的注意力，通过图文结合的方式的文案来达成最终目标。

事实上，在文案创作中要求以读者为中心，不仅表现在文字本身，由此延伸的相关内容也同样直接影响着文案的成败，在具体的创作中，相关的内容及分析如图 4-2 所示。

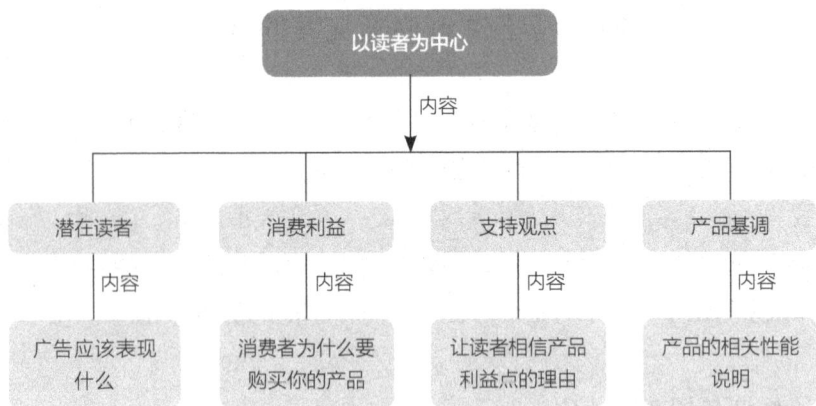

图 4-2　文案以读者为中心的相关分析

4.1.2　突出文案的中心内容

文案主题是整个文案的生命线，作为一名文案创作者，其主要职责就是设计和突出文案主题。所以要以内容为中心，要花时间构思，确保主题的绝妙性，有一定的真实价值。整个文案的成功主要取决于文案主题的效果。

在任何一个文案中，中心往往是最为醒目的，文字也较为简洁，在广告类文案中，甚至只有一句话，如图 4-3 所示。

图 4-3　一句话式的广告类文案

需要注意的是，文案创作者要想突出文案的中心内容，还要提前对相关的受众群体有一定的定位，比如一款抗皱能力突出的衬衣，其相关定位应该从图 4-4 所示的 3 个方面入手。

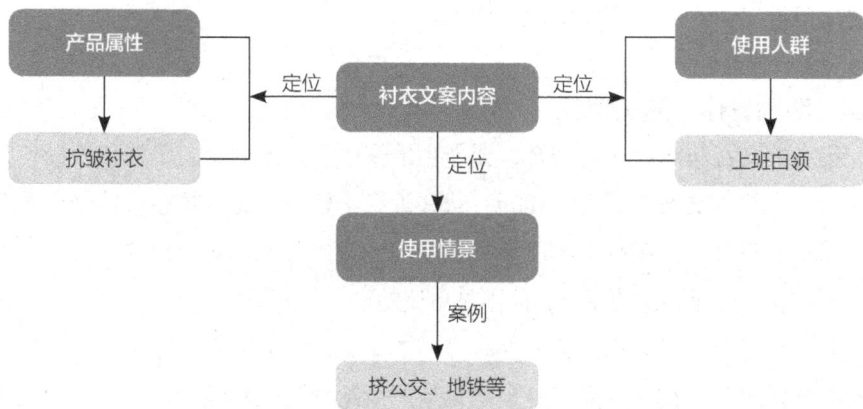

图 4-4 关于衬衣文案的相关内容定位

4.1.3 简单清楚的写作风格

某些文案往往只有寥寥几个字，就将产品内涵充分表现出来，比如某品牌的随身 Wi-Fi 的文案，仅用 4 个字就表现了产品的小巧轻便，如图 4-5 所示。

图 4-5 突出产品小巧轻便的内容中心

对于文案而言，无论多长的篇幅，都是为了突出文案的内容中心，如果只用几个字就能够达到效果，那么简洁的方式也是可行的。在部分文案中，常常使用谐音的形式进行文案创作，比如酱菜广告的"'酱'出名门，传统好滋味"，都得利饼干的"一'饼'惊人，甜薄脆"等，突出式文案也属于整体风格的一种，只要运用得当，就能更好地突出产品特色。

4.1.4　明确具体，避免空泛

得当的文案与产品一经结合，会产生出意想不到的效果。比如某位设计师为红旗轿车写的文案，只有一句话：从来没有一辆车，比它更适合检阅中国。由此可见，有格局的精准文案能够突显产品本身的品质。对于读者而言，广告文案应该是一种深层次的品位，而不是单调的产品代言词。

并不是每一个文案都能够成为有格局的文案，好的文案一定是深度挖掘目标群体的需求后，结合产品自身差异化特质所达到的完美契合，其最终的表现效果是能引起受众共鸣的。

4.1.5　以通俗易懂为重点

文字通俗易懂，雅俗共赏，是对文案的基本要求。这也是在文案创作的逻辑处理过程中，创作者必须了解的思维技巧之一。

从本质上而言，通俗易懂并不是要将文案中的内容省略掉，而是通过文字组合展示内容，如图4-6所示。

图4-6　通俗易懂的文案文字

从通俗易懂的角度出发，我们追求的主要是文字带来的实际效果，相关分析如图4-7所示。

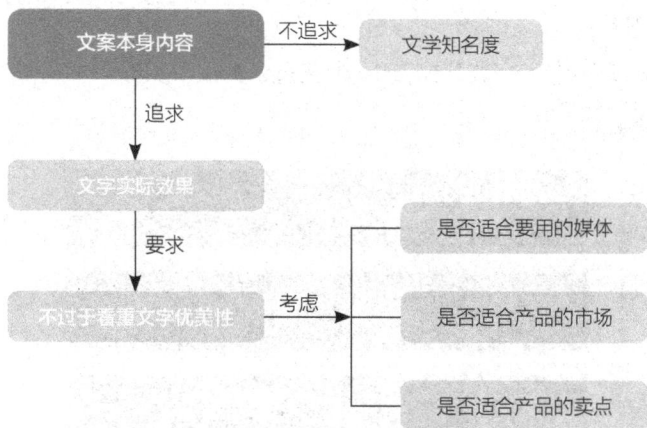

图 4-7　通俗易懂的文案文字

4.1.6　使用一目了然的简单词汇

在实际的阅读过程中，短句所展示的信息比长句更容易被接受，不仅在文案创作领域，在其他的文字工作领域，文字的简洁和句子的有效性是共同要求。

善于运用词语短句是合格的文案创作者的重要标志，如图4-8所示，同样是宣传广告，不同的表达方式所带来的效果是不同的。

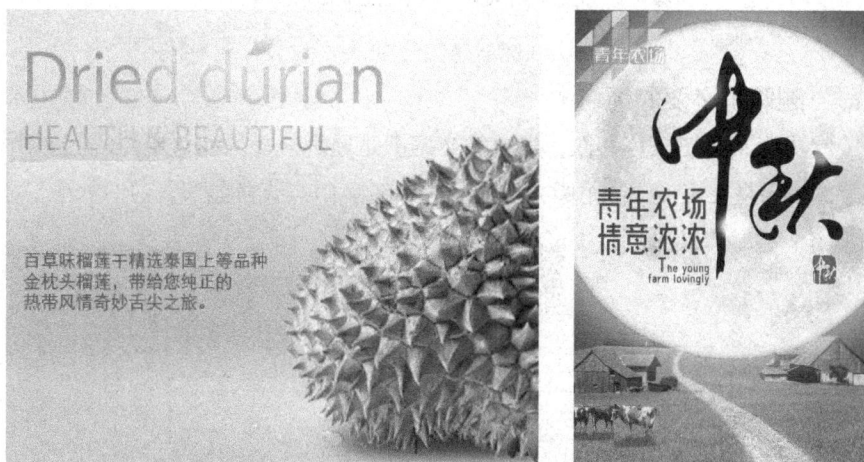

图 4-8　不同表达方式的不同效果

单个短句的效果可能并不突出，但是在较长篇幅的文案内容中，短句就体现出了长句不能达到的效果。文案中的长句往往会让读者精神疲劳，并且容易遗忘之前的内容。

在成熟的文案中，字数往往在 10 个左右，少数较长的句子在 15 个字左右，如图 4-9 所示。

图 4-9　成熟文案中的短句展示

4.1.7　删除不必要的词句

成功的文案往往有共性，失败的文案则是原因众多。在可避免的问题中，文字的多余是文案失败的主因，往往会导致图 4-10 所示的结果。

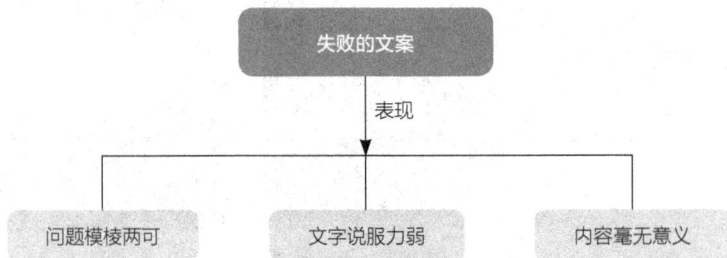

图 4-10　失败文案的表现

解决多余文字最为直接的方法就是将其删除，这也是强调与突出关键字句最为直接的方法。如图 4-11 所示，这是某羽绒服的广告文案，没有复杂的形容词，只是用简短的方言将羽绒服的穿着体验予以说明。

图 4-11 突出强调关键字句

4.1.8 不要轻易使用术语

专业术语是指特定领域和行业中，对一些特定事物的统一称谓。在现实生活中，专业术语十分常见，如家电维修业将集成电路称作 IC，添加编辑文件称为加编，大企业中称行政总裁为 CEO 等。

专业术语有时可能不具有实用性，从文案写作的技巧出发，往往需要将专业术语用更简洁的方式替代。专业术语的通用性比较强，但是文案中不太需要。相关的数据研究显示，专业术语并不适合大众阅读，尤其在快节奏的生活中，节省阅读者的时间和精力，为之提供良好的阅读体验才是至关重要的。

4.1.9 不用使用有偏见的词汇

在文案中，偏见是比较少见的败笔，但是也需要时刻注意。文案创作者需要避免使用带有偏见的词汇，尤其是被社会普遍视为带有偏见意味的词汇。常见的如职业偏见。

除此之外，还有性别类的偏见词汇也需注意，为了避免这个问题，创作者可以在文案中避免提及性别，或者同时提及两种性别。

4.1.10　开头就要强调重点

文案中的重点信息必须在一开始就传递给受众，但是因文案创作者能力不同，其文案效果也不同。得当的文案应该是简洁，突出重点，适合媒介传播，适合目标群体阅读，形式上不花哨更不啰嗦。图 4-12 所示为某培训机构的招生广告文案。

图 4-12　某培训机构的暑期招生广告文案

4.1.11　写作思路要循序渐进

关于文案创作思路，主要有归纳、演绎、因果、比较、总分和递进等，其中应用最为广泛的，主要是归纳、演绎和递进这 3 种，相关分析如图 4-13 所示。

4.1.12　反复提起卖点

表现产品的卖点是文案的重要工作，但对产品卖点的表现也不能一味地通过说明灌输给受众，而是要有技巧地将卖点循环地提出来，给受众留下深刻的印象。如图 4-14 所示，某汽车品牌的文案通过依次提出 4 个卖点来吸引受众眼球。

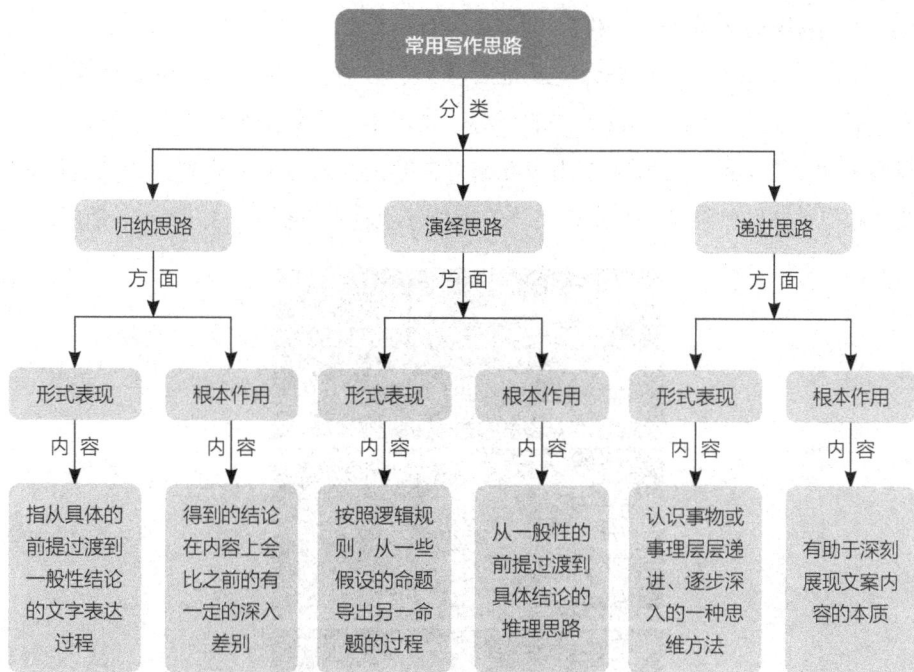

图 4-13　常用的 3 种写作思路的相关分析

图 4-14　循环提出卖点加深受众印象

4.1.13 运用段落来分割内容

以文字为主的文案最忌讳的就是所有文字堆砌在一起，这很容易让读者在第一时间就失去了继续阅读下去的兴趣。文案中文字的排列可以不规则，但不能不美观。文案创作者要善于用段落来对文案内容进行分割排列，特别是没有图片做视觉辅助的纯文字文案，文字的排列分段就更重要了，如图 4-15 所示。

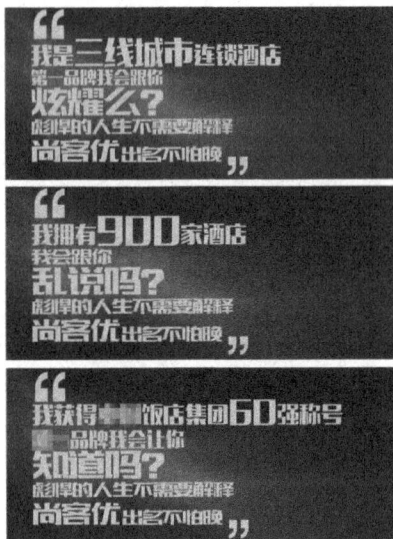

图 4-15　用段落分割排列文案内容

4.2　玩转文字的几种方法

文案创作者是专业的文字工作者，需要一定的文字水平，而掌控写作窍门，能够更高效率、更高质量地完成文案任务。下面来介绍 6 种常见的文字运用方法。

4.2.1 控制段落的字数

控制段落字数，主要是将整体内容的排版稳定在一个可以接受的字数范围内，这是首要的事。除此之外，控制段落字数能创造一定的韵律感。这种方式在广告类文案中也比较常见，如图 4-16 所示。

控制段落字数能突出文字内容，在长篇文案中采用得较多，主要是起到强调的作用，让整篇文案显得长短有致，这非常考验文案创作者的能力。

图 4-16 有一定韵律感的广告文案

4.2.2 多角度进行展示

文案内容的全面性主要是指多角度地对广告信息进行展示，满足受众对广告信息深度了解的需求。需要注意的是，除了全面性之外，还可以通过重复播放来加深读者的记忆，它在目标上与全面性是一致的。

为了达成宣传效果，有些企业选择通过多则不同形式的文案来展现产品。在系列文案作品中，各则文案所表现的信息内容之间，主要呈现 3 种关系：

- 信息并列关系。
- 信息同一关系。
- 信息递进关系。

在广告文案中，通过一系列广告来达成全面性展示产品的有很多，其中益达口香糖的系列广告以微电影的形式播放，在电影中多次重复地突出益达口香糖，吸引大众注意力的同时，也提升了益达口香糖的品牌效果。

4.2.3 打造顺畅的连接

对非单句形式的文案来说，为文案内容进行合适的段落分割固然重要，但为句子间打造顺畅的连接也同样重要。如图 4-17 所示，该招聘广告通过"如果，你是"成功地将两段不同风格的话连接了起来。

图 4-17　顺畅的连接让文案更出色

4.2.4　一句话作为一段

　　用一句话作为单独的段落来突出展现内容，是文案写作的常用技巧。一句话的段落模式能够突出内容，也能够使呆板的文案形式变得生动。如果突然出现一句话的单个段落，读者的注意力就会被集中过来。一句话广告文案，文字精炼，效果突出，甚至不需要前期的大段文字铺垫，就能够吸引读者的兴趣。图 4-18 所示为某个广告的文字展示。

图 4-18　一句话文案展示

4.2.5　视觉设计强调字句

　　突出关键内容不仅可以从写作技巧入手，还可以在关键内容的视觉设计上下功夫，来强调与突出字句。字句的强调与突出在广告文案中出现得较多，比如文字加粗、变形、加色等。图 4-19 所示为某公益行动推出的广告文案。

图 4-19　字句视觉设计在文案中的应用

4.2.6　项目编号列清单

对于文案而言，大量铺陈的内容往往让读者望而生畏，但即使是逻辑清晰、排列整齐的文案，仅仅只靠一个标题也很难将文案内容的信息完美地传达出去，这时我们可以运用视觉设计中的一些方法来解决问题，在文案中添加项目编号就是一个很好的办法。在段落的中心字句前添加项目编号能起到一个类似目录的作用，让读者能够快速了解文案的内容信息，如图 4-20 所示。

图 4-20　项目编号在文案中的应用

4.3 抓对卖点，写出热卖文案

卖点是产品销售经营的关键要素，只有卖点能把产品变成商品，实现获得利润的根本目标。作为产品宣传工具的文案，其首要任务就是突出产品的卖点，要宣传产品，就要先抓对卖点。

下面以卖点为中心，就文案的创作进行相关分析和介绍。

4.3.1 以顾客的身份来描述产品

以顾客的身份去介绍产品的卖点往往更容易被顾客接受。因为商家的最终目的是追求利益，所以相较于商家，顾客更愿意相信已经有过消费经历的人或是自己熟悉了解的人的推荐，广告代言便是基于这一原因。如图4-21所示，雨洁洗发水的广告宣传文案就是代言人以顾客的身份去向大众推荐产品。

图4-21　代言人以顾客的身份推荐产品

4.3.2 与顾客的心灵产生共鸣

通过文案内容打动受众，引起受众的共鸣，从而将受众转化为品牌的顾客，这是文案宣传中常见的模式，这类模式常被用于以卖情怀为主的宣传文案。某饮料品牌在猴年制作的一则宣传文案就融入了广大受众对老版西游记的情怀，并取得了巨大的成功，如图4-22所示。

图 4-22　成功的情怀广告文案

4.3.3　掌握促进销售的 5 个阶段

促销工作一直是文案创作者的一项重要工作，文案创作者要想更好地促进销售就要把握促销的 5 个阶段，相关分析如图 4-23 所示。

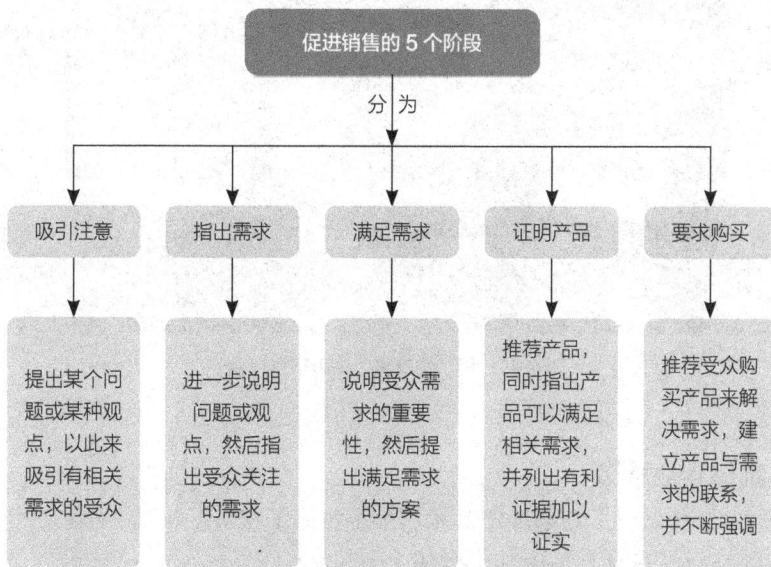

图 4-23　促销的 5 个阶段的相关分析

4.3.4 明确那些独特的销售卖点

产品要立足于市场，要有其独特的卖点；文案要出众，也要在宣传卖点上有独到之处。明确那些独特的销售卖点，可以从以下 4 方面入手：

- 强调大部分人还不知道的产品益处；
- 用戏剧化的方式呈现产品功效；
- 设计别出心裁的产品名称和包装；
- 强调品牌。

4.3.5 让事实支持你的销售论点

文案要向受众推销产品就要有依据，从事实出发的依据往往更有信服力，文案必须利用好所有能吸引消费者的事实，哪怕是采用"伪逻辑"。如图 4-24 所示，香飘飘奶茶用"连起来可绕地球十圈"来表现其销量之高。

图 4-24 用"伪逻辑"突出销售论点

4.3.6 提供其他承诺

所谓"其他承诺"就是除产品本身外提供附加服务的承诺，在广告中常见的"5 年保修""7 天无效退款"等就属于次要承诺，如图 4-25 所示。

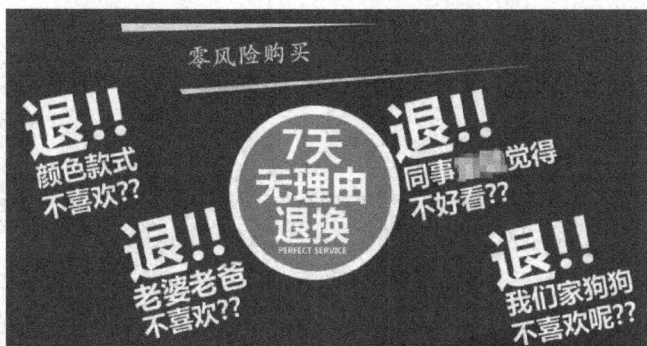

图 4-25　用"次要承诺"增加受众信赖度

4.3.7　熟记 BFD 文案公式

所谓"BFD 文案公式"是指信念（B）、感受（F）、渴望（D），即能同时从理性、感性、个人 3 个层面打动受众，相关分析如图 4-26 所示。

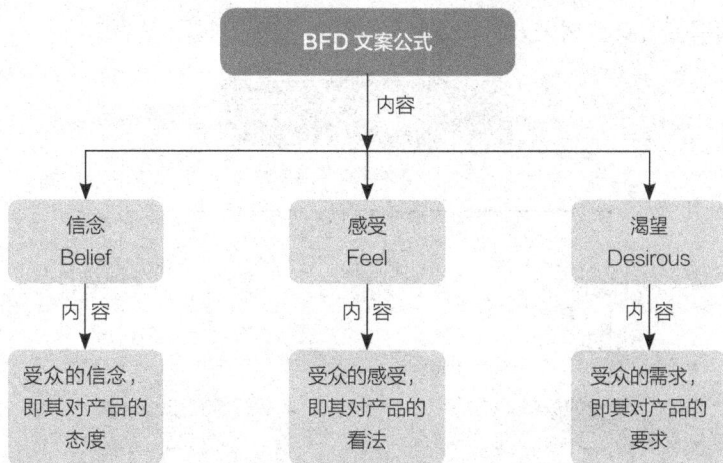

图 4-26　BFD 文案公式的相关分析

4.3.8　说明清单提高"购买意愿"

所谓"购买意愿"是指顾客在收入一定的情况下，是否愿意按照市场上普遍的价格来购买产品。面对两种类似的产品，多数人会选择价格较低的那个，产品要想在不变动价格的基础上提高市场竞争力，就要尽可能将自身的优势在文案中列举出来，如图 4-27 所示。

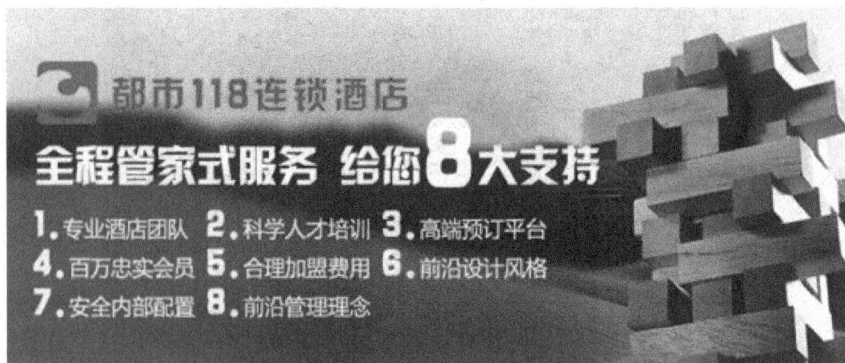

图 4-27 罗列产品优势

4.3.9 合理选择文案篇幅

文案篇幅的长短是相对而言的，短的文案可以只有一句话，长的文案则可能达到上千字。文案的长短没有优劣之分，只要实现文案的目标即可，关键要看产品的宣传需要。相关分析如图 4-28 所示。

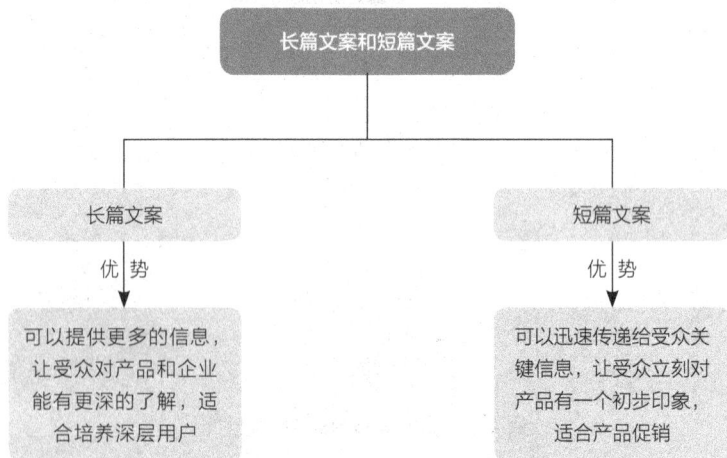

图 4-28 长篇文案和短篇文案的优势分析

第 5 章

文案营销要讲好故事

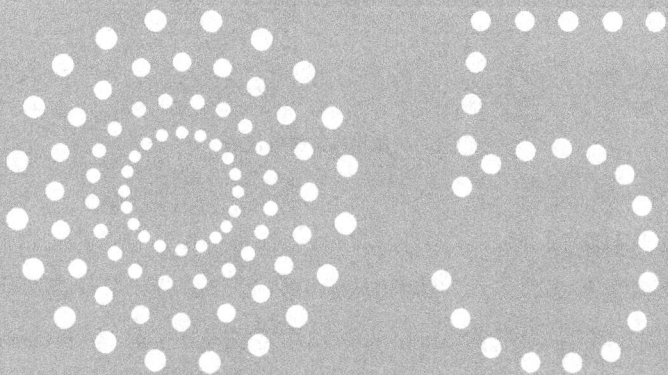

05

学前提示

对于广大受众来说，不管在线上网络还是线下生活中，文案营销都是随处可见的，文案营销要想脱颖而出，最好的方法莫过于讲一个好故事了。

本章将从 3 方面讲解故事性文案

要点展示

➤ 故事性文案的优势
➤ 文案营销怎样讲好故事
➤ 故事性文案的实施技巧

5.1 故事性文案的优势

所谓故事性文案是指借助文学创作中的手法，通过新鲜奇特和独具一格的情节设计来将商品和服务的信息展现给受众。

商家在进行文案营销时，经常会选择故事性文案，优秀的故事性文案甚至可以让受众自发地传播。相较于其他类型的文案，故事性文案的优势如图5-1所示。

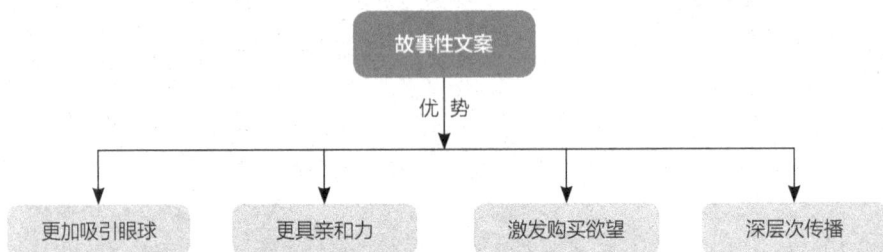

图5-1 故事性文案的优势

5.1.1 更加吸引眼球

AIDA公式也称艾达公式，是推销学中的一个经典公式，也是消费者接受广告的心理过程。其中"A"为Attention，即引起注意；"I"为Interest，即诱发兴趣；"D"为Desire，即刺激欲望；最后一个字母"A"为Action，即促成购买。在这一过程中"Attention"尤为重要，没有这个基础，激发欲望、促成购买都会变成空谈。因此，如何吸引眼球是营销文案的首要任务。

在信息丰富的今天，媒介很多，营销信息随时可能被淹没在信息的海洋里，而能被受众接收的信息通常是有限的，部分商家过于夸张的营销宣传也使消费者有了一定的"免疫力"，而此时故事性文案的第一点优势就表现出来了，相关分析如图5-2所示。

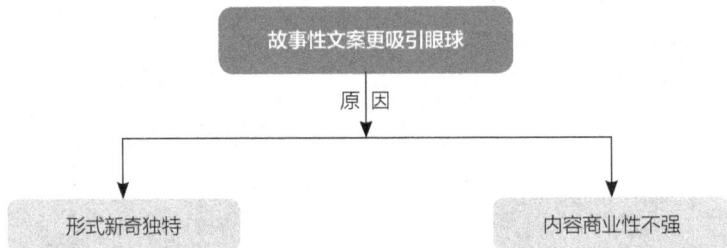

图5-2 故事性文案更吸引眼球的原因分析

　　例如益达的"酸甜苦辣"系列电视广告，以人物的感情纠葛为主要表现内容来吸引眼球，再在其中频繁地表现产品和宣传口号来达到营销目的，如图 5-3 所示。

图 5-3　益达"酸甜苦辣"广告

5.1.2　更具亲和力

　　感性诉求要比理性诉求更为吸引人。故事性文案的第二个优势就在于它可以将受众生活中可能遇到的情况与产品结合，再巧妙融入到一个或多个小故事中，使文案充满日常趣味，还有一些文案甚至附带着具有悬念的故事情节，阅读文案就如同看小说，有效增强了产品的亲和力，相关分析如图 5-4 所示。

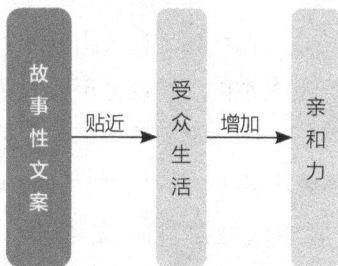

图 5-4　故事性文案相关分析

5.1.3　激发购买欲望

故事性文案通过深度揣摩和把握受众的消费心理，再现生活情境，利用某一个案例引起受众的共鸣，以此来达到共性认知的传播效果，从而能充分激发起受众的购买欲望。而对于已有购买欲望却又犹豫不决的受众，故事性文案通过具有煽动性的故事，往往能促使这些受众立刻进行购买行动。

如图 5-5 所示，这是一家土鸡料理店的故事文案，通过讲述一只土鸡的励志故事，让受众在阅读故事的过程中对土鸡有了了解，从而激发受众对土鸡的购买欲望，而对购买产生犹豫的受众也很容易因故事感动而去进行消费。

图 5-5　土鸡料理店的故事文案

5.1.4　深层次传播

如今社交网络非常发达，人们热衷于在社交媒体上分享奇闻异事，文案营销也常常借助这种现象，一些有趣的广告语甚至成为网络流行用语流传于各大社交平台，例如近年的"挖掘机技术哪家强"等。优秀的故事性文案可以让受众进行自发性的分享，得到更深层次的传播，相关分析如图 5-6 所示。

图 5-7 所示是某奶茶的故事性文案广告，在经过网民发掘及加工后开始在贴吧等各大论坛迅速流传。

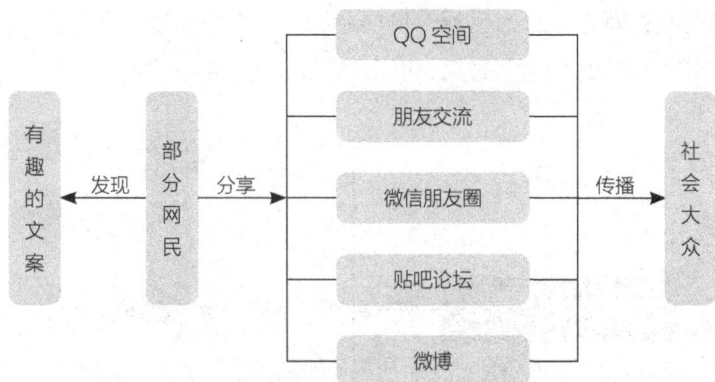

图 5-6　受众自发传播文案的相关分析

图 5-7　某论坛上传播的某奶茶广告

5.2　文案营销怎样讲好故事

　　文案营销要想讲好一个故事并不容易，因为文案营销的终极目标是赢利，而多数人对于利益问题是十分敏感的。

　　只讲了一个好故事而没有将要营销的产品融入其中的文案不算是合格的故

事性营销文案；而为了营销生硬地将产品放入故事中更谈不上合格的故事性营销文案。文案营销要想讲好故事，可以从图 5-8 所示的 5 个方面入手。

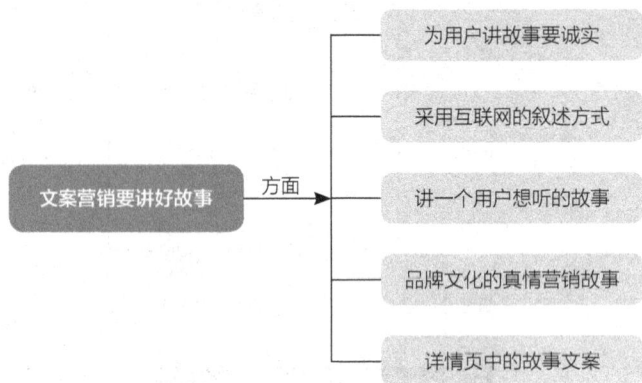

图 5-8　文案营销要讲好故事的 5 个方面

5.2.1　给用户讲故事要真诚

虚假宣传是文案营销中应当注意的大忌，虚假宣传不仅不能给品牌带来持续长久的利益，还会损害品牌形象，危害企业的长期利益，所以在进行故事性文案营销时要对顾客诚实。

企业文案营销有失诚信会直接产生 3 大不良影响，如图 5-9 所示。

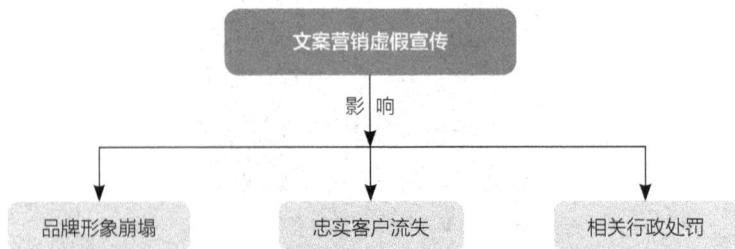

图 5-9　文案营销中虚假宣传的直接影响

5.2.2　使用网络语叙述

随着信息技术的发展，互联网已经成为文案营销的首要战场，加之网络文化的发展，目前也流行一种幽默搞怪的独特叙述方式。要想让网络上的受众来聆听你的故事，采用互联网的叙述方式不失为一个好的办法。

5.2.3 讲一个受众想听的故事

大多数人都不爱听大道理，所以文案营销最好讲受众爱听的小故事。与受众的身份与地位无关，《男人装》和《读者》有各自的目标读者，候车大厅里的财经杂志凭借商业故事让白领达人们沉醉。文案营销也是如此，找准自己的受众，讲一个用户想听的故事有时候比讲一个精彩的故事更有效。

如图 5-10 所示，这是蚂蚁金服针对海外用户的一则文案，以用户的视角讲述自己在海外的一些与产品相关的经历和感受，内容说不上有多精彩，但仍能打动相关受众，引起其共鸣，以此收获了受众对产品的认可。

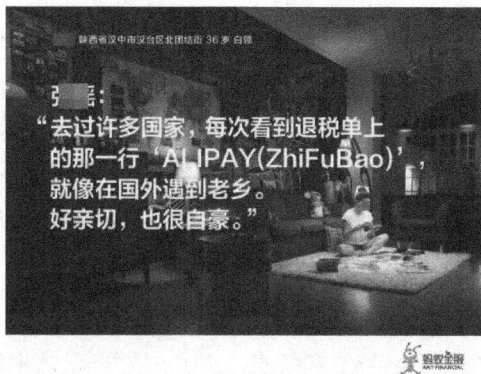

图 5-10 蚂蚁金服的故事性文案

5.2.4 品牌文化的真情营销故事

迪士尼于 1928 年创造出米老鼠"米奇"，"米奇"形象的出现完成了从老鼠到米老鼠的概念转换。老鼠在欧美地区民众心里的印象一般是不好的，因为它曾是在欧洲夺去数千万人生命的黑死病病毒的传播者。可是米奇就不一样了，虽然它的形象是老鼠，但它可以给人们带来快乐，获得了众多人的喜爱，米老鼠品牌也因此而形成。

促成这一转变的关键就是故事。成功品牌的背后往往都有着精彩的故事。成功的品牌总是很擅长讲故事，它们熟知如何将品牌的历史、内涵、精神传递给受众，然后在潜移默化中完成品牌理念的灌输。

如图 5-11 所示，这是德芙巧克力的故事性文案，通过一个遗憾的爱情故事讲述了德芙品牌的由来及其商标"Dove"的含义。

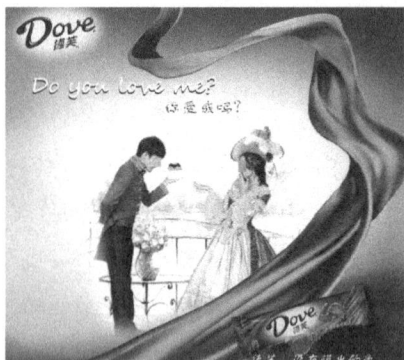

图 5-11   德芙巧克力的故事性文案

5.2.5   详情页中的故事文案

如果说文案标题的作用是吸引受众查看文案信息，那文案详情页的作用就是吸引受众阅读文案信息。据分析，当详情页太长时，超过 40% 的受众会选择所需要的内容跳跃式浏览。可见详情页的内容对留住用户有着重要的意义。所以在详情页用简短的故事来留住受众就显得尤为重要了。

如图 5-12 所示，这是某女装广告文案的详情页信息，这里没有像一般的详情页信息那样直接介绍产品特点和信息，而是通过一段故事性的语言将产品信息"说"了出去。

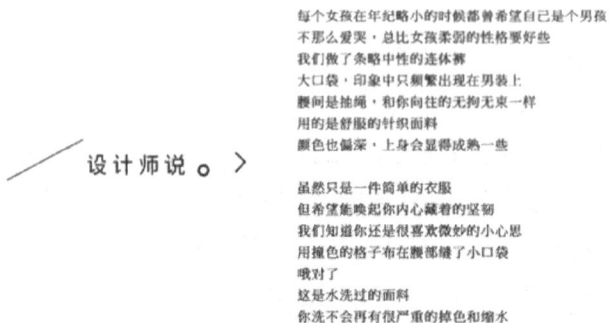

设计师说。>

每个女孩在年纪略小的时候都曾希望自己是个男孩
不那么爱哭，总比女孩柔弱的性格要好些
我们做了条略中性的连体裤
大口袋，印象中只频繁出现在男装上
腰间是抽绳，和你向往的无拘无束一样
用的是舒服的针织面料
颜色也偏深，上身会显得成熟一些

虽然只是一件简单的衣服
但希望能唤起你内心藏着的坚韧
我们知道你还是很喜欢微妙的小心思
用撞色的格子布在腹部缝了小口袋
哦对了
这是水洗过的面料
你洗不会再有很严重的掉色和缩水

图 5-12   详情页中的故事

5.3   故事性文案的实施技巧

了解了故事性文案的优势及其在文案营销中的重要作用后，本节将介绍故事性文案的相关写作和应用技巧，如图 5-13 所示。

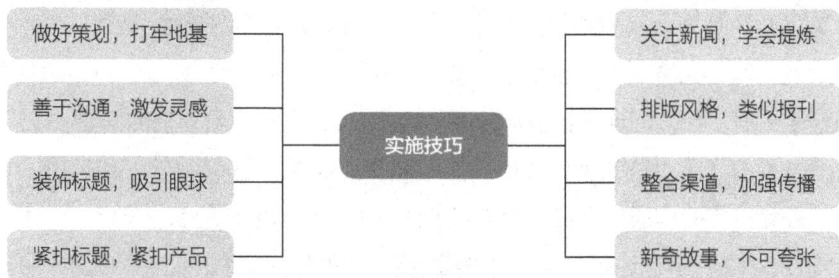

图 5-13 故事性文案的实施技巧

5.3.1 做好策划，打牢地基

文案传达的内容比其传播的形式更为重要，"说什么"要比"怎么说"更值得文案创作者关注。产品定位、目标人群、宣传策略、价格策略、渠道策略等，是产品成功的基石，故事性文案是为产品吸引用户的手段。在产品的销售中，文案犹如门面，产品犹如房屋，房屋不牢固，故事性广告再精彩也没有意义，相关分析如图 5-14 所示。

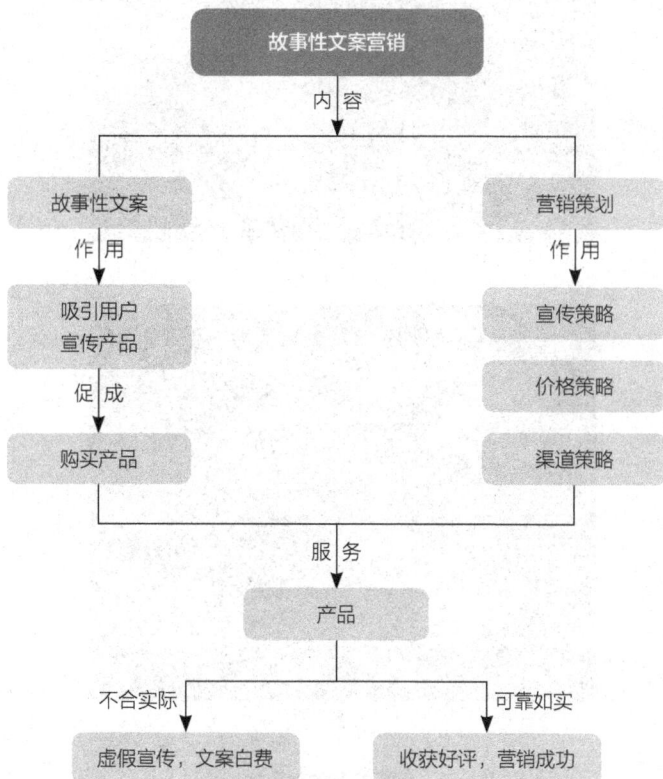

图 5-14 产品本身在文案营销中的地位分析

5.3.2　善于沟通，激发灵感

文案营销是为商家和用户间搭建桥梁，所以文案创作者要善于与客户和用户沟通交流，写作文案时要对他们进行深入了解，与之充分沟通，只有对商家想要的宣传效果有了深入的理解，才能制定文案宣传目标；只有对用户的需求、喜好、情感等方面有了十足的把握，才能创作出迎合受众喜好需求、被受众接受认可的故事。并且这样的沟通也常常能为文案创作者提供意想不到的创作灵感。

如图 5-15 所示，这是滴滴打车的宣传推广文案，文案将滴滴司机的现身说法作为主要内容，表现了滴滴司机对产品的真实感受，也通过对滴滴司机精神风貌的展示，让受众感受到了滴滴打车带来的正能量，使整个文案显得更生动逼真，更具现场感，更具可读性和可信度。

（1）

（2）

图 5-15　滴滴打车的创意文案营销

5.3.3 装饰标题，吸引眼球

文案标题的创作犹如画龙点睛，好的标题能为整篇文案锦上添花。用一句话瞬间吸引消费者的注意是故事性文案的重要任务。标题必须能吸引人眼球，能让人对文案产生浓厚兴趣，就如同侦探小说中的"盲点"，要让人对真相似乎有了一些发现；又如犹抱琵琶半遮面的美人，让人心痒难耐地想要看到她的真容。

如图 5-16 所示，该文案以"为什么和马云有相同的经历却有不同的结局？！"为标题，非常吸引人的眼球，让人迫不及待地想要了解接下来的内容。

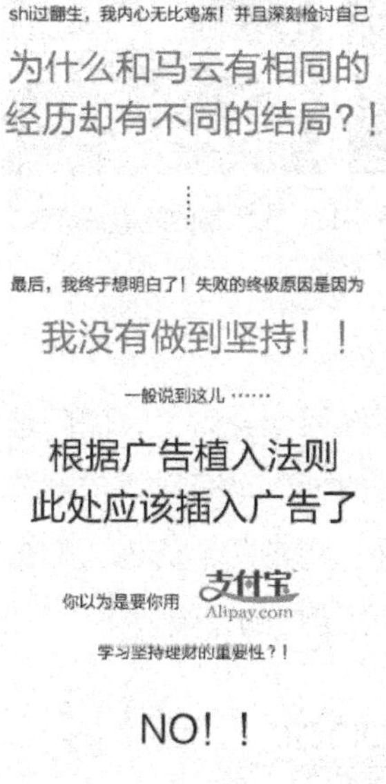

图 5-16　以标题内容来吸引眼球

5.3.4 紧扣标题，紧扣产品

创作好的故事性文案，就要像写作小小说一样。因为篇幅简短，所以小小说的内容必须紧扣标题，故事性文案也是如此。然而如果被标题吸引而来的受众没有看到与之相关的内容，便会很快失去继续阅读的兴趣，因此，情节必须减少铺垫，主题要单刀直入，抓住关键进行陈述——但也不能光讲故事，故事文案的目的是为了推销产品，所以故事情节要紧扣产品，必须起于产品，归于产品。切入点要准确，最大限度地提高情节的有效性。

　　如图 5-17 所示，这是金六福白酒品牌的广告文案，标题中的"福"字紧扣品牌名称，文案中 3 位人物的故事也与产品紧密相关。

图 5-17　金六福的故事性广告文案

5.3.5　关注新闻，学会提炼

　　如今文案营销借势时事已经十分常见，闭门造车毕竟没有活生生的现实来得直接、鲜活。故事性文案的创作也可以搭借新闻热点的顺风车。好的故事性文案本身就有可能成为一种"病毒"，成为人们茶余饭后的谈资，成为其他文案借势的对象，从而达到辐射更广的营销效果，如图 5-18 所示。

图 5-18　荣耀手机借势高考的文案

例如，猴年春晚前两月，网络上就老版《西游记》中孙悟空的扮演者六小龄童不能参加猴年春晚而进行了一场大讨论，百事可乐抓住了这个热点，邀请六小龄童拍摄了一支名为"猴王世家"的微电影广告，取得了很好的营销成果，如图 5-19 所示。

图 5-19　百事可乐借助六小龄童的故事营销

5.3.6　排版风格，类似报纸

排版是体现故事性文案整体表现力的重点，应做到 3 点：

第一，故事性文案必须与产品实现互动，一般采取最后推出推荐产品的方法。整体风格上接近报刊风格，增强了广告营销的隐蔽性。

第二，多个小故事排版明快、不拥挤、层次分明，给受众一种良好的视觉体验，以此来达到减轻受众阅读压力、吸引受众注意的目的，如图 5-20 所示。

图 5-20　多版面文案展示

第三，文案内容需与配图进行合适的搭配，增强受众的第一印象，选择有特点、易于吸引人注意的图片，或使用实拍照片，让人产生信任感，并能让人记住，如图 5-21 所示，对于一些被频繁使用的图片，采用时要谨慎取舍。

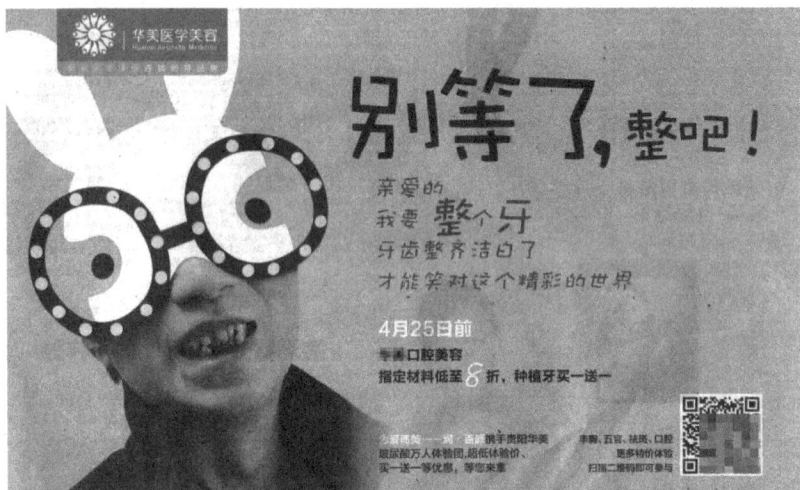

图 5-21　图文结合文案展示

5.3.7　整合渠道，加强传播

文案营销不能孤军作战，必须在不同渠道密集地推广产品，根据具体情况，加强在不同传播渠道的推广，如电视专题片、电台讲座、终端 pop、人员传播等，以此来达到更好的传播效果，形成立体式传播效应，相关内容如图 5-22 所示。

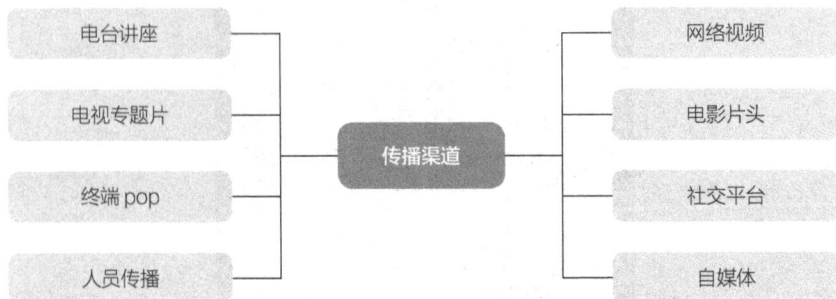

图 5-22　文案营销的传播渠道

故事性文案更可以借助其传播优势，在网络社交平台、自媒体等领域多渠道传播，如图 5-23 所示。

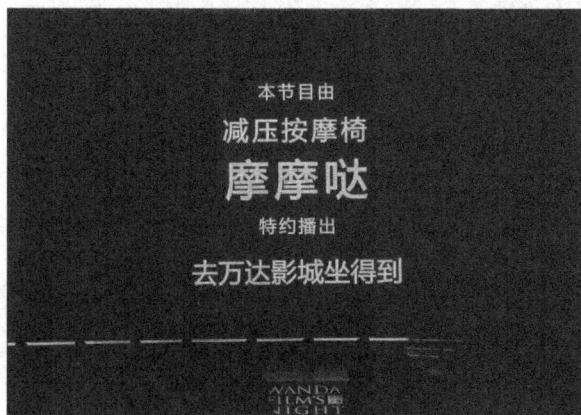

图 5-23 通过电影荧幕进行推广的文案

5.3.8 新奇故事，不可夸张

新奇的故事是故事性文案的重要特征，但进行故事性文案创作时必须要掌握好故事新奇的"度"，要充分考虑到受众的心理承受程度。过于新奇的故事不仅不会吸引受众，还会让他们对文案敬而远之。没有差异、缺乏新意的故事性文案，会被淹没在营销世界的海洋；但过于夸张的故事，也会把人吓跑，达不到宣传效果。

如图 5-24 所示，这是某感冒药的视觉广告图，图片意在突出鼻子来表现感冒时的感受，但过于夸张的鼻子形象很容易引起人们的不适。

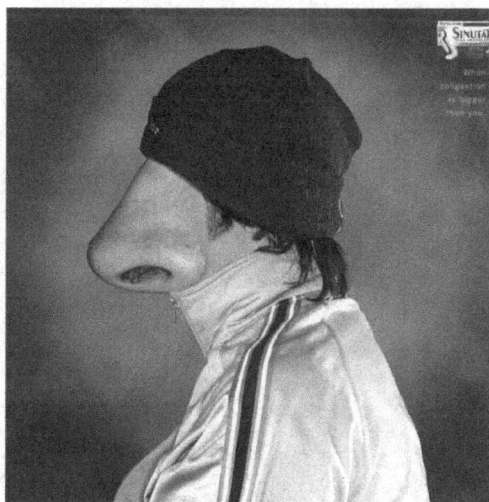

图 5-24 某感冒药的视觉广告图

第 6 章

电商微商营销文案实战

学前提示

在信息发达的今天，"酒香不怕巷子深"的说法已经行不通了，如今文案策划对产品的销售而言变得十分重要。

本章将就电商、微商和营销文案的编写策划进行重点分析，从多个角度全面认识这 3 种文案的编写。

要点展示

➤ 电商文案的撰写
➤ 微商文案的撰写
➤ 营销推广文案的撰写

6.1 电商文案的撰写

电商文案对于网络产品销售的重要性十分明显，尤其对于新创的网络店铺而言。

本节主要针对电商文案进行重点分析，了解电商文案的作用和需要注意的相关方面，从多个角度全面认识电商文案，并辅以案例进行详细分析。

6.1.1 电商文案全方位认识

电商文案并不单指文字意义上的文案，在表现形式上，电商文案其实是图片与文案的一种结合，只有当两者相互呼应、相互融合时，电商文案才能够成为好的文案。

电商文案多以文字进行广告信息的表现，有广义与狭义之分，相关分析如图 6-1 所示。

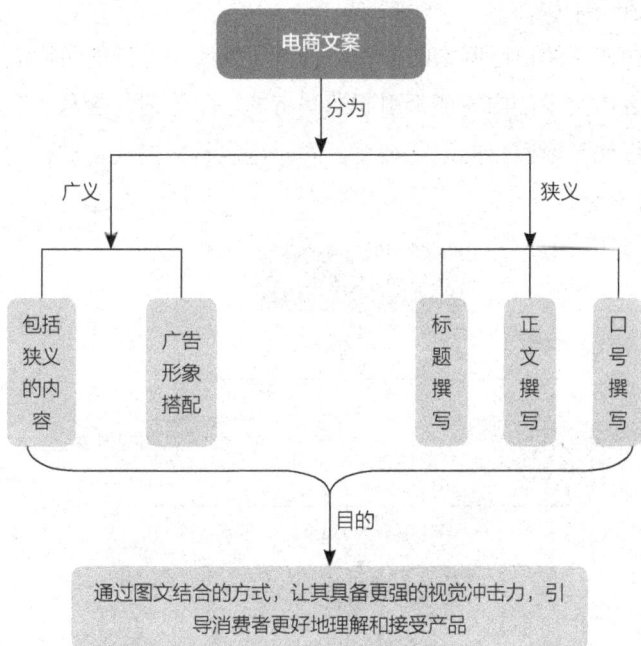

图 6-1 电商文案的相关分析

在电商企业，一个优秀的文案可以起到提升单品转化率、增加产品连带销售、提升受众对品牌的印象等多方面的作用，如图 6-2 所示。

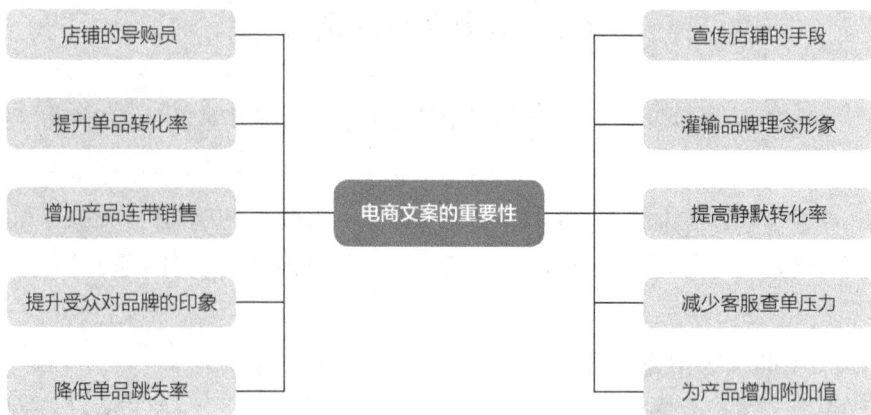

图 6-2　电商文案的重要性

一般来说，电商产品文案在内容上主要由 3 个部分组成：

- 网页设计；
- 图案图形；
- 产品描述。

电商企业在评估自己网站的样式是否需要修改、提供的服务能否迎合消费者的需求、宣传文案的内容能否引起消费者的注意力时，会从 3 个基本指标进行分析，并以此判断网店的运营情况，同时这也是文案成功与否的指标，相关分析如图 6-3 所示。

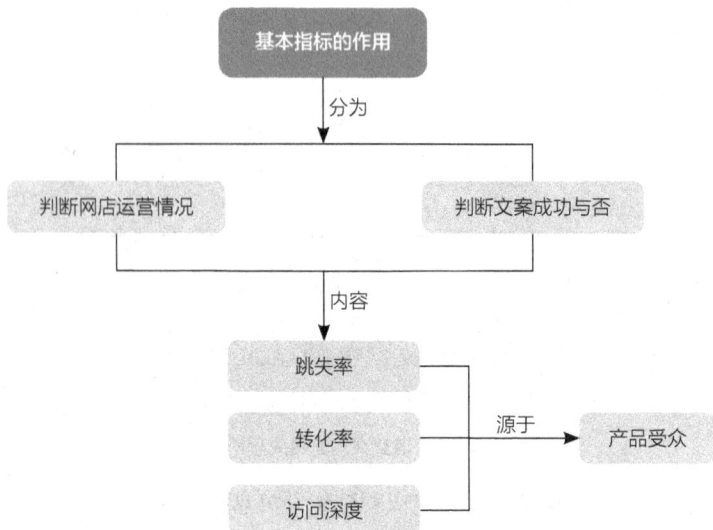

图 6-3　基本指标的相关分析

6.1.2 掌握一句话文案的精髓

在电商时代，长篇大论的文案其作用微乎其微，反之，哪个电商企业能用简短的一句话拨动消费者的心弦，就能成为营销方面的胜者。

在现实生活中，有很多朗朗上口的广告文案，几乎都是一句话或不超过3句话，如图6-4所示，都是堪称经典的广告文案。

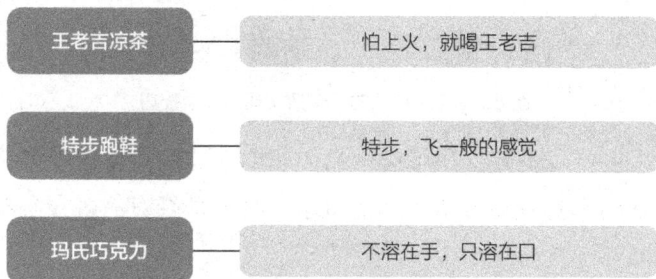

王老吉凉茶	怕上火，就喝王老吉
特步跑鞋	特步，飞一般的感觉
玛氏巧克力	不溶在手，只溶在口

图 6-4　经典广告文案

这些文案都十分讲究语句的结构、语法的正确性，并且根据产品特点、消费者需求等因素进行创作，而不是华丽辞藻的胡乱堆积，也并不是一味讲求诗一般的意境。真正求真、朴实，针对消费者需求制造出的创意，才能打动消费者。

电商企业可以结合产品本身的特色、功能等因素，来进行一句话文案的创作。比如以产品特性、定位、风格、品牌为主题，进行刺激消费者眼球的创意体现，进而获得受众群体的认可，实现文案的促销目的。

其实，一句话文案并不是一个独立的个体，它是由很多种方法循序渐进的进行选择、衍变而得来的。一句话文案并不是随意想到的一句比较符合产品主题的话，也不是一句简单的充满诗情画意的优美句子。

要想打造成功的一句话文案，必须从文字和素材本身出发，可以从图6-5所示的4个方面着手。

在图文素材方面，诸如同类产品的图片、相关网站、时尚杂志、甚至是诗句短文等都可以收集起来并分类放置。

在整体文案的构思方面，奇思妙想往往更能打造出吸引人的文案。

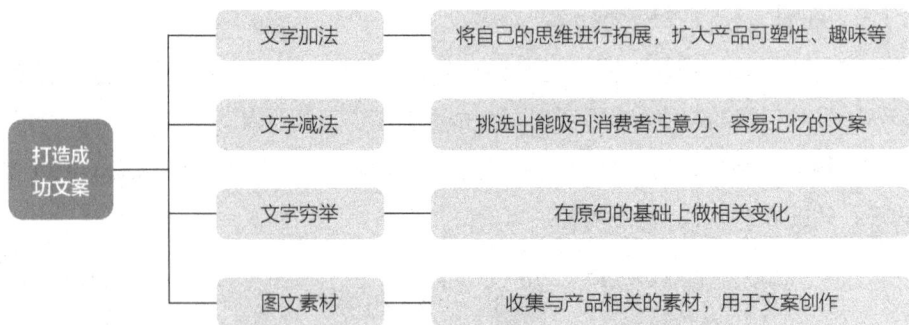

图 6-5　打造成功的一句话文案的 4 个技巧

　　奇思妙想主要就是分析和了解产品的戏剧性，然后将这种效果发挥到极致，但是想法的本身不能脱离产品的主题，必须是针对消费者心理所进行的想象。

　　另外，优秀的电商文案是由文字与图片结合而成的，所以只有"一句话"是不够的，还必须有一张能配合"一句话"并能展现出产品特性或活动主题的"一幅图"，才能形成好的电商文案。

　　图片要想引起消费者的注意，需要从图片的 5 个呈现方式入手，如图 6-6 所示。

图 6-6　图片的呈现方式

　　在构图方面，一幅图需要有一个符合产品主题的轮廓，同时精致地突显相关产品，产生整体的可读性。除了突显主题，文案的排版、图片的摆放位置都属于图片需要注意的范畴。图 6-7 所示即为符合构图要求的广告文案。

　　对于文案而言，"一幅图"不单单是产品图片或者是一张富有画面感的海报图、广告图，它是一幅需要利用促销信息引起消费者兴趣的图片，当然促销信息不能太多，有一个产品的主题即可。

　　在制作"一幅图"的文案和主题之前，文案创作者还需要确定文案风格。

以风格为基础，进行文案的文字装饰及图片主题的选定，这种风格可以根据产品的特性来定，比如古典风、高贵风、童话风、明星风、功夫风等。

图 6-7　符合构图要求的广告文案

6.1.3　详情页文案如何写成功

在电商文案中，详情页是能直接展示产品特点的地方，也是决定消费者能否产生购买欲望的地方。所以对详情页进行详细讲解十分必要，尤其是详情页文案的类型、人性化设计以及优化方法等。

1．详情页的多种类型

在电商文案中，较常出现的详情页文案主要有 3 种，与之相关的内容分析如图 6-8 所示。

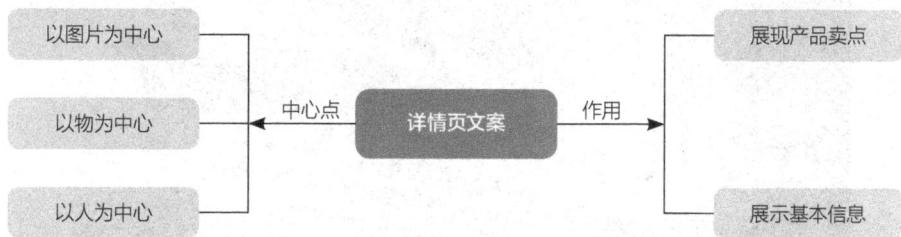

图 6-8　详情页文案相关分析

在电商店铺中，详情页一般以图片为中心，大多利用简短的文案为图片增添内容感，直接展示产品的细节，并且以常规摆图式将产品详情展现给消费者。

详情页也可以直接以物为中心，大多数以产品图片为主，重点进行商品功能方面的解析，直接展示出产品的性能。一般以物为中心的详情页，主要是展示产品功能，辅以少量的文字标注，以增加消费者对商品功能的了解。

以人为中心可以融合于其他两种形式。主要表现是在创作文案之前，要选择目标消费者的类型（消费者可分为感性消费型和理性消费型），然后根据消费类型的不同进行详情页文案、页面风格的创作。

不管是详情页的页面风格还是详情页文案，都要根据消费者的生活习惯、操作习惯为之提供方便，要求既能满足消费者的功能诉求，又能满足消费者的心理需求。

2．人性化设计效果

对于电商文案来说，"人"是所有营销的核心关键点。详情页只有进行人性化设计，满足消费者的需求，符合消费者的视觉习惯，才能够吸引消费者的注意力，进而产生销量。

在情感消费时代，消费者购买商品所看重的不一定是商品数量的多少、质量的好坏以及价格的高低，也可能是基于一种感情上的需求或心理上的认同。据此出发，文案设计可以主打情感营销，如图6-9所示。

图6-9　主打情感营销的广告文案

电商企业在制作详情页文案时，不仅要重视企业和消费者之间买卖关系的建立，还要强调相互之间的情感交流，满足消费者在购物时对环境、气氛、美感、品位、舒适、享受的需求，这对企业树立良好形象、实现长远目标非常重要。

> **专家提醒**
>
> 除了上面介绍的人性化设计方法之外，还有比较实用的3种方式，分别是讲故事、痛点营销和专一卖点的阐述。
>
> - 讲故事就是通过故事的形式让消费者对产品留下深刻印象。
> - 痛点营销是先挖掘痛点激起消费者共鸣，再抛出产品，论证该产品能为其解决痛点，从而促成购买。
> - 通过专一卖点的阐述，使消费者能够加深对产品的印象，提高对产品的认可度。

3. 详情页视觉优化

优化详情页的前提必须是了解详情页本身的信息，对于电商来说，了解了详情页之后才能将这些内容利用起来，做出一个容易吸引消费者注意力的详情页视觉文案。

一般来说，详情页中包含了图 6-10 所示的 5 类基本信息，电商企业可以通过这 5 类基本信息，进行视觉文案的创作与优化。

在详情页的内容中，产品描述功能越细分越好，这能够让消费者更加了解产品，进而更加信赖产品的质量、优点。

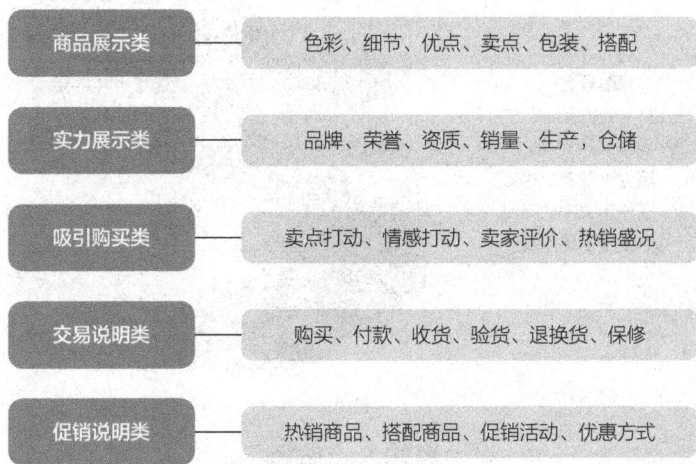

商品展示类	色彩、细节、优点、卖点、包装、搭配
实力展示类	品牌、荣誉、资质、销量、生产、仓储
吸引购买类	卖点打动、情感打动、卖家评价、热销盛况
交易说明类	购买、付款、收货、验货、退换货、保修
促销说明类	热销商品、搭配商品、促销活动、优惠方式

图 6-10　详情页信息

6.1.4 多方面分析成功案例

对于电商文案而言，仅了解理论知识是不够的，在进行创作之前，应该多看一看其他优秀的电商视觉文案，从中汲取精华，进行学习或设为榜样。这部分我们将针对"吃"这个行业进行电商视觉文案案例分析。

随着互联网的发展，很多企业踏上了电商的道路，食品行业也不例外，并且很多食品企业做得如鱼得水。下面以食品电商为例，从多个方面进行具体分析。

食品电商的主图一般都属于秀色可餐的类型，只要能引起消费者的食欲，就能产生一定的点击率，如图 6-11 所示。

层叠构图
食品图本身可以用层叠构图，从而让整个图片饱满起来，使消费者看着非常有食欲

（1）

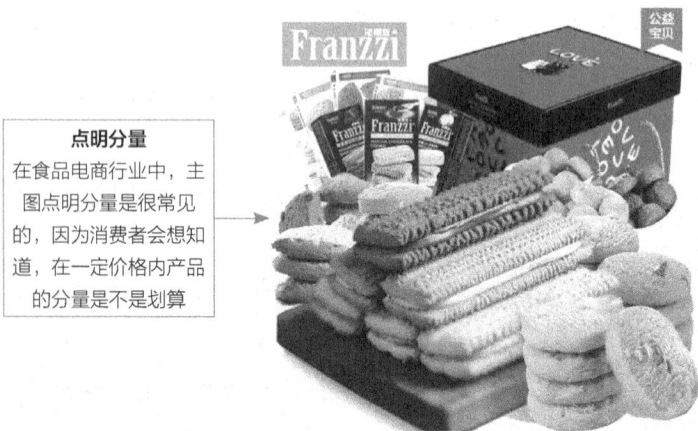

点明分量
在食品电商行业中，主图点明分量是很常见的，因为消费者会想知道，在一定价格内产品的分量是不是划算

（2）

图 6-11　产品主图

电商食品广告图很简单，就是直接将产品和促销信息展示给消费者。下面

来欣赏一则电商食品行业的广告图，如图 6-12 所示。

加入二维码
此广告图除了促销文案和产品图，还加了扫二维码获惊喜的设计，这能引起消费者的兴趣以及参与积极性

图 6-12　产品广告图

专家提醒

电商食品行业的广告图必须注意整个图片的色彩协调性，要突出产品的美味，还可以将促销信息和赠送礼品放置在一起，合理进行广告图的制作。切记，食品广告图中一定要有产品图。

主图是产品的脸面，潜在用户对产品主图的第一印象能决定其对产品印象的好坏，所以主图的呈现方式很重要。

6.2　微商文案的撰写

微商文案随着微商的发展而逐渐被大众所认识，在各类微商活动中表现出众。

本节主要针对微商在实际的运作中出现的问题进行分析，了解相关技巧，通过学习基础技巧、善于提高和晋级高手 3 个不同阶段的内容，全面把握微商文案技巧。

6.2.1　基础技巧

微商文案的形式可以多种多样，比如真实情感的流露、目标明确的诉求、激情的产品告白等。从创作者的角度出发，只有对文案赋予足够真诚的情感，才能感动受众。

朋友圈成为了微信最为重要的部分，其基本功能是让用户发表文字和图片，同时可通过其他软件将文章或者音乐分享到朋友圈。

对于微商而言，营销并不是要强制性地进行交易，所以大多数令人反感的微商推销行径是很难获得成功的。真正的微商营销应该是营造好的购买环境，从而将产品愉快地卖出去，相关分析如图 6-13 所示。

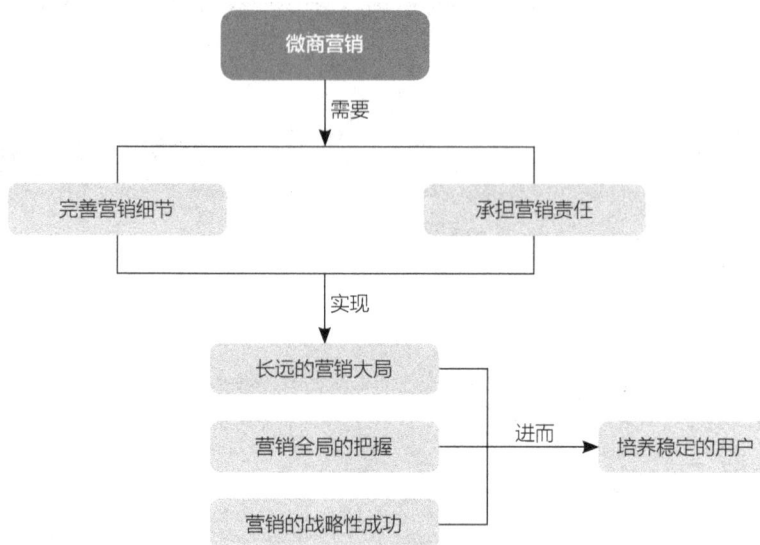

图 6-13　微商营销的相关分析

微商要想将产品销售出去，首先需要做的不是完善文案本身，而是优化朋友圈的信息，可以从 5 个方面入手，具体内容如图 6-14 所示。

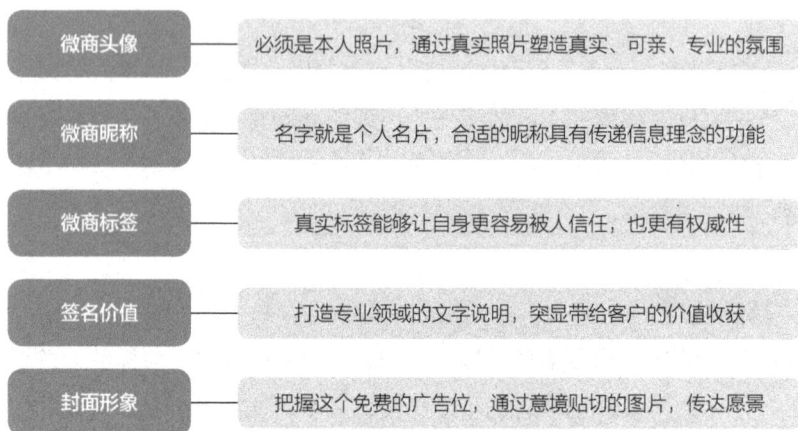

图 6-14　优化朋友圈的 5 个方面

对于很多做微商、开微店的新手而言，羡慕别人的文案出色、可以获得高转发率是很正常的。其实从微商文案本身而言，有一些创作的基本方式是可以直接借鉴的，让新手也能创作出一些意想不到的优质文案，较为常见的有5种方法，具体如图6-15所示。

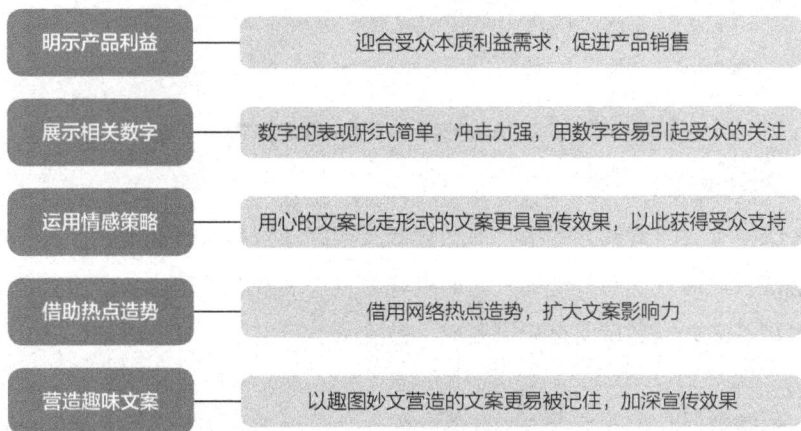

明示产品利益	迎合受众本质利益需求，促进产品销售
展示相关数字	数字的表现形式简单，冲击力强，用数字容易引起受众的关注
运用情感策略	用心的文案比走形式的文案更具宣传效果，以此获得受众支持
借助热点造势	借用网络热点造势，扩大文案影响力
营造趣味文案	以趣图妙文营造的文案更易被记住，加深宣传效果

图 6-15　微商文案的创作分析

6.2.2　善于提高

微商文案从某个方面而言，其实是一种文字的技巧体现，甚至有人认为这种文案将个人的创新发挥到了淋漓尽致的程度，为了产品的销售绞尽脑汁。

微商文案要想实现营销价值，主要可以通过以下3个方面。

1．利用好奇心

对于文案而言，首先展示给受众看的是标题，如果文案标题无法第一时间吸引用户的眼球，就有可能失去用户。吸引用户的好奇心这一重任往往放在标题打造上，或者是朋友圈内容的第一句话上。

吸引大众好奇心的文案属于趣味文案，与传统的硬广告相比，趣味营销显然更得人心。在具体的运作中，需要微商在营销的价值链中建立有趣味的传播点，具体可以从图6-16所示的8个方面入手。

除了文字可以进行创意设计从而吸引大众之外，对于微商而言，图片也是进行创意的一个重要方面。创意图片所带来的吸引力，甚至比文字的力量更大。创意图片的来源不限，可以是网络上的创意图片，也可以是其他产品的广告图等。

图 6-16 建立有趣味的传播点的 8 个方面

2. 情感营销

在诸多有效的营销方式中，情感营销运用广泛，并以事实证明了其不可比拟的价值。情感最容易打动人，因而也容易走进消费者的内心。即使营销的目的是销售产品，但是微商首先需要成为被受众认可的人，其次才是打造让受众认可的产品。

情感营销的方式也常应用于各类广告，图 6-17 所示为某品牌跑鞋的情感营销广告。

图 6-17 某品牌跑鞋的情感营销广告

情感营销对于微商的产品销售而言，有着明确的效果，具体的内容体现及相关分析如图 6-18 所示。

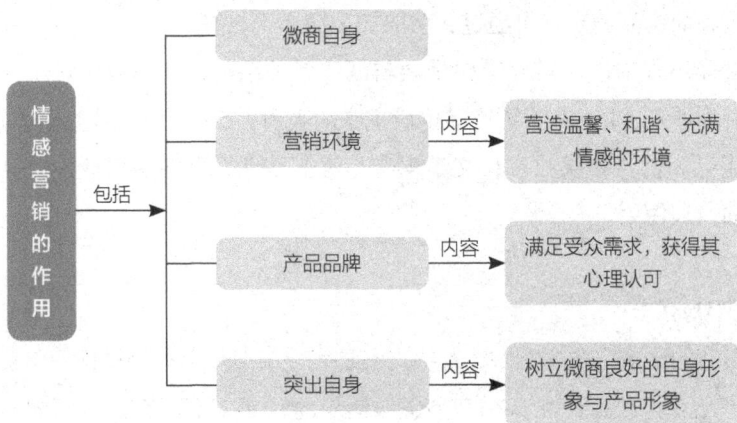

图 6-18　情感营销的作用分析

3．故事营销

故事营销同样属于微商营销的主要方式之一，主要是指在产品相对成熟的阶段，采用故事的形式并注入情感，从而打动受众。

这种方式在其他渠道的营销中也时常可以看到，比如益达口香糖电视广告，向人们传播了一个厨师拜师学艺的故事，如图 6-19 所示。

图 6-19　益达的故事营销

对于微商而言，很难单独创造一个故事来突出产品，所以可以根据自身的经历来加工。比如恋爱、获奖、第一次领到薪水等细节故事，往往能够引起大众的共鸣，而产品信息则可通过文字的加工穿插于故事中。

在创作过程中，还需要考虑受众与创作者关系的亲密程度，对于那些一般关系的普通朋友，重点在于靠产品价值主张的吸引力，像磁铁一样吸引其注意力。以女性用品为例，如果故事和文案本身足够好，那么即使是男性，也会买回去给自己的亲人使用。

6.2.3 晋级高手

在微商的诸多广告文案中，有些文案是表现微商可以轻轻松松地坐在家里，就卖出产品获得收益，尤其在产品急需销售的时期。不可否认微商的形式相对简单，但是只有真正善于运用各类技巧的微商才能够达到这个层次，并不是轻轻松松就能有所成就。

高手级别的微商文案是如何决胜千里的？具体分析如下。

1. 借力成功

借力营销，就是指借助外部力量或别人的优势资源来帮助自身达成制定的营销目标或是实现预期的营销效果。对于大型电商平台而言，借力营销几乎是司空见惯的事情，比如 2016 年某明星获得奥斯卡最佳男主角一事，在国内掀起了一场电商平台的文案风暴。这场文案风暴涉及汽车行业、旅游行业、饮料行业甚至地产行业。

借力营销的效果显而易见，大众喜欢这种形式，商品又能够通过这种形式获得影响力，相关分析如图 6-20 所示。

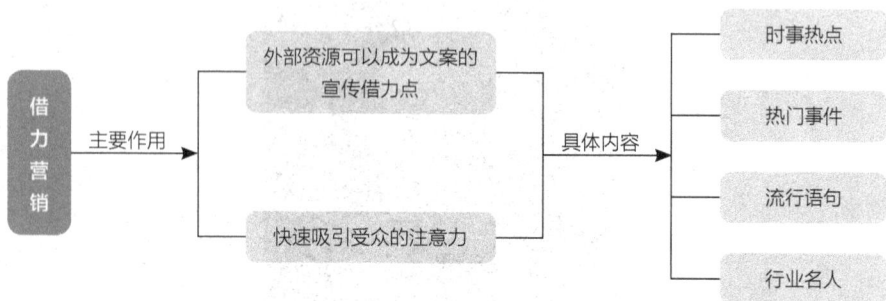

图 6-20 借力营销的方式分析

很多网络用语都是因为大众的喜欢而流行起来的，所以借力营销时采用网络用语就显得更加贴近受众心理。因为互联网发展速度太快，所以几乎每年都有不同的网络用语出现。图 6-21 所示为某广告商家利用网络流行语创作的广告文案。

图 6-21　利用网络流行语创作的广告文案

2．体验为王

对于普通用户而言，无法获得长期的稳定交易，更不会变成长期客户，所以需要通过文案体验的方式培养客户，牢牢锁定潜在用户。

产品的质量是微商要获得长远发展的根本，但是文案体验并不是指用产品去赢得用户的支持，而是以第一人称的形式在文案中去描述产品的效果，从而打动用户。具体的内容分析如图 6-22 所示。

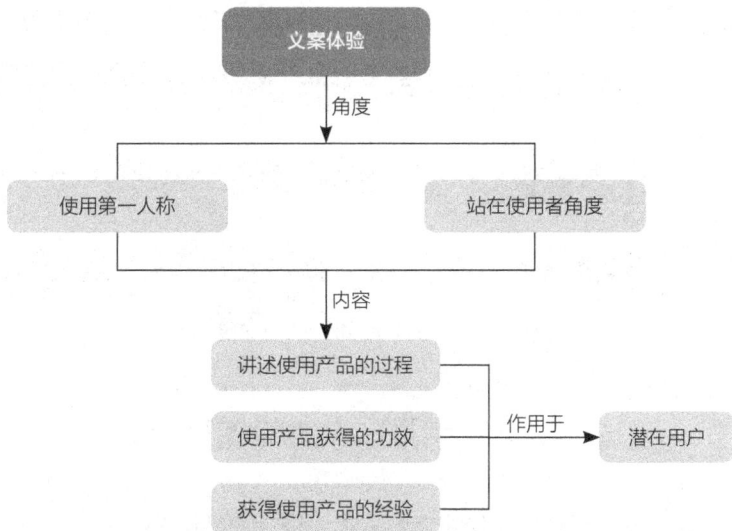

图 6-22　文案体验的内容分析

讲述自身的故事或身边发生的故事，然后将产品融入故事，这种方式才是体验文案的根本形式。同样有一定的写作侧重点，具体内容分析如图 6-23 所示。

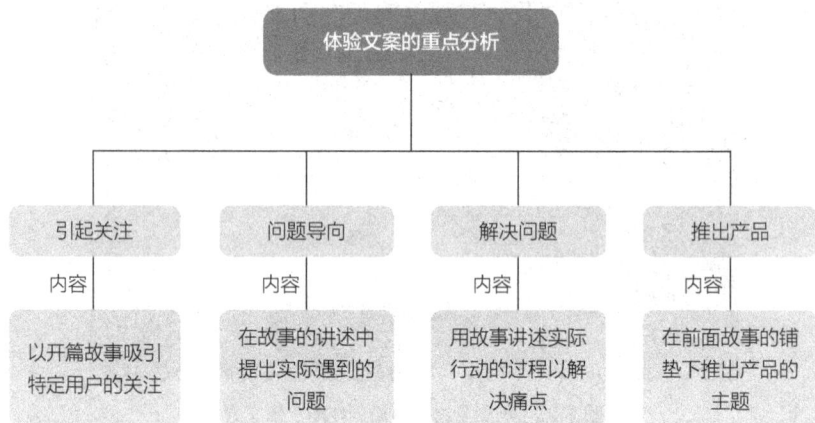

图 6-23　体验文案的重点分析

3. 凝聚用户

微商早就成为了一个行业，同类产品间竞争激烈，而潜在用户的选择更是五花八门。怎么样让用户只选择你，这是一种微商能力的体现。

需要注意的是，没有一招制胜的微商文案，想通过一篇文案就让用户对你不离不弃，基本上是不可能的，再优质的文案也无法达到这样的效果。从微商的角度发出，可以从 3 个方面入手，逐步培养核心用户，如图 6-24 所示。

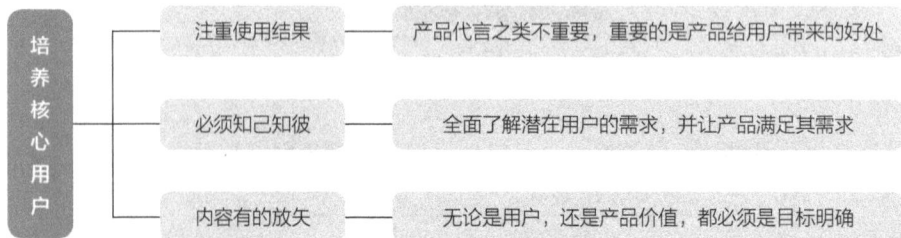

图 6-24　培养核心用户的 3 个方面

6.3　营销推广文案的撰写

营销是企业发现或挖掘准消费者的需求，进行产品销售的重要途径。

本节主要针对以企业和产品为核心的营销文案，进行深入了解和分析，解析营销文案如何能够促进产品销售的秘诀，同时辅以案例分析。

6.3.1 市场营销战略文案

市场营销对企业管理与运营来说至关重要，在市场营销战略文案的写作中，创作者需要对企业战略有一定的认识。企业战略是指确定企业长远发展目标的策略和指出实现这一长远目标的途径。相关的内容分析如图 6-25 所示。

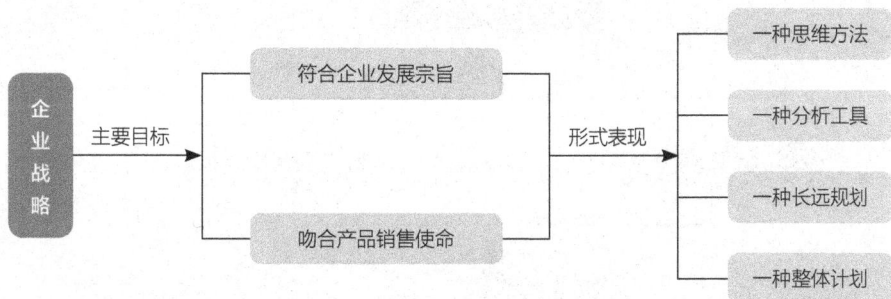

图 6-25 企业战略的相关内容分析

根据市场营销战略文案的步骤分析，文案创作的重点主要集中于 4 个方面，这是文案创作者必须要了解的。

首先是市场分析，即分析市场上的消费者的特征，进而确定相关营销目标和计划，具体分析如图 6-26 所示。

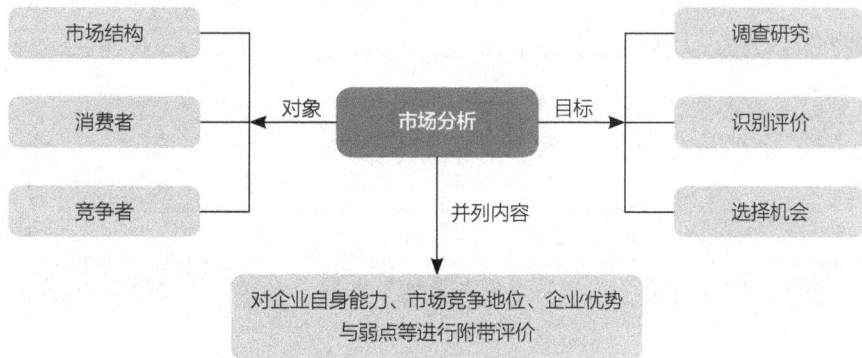

图 6-26 关于市场分析的相关分析

完成市场分析之后，就要根据产品具体能够满足消费者的哪类需求来细分市场。对于企业而言，选择有吸引力的市场是市场营销战略文案中的重点内容，相关分析如图 6-27 所示。

明确细分市场之后，在文案中就需要提出完整的市场营销策略。成熟的市场营销策略包括产品策略、价格策略、渠道策略和促销策略，即完整的市场营销组合。在具体内容上，还包括企业对产品质量、包装、价格、广告、销售渠道等进行优化组合。

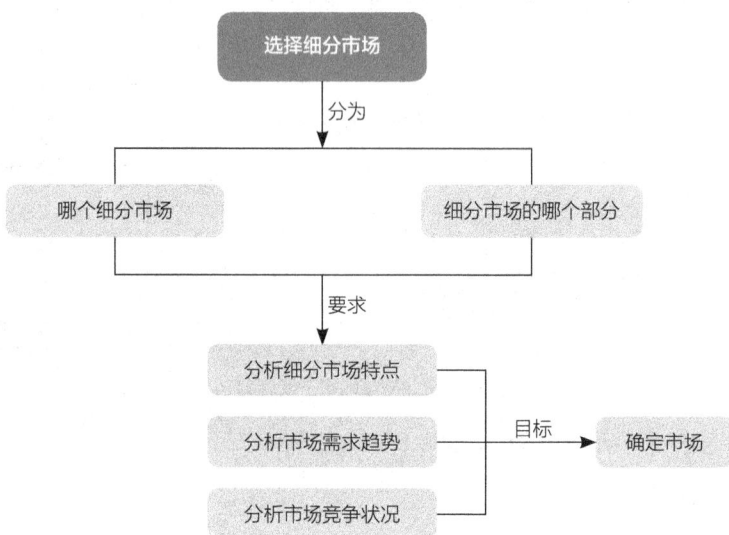

图 6-27　选择细分市场的相关内容分析

在企业对文案的实际要求中，市场营销战略文案还包括对市场营销活动的管理分析，分为 3 个部分，如图 6-28 所示。

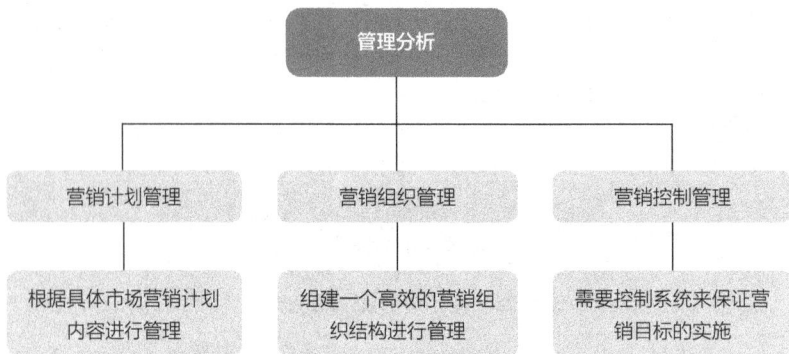

图 6-28　市场营销战略文案的创作重点分析

6.3.2　竞争对手营销文案

在营销市场，企业所看好的顾客，其竞争对手也会看好。

作为以分析为核心的文案，首先需要对竞争对手的信息进行例行的、细致的、公开的收集，相关的信息来源主要包括以下几个部分，如图 6-29 所示。

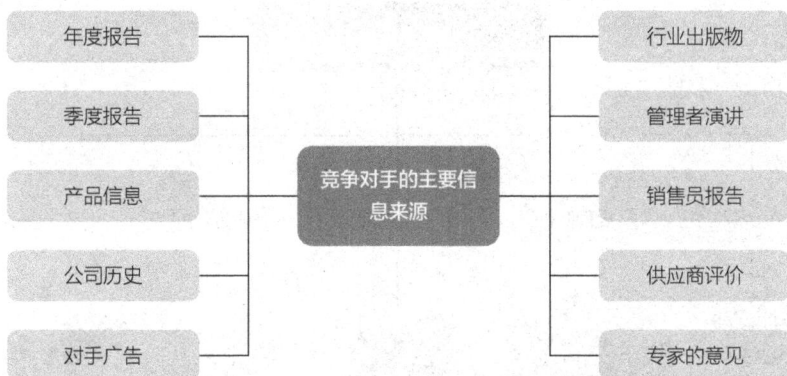

图 6-29　竞争对手的主要信息来源

关于竞争对手的营销文案分析，流程是固定的，主要分为 5 个步骤，同时还需要在内容中直接体现竞争对手的相关数据分析，完整的文案分析如图 6-30 所示。

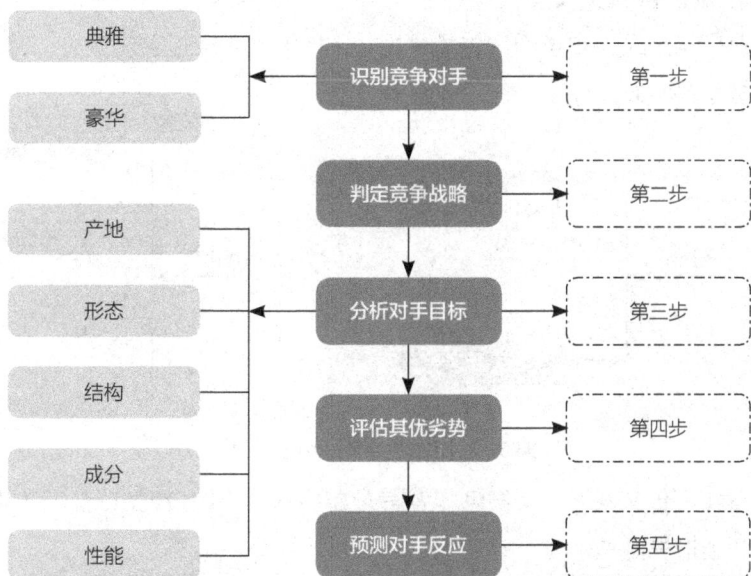

图 6-30　竞争对手营销文案的完整分析

根据竞争对手的能力强弱，文案中的预测对手反应类型有所不同。比如在凉茶行业加多宝和王老吉的竞争关系中，两者互为对方的主要竞争对手，甚至是唯一竞争对手，往往要根据对手的营销信息推出自身产品，同时预测对手的反应，一般分为图 6-31 所示的 5 种类型。

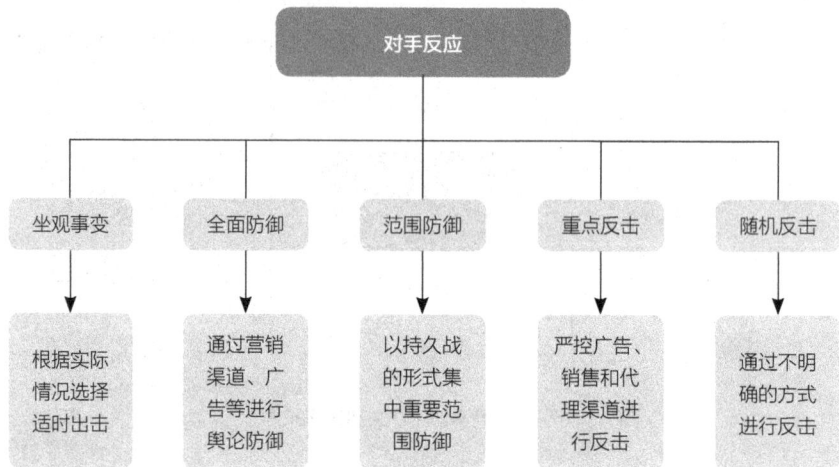

图 6-31　预测对手反应的 5 种类型

6.3.3　企业广告营销文案

企业广告是最为常见的广告模式之一，能够产生较深的影响力，其在内容上的分析如图 6-32 所示。

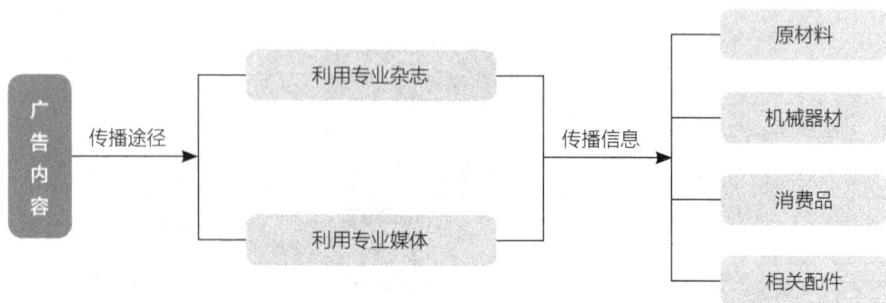

图 6-32　企业广告营销的内容分析

在写作广告文案时，文案创作者首先需要从企业的角度出发，了解图 6-33 所示的几个相关要求。

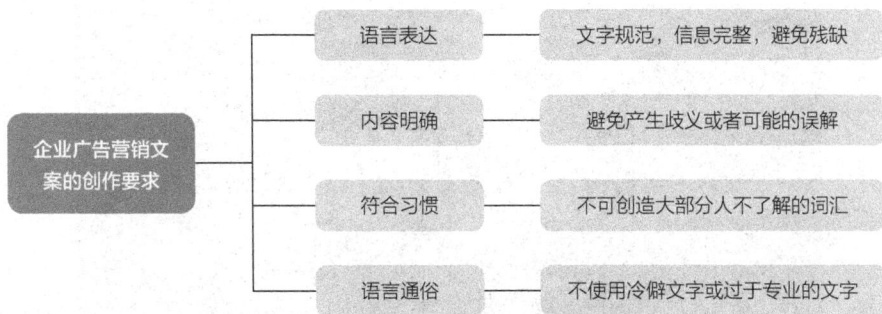

图 6-33 企业广告营销文案的创作要求

在确保文案写作符合相关要求的前提下，文案创作的重点要有所突出，如图 6-34 所示。

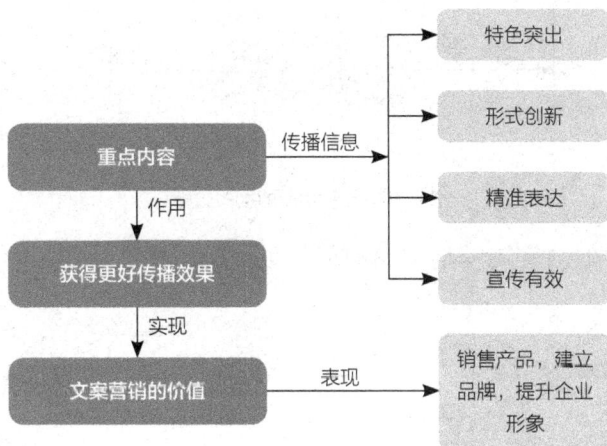

图 6-34 体现重点内容的相关分析

6.3.4 产品促销文案

促销文案的本质就是推广促销活动，就是为了达成促进某种商品或服务销售的目标而进行降价或是赠送礼品等的活动。从效果而言，促销能够在短期内创造一定业绩，从而增加收益。图 6-35 所示为天猫在"双 11"活动时期的产品促销广告。

产品促销文案的创作重点主要是围绕活动的主题进行的，相关的内容分析如图 6-36 所示。

图 6-35　天猫在"双 11"活动时期的产品促销广告

图 6-36　活动主题的相关分析

　　促销文案的内容流程是文案的创作重点，需要包括图 6-37 所示的几个方面。

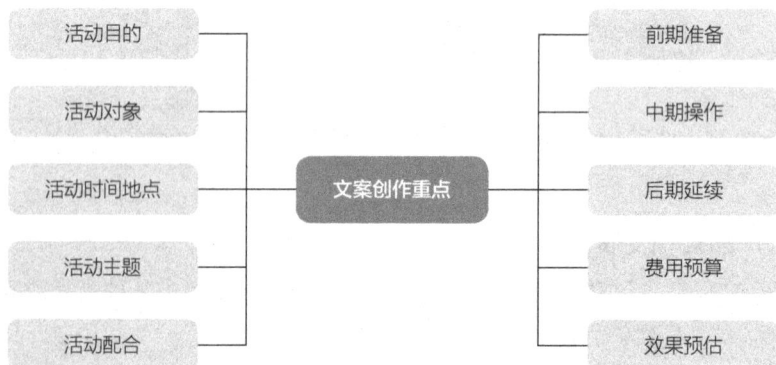

图 6-37　促销文案的创作重点

6.3.5　分销渠道推广文案

　　分销渠道是指产品从生产者向终端消费者移动时，直接或间接转移所有权的过程中所经过的途径。关于分销渠道概念的相关分析如图 6-38 所示。

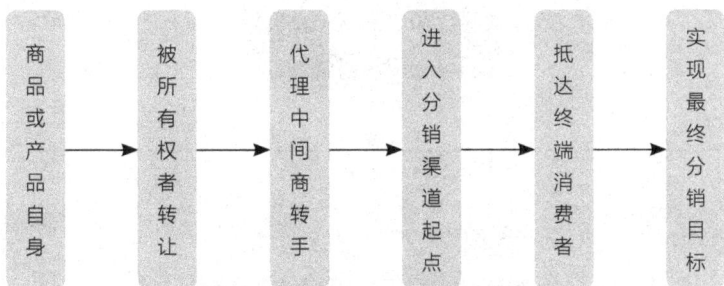

图 6-38　分销渠道概念的相关分析

　　在分销渠道推广文案的写作中，创作者需要对分销渠道有一定的认识。在目前被认可的分销渠道概念中，主要是反映分销渠道的组织结构，其次是反映商品的流通过程。图 6-39 所示为分销渠道内容和作用的具体分析。

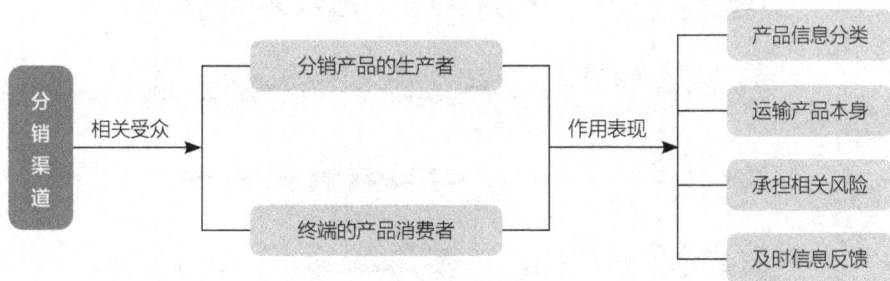

图 6-39　分销渠道内容和作用的具体分析

　　分销渠道推广文案是以分销渠道设计为依据，企业根据实际推广营销需求而设计的文案，所以在文案本身内容上也具备与其他推广文案不同的特点，其相关分析如图 6-40 所示。

图 6-40　分销渠道推广文案特点分析

　　其中，影响产品分销渠道建设的因素是文案创作中需要重点分析的，相关内容如图 6-41 所示。

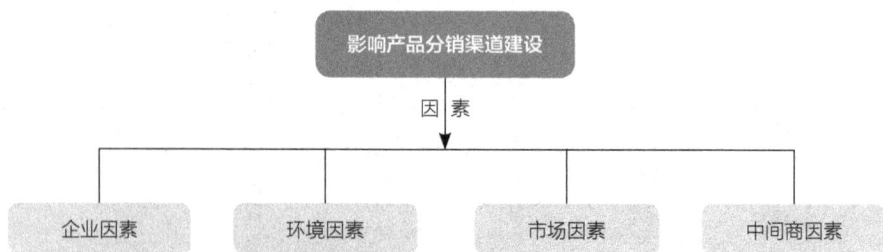

图 6-41　影响产品分销渠道建设的因素

在文案中，确定和选择渠道的模式也属于创作重点，尤其是根据渠道确定最终的分销方式，这主要取决于产品本身的特点、市场容量的大小和需求面的宽窄，相关的分销方式如图 6-42 所示。

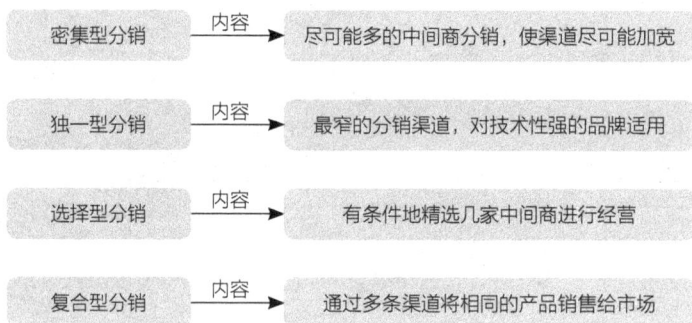

图 6-42　分销渠道的模式分析

6.3.6　媒体渠道推广文案

渠道媒体根据表现形式的不同而有不同的定位和分类。图 6-43 所示为渠道媒体的相关内容分析。

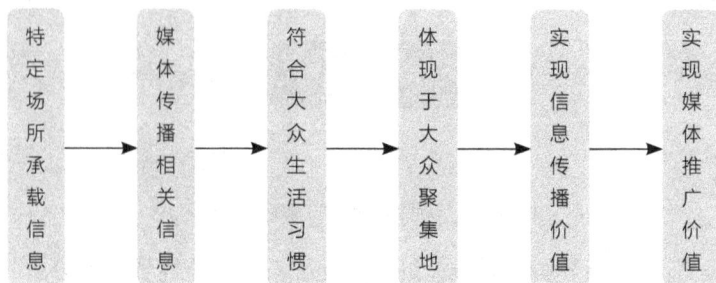

图 6-43　渠道媒体的相关内容分析

在渠道媒体中，根据传统媒体和互联网媒体的不同，而有不同的媒体表现方式，其中互联网媒体的影响力越来越大。图 6-44 所示为常见的广告推广多屏终端与互联网渠道的结合展示。

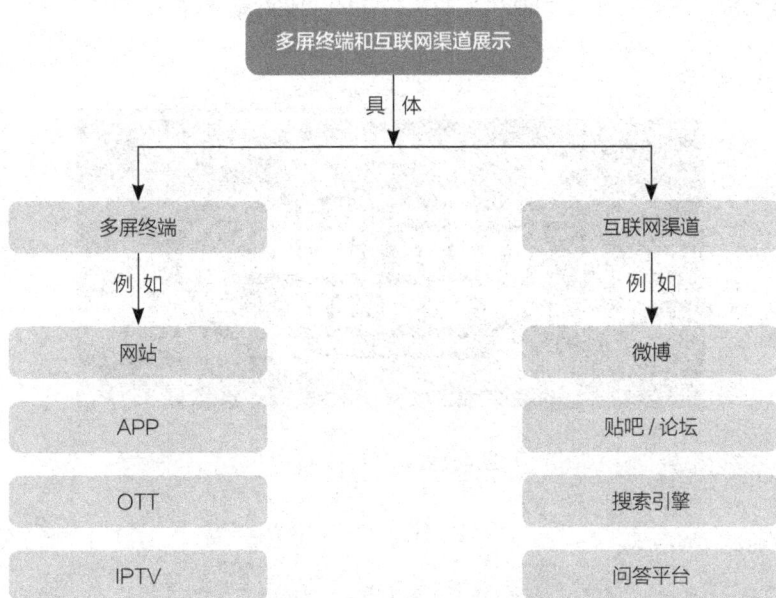

图 6-44　多屏终端和互联网渠道展示

一个好的媒体渠道推广文案能够更好地推广项目，直接提升销售效果，扩大产品影响力，树立企业品牌。

在媒体渠道分析推广的过程中，要综合考虑多种媒体形式，制定媒体整合渠道方案的相关内容，以实现最终的目标，即为企业带来更好的收益。关于创作重点，主要有图 6-45 所示的几个方面需要注意。

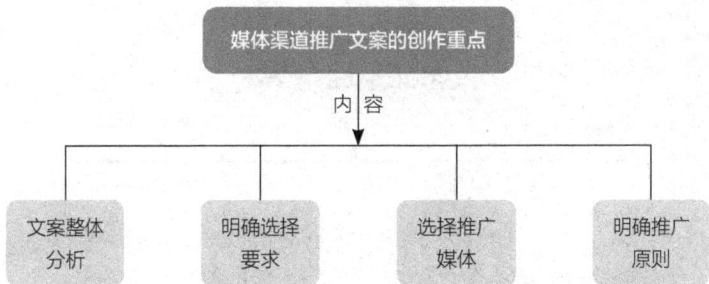

图 6-45　媒体渠道推广文案的创作重点

6.3.7 网站策划推广文案

网站策划推广文案是以网站策划为基础,以推广为目标进行的相关流程制定,其中网站策划属于文案成功运作的关键内容之一。网站策划需要有完善的企业网站予以支持,图 6-46 所示为某机械有限公司的企业网站界面。

图 6-46 某机械有限公司的企业网站界面

对于网站策划推广而言,文案起到的就是挑大梁的作用,策划推广文案写得不好,会导致网站定位与推广定位不精准,也就没办法吸引到用户,后期的营销方式也会受到影响。

对文案创作重点的把握是基本要求,从推广的最终目标出发,其创作重点如图 6-47 所示。

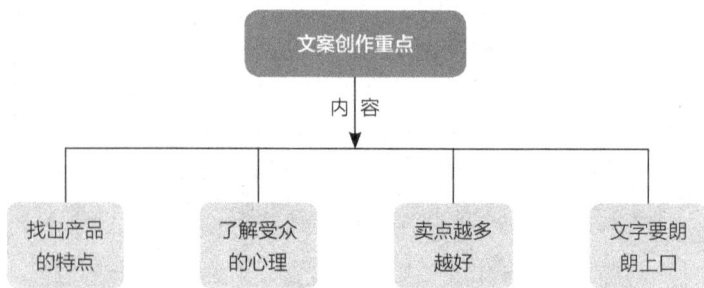

图 6-47 网站策划推广文案的创作重点

在具体的文案内容流程上，创作重点主要根据文案流程出发，具体分析如图 6-48 所示。

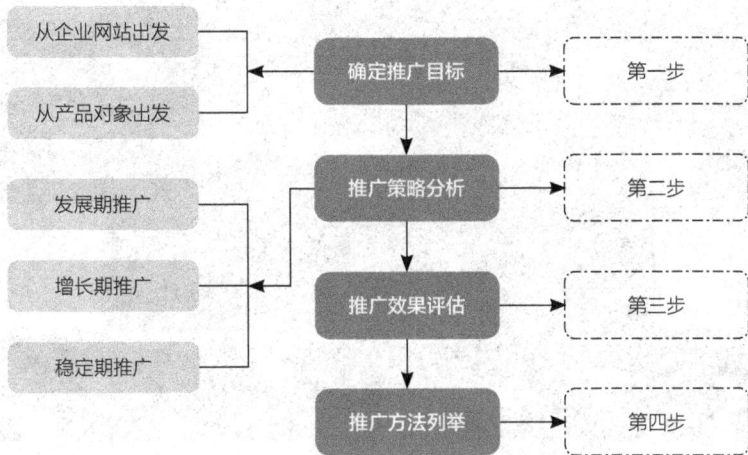

图 6-48 文案创作重点的具体分析

6.3.8 会议策划推广文案

会议策划往往采用 PPT 展示，但并不是 PPT 的简单堆砌，同样需要文字文案的支持，相关的内容分析如图 6-49 所示。

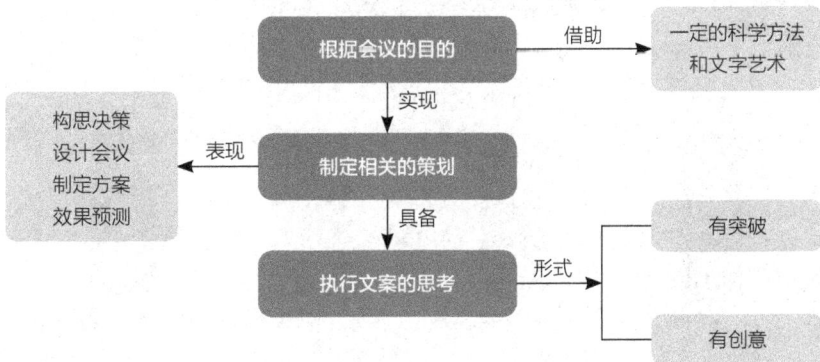

图 6-49 会议策划推广文案内容的相关分析

会议策划推广文案的核心在于会议本身，文案的内容也是围绕会议进行的，所以在创作时需要了解会议的形式和目标。图 6-50 所示为苏州旅游的推介会现场。

图 6-50　苏州旅游的推介会现场

　　会议策划推广文案以推广为目标，但是文案本身只是属于会议文案的一种类型。因此可以从会议文案的方式入手，了解相关的文案创作重点，为推广文案打好基础，如图 6-51 所示。

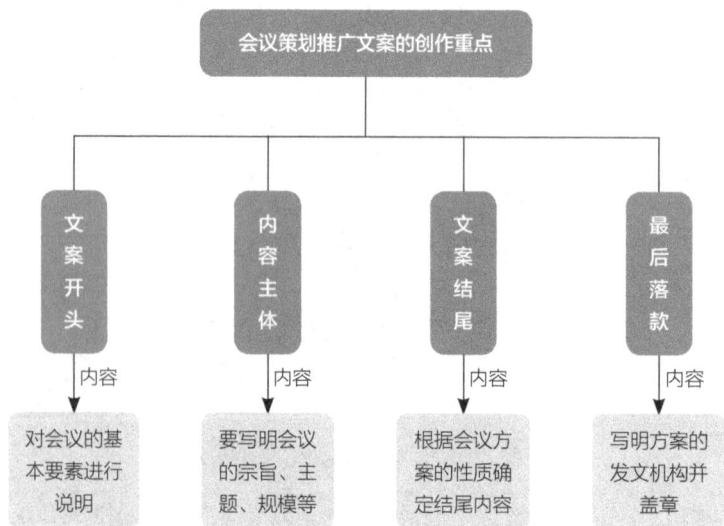

图 6-51　会议策划推广文案的创作重点分析

　　鉴于会议策划推广模式的重要性，文案创作除了要注意内容上的重点要求之外，还要了解写作上的重点，相关内容分析如图 6-52 所示。

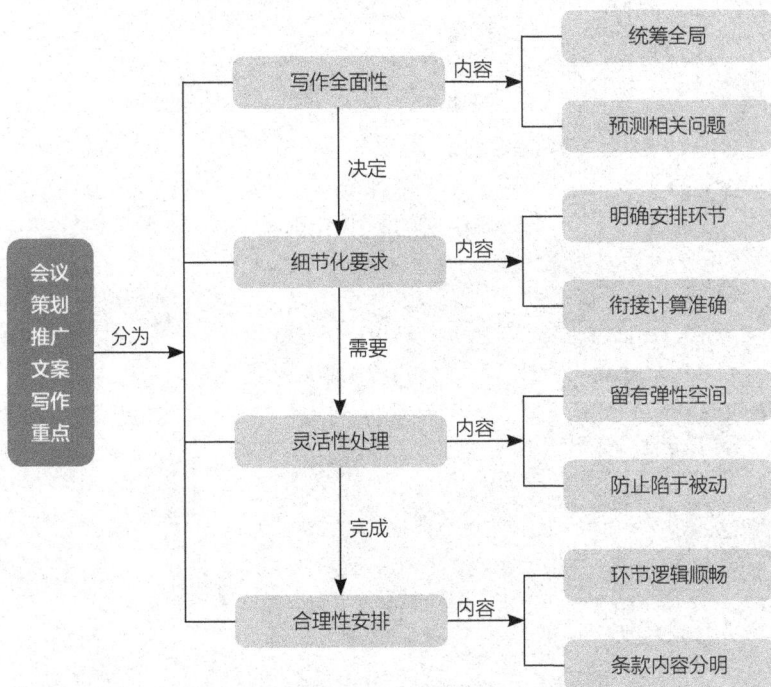

图 6-52　会议策划推广文案写作重点分析

第 7 章

传统节日活动文案实战

07

在如今这个信息化时代，互联网无处不在，文案营销频繁出现在网络上，但传统的文案推广仍有着不容忽视的影响力，而节日和活动也仍是文案推广的必争之地。

本章将就传统、节日和活动文案的编写策划进行重点分析，从多个角度全面认识这 3 种文案的编写。

学前提示

➤ 传统广告文案的撰写
➤ 节日文案的撰写
➤ 活动文案的撰写

要点展示

7.1 传统广告文案的撰写

在诸多文案类型中，传统广告文案与大众关系较为密切，一直占据着大众的视野，作为主流的广告宣传方式，其影响力不言而喻。传统广告文案主要有6种类型，下面将一一进行分析讲解。

7.1.1 报纸杂志广告文案

无论网络资讯有多迅猛，报纸杂志始终有着其存在价值。从表现形式和意义而言，报纸和杂志都存在一定的差异，但同时也具备一定的共同点，相关分析如图7-1所示。

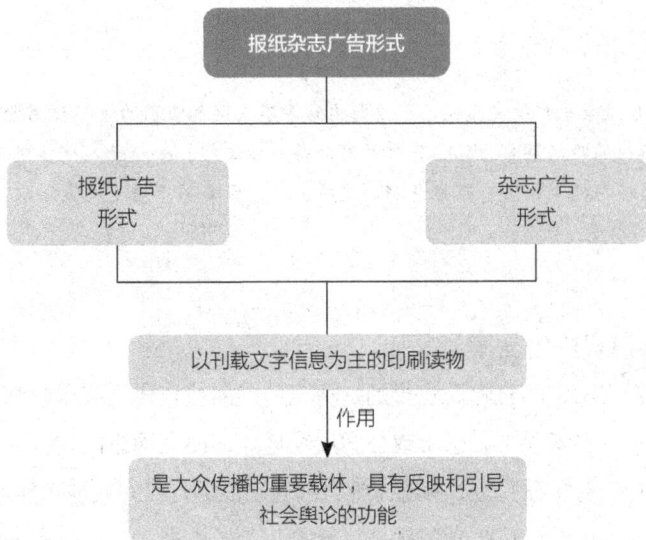

图 7-1 报纸杂志广告形式的相关分析

从文案角度出发，报纸和杂志的广告文案可以归为一体，即都属于比较传统的平面广告形式。对于广告发布者而言，在报纸杂志上刊登广告，通常是为了吸引读者对产品的关注，从而逐步树立企业形象。

广告文案并不是由于大众阅读报纸或杂志的阅读需求而出现的，是广告商为了宣传制作的，所以对大众而言，广告往往不能让人感兴趣。尤其是缺乏实质性内容的文案，甚至成了读者和他们想获取的信息之间的一道人为屏障。

从实用的角度出发，报纸杂志广告文案的创作重点主要集中于4个方面，相关分析如图7-2所示。

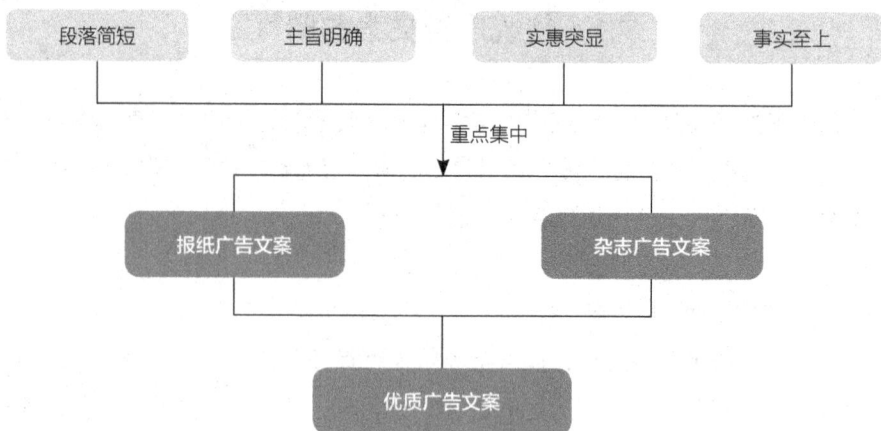

图 7-2　报纸杂志广告文案的创作重点分析

专家提醒

　　对于报纸杂志广告文案而言，要想内容具有实际的吸引力，不仅需要好的文笔，更需要有敏锐的市场洞察力。创作者所写的每一段文字，必须融入销售理念，同时还需要注意通俗易懂，用带有形象色彩的文字，让消费者易于接受文案思想，进而产生共鸣。

7.1.2　直邮模式广告文案

　　传统广告文案中的直邮模式指的是将宣传产品或宣传文案以邮寄、赠送等形式，直接送到消费者手中、家里或公司所在地。即使在网络时代，直邮模式仍然是大部分企业开展商务活动的首选措施，因为它能够直接有效地增加顾客。

　　直邮模式和传统的广告刊载媒体，比如报纸、电视、广播等有一定的区别，主要在于传统广告刊载媒体贩卖的是内容，其广告属于附加价值，而直邮模式的广告则是直达目标消费者。

　　直邮模式的广告文案同样具备广告的因素，并不是大众都喜欢接受的。所以一份优秀的直邮广告就显得十分重要，直邮广告并非盲目而定，而是需要有的放矢地选择目标用户或潜在用户。在具体的文案创作中，需要把握创作的重点，如图 7-3 所示。

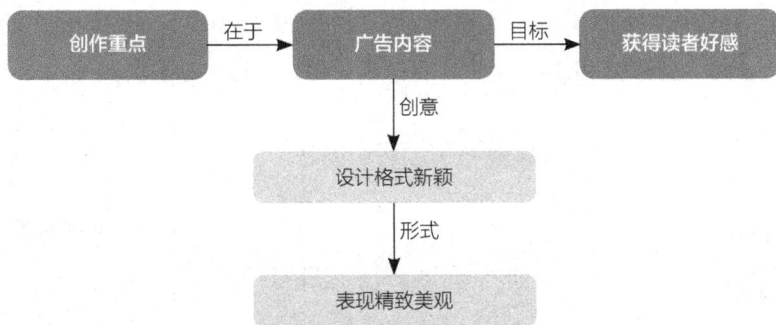

图 7-3　直邮广告文案的创作重点

> **专家提醒**
>
> 　文案本身的文字要简洁，重点要明显。在配图时，多选择与所传递信息有强关联的图案，刺激读者记忆。

7.1.3　宣传册广告文案

　　宣传册广告以宣传册为载体，宣传册的内涵非常广泛，其形式本身就是一本较为简便的书籍。

　　宣传册的设计内容不仅包括封面、封底的设计，还包括扉页、内文版式等多个方面的设计。宣传册广告的设计主要是要达到一种整体感，让读者能够轻松愉快地阅读。

　　对于大众而言，宣传册是一种视觉表达的形式，往往能够在短时间内吸引人们的注意力，使之快速获得相关信息。除了宣传册的形式特点之外，其受欢迎的原因还在于其实际作用和表现的相关特点，具体分析如图 7-4 所示。

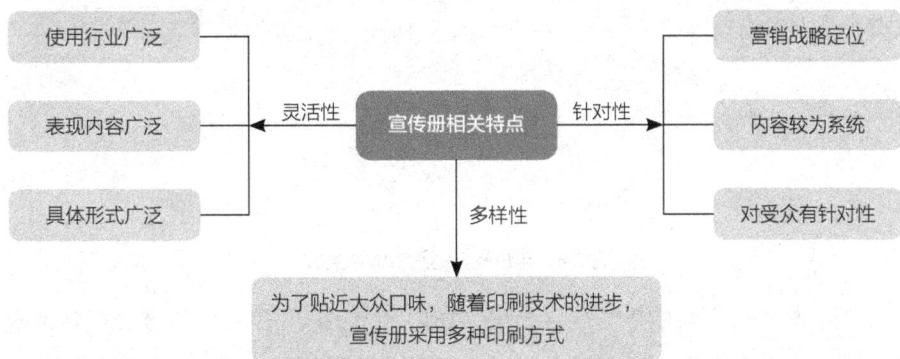

图 7-4　宣传册实际作用和表现的相关特点分析

作为宣传册内容的载体，文字有着不可替代的作用，宣传册创作的重点除了图片选择，主要就是集中于文字本身，相关分析如图 7-5 所示。

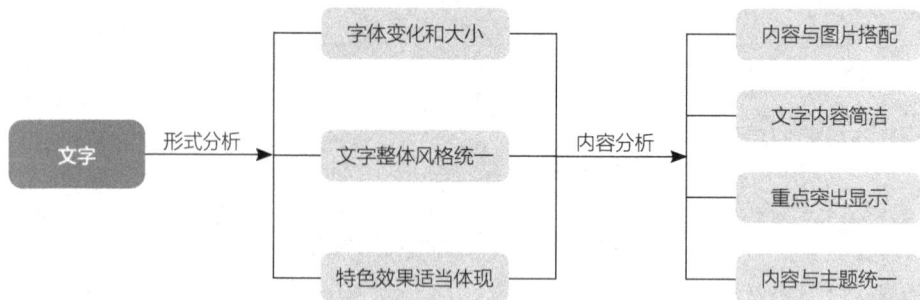

图 7-5　宣传册广告文案中文字的分析

7.1.4　电子邮件营销文案

电子邮件的表现形式是用电子手段提供信息交换的通信方式，属于互联网应用中较受欢迎的服务。提供电子邮件服务的网站有很多，图 7-6 所示为用户较多的腾讯邮箱主页。

图 7-6　用户较多的腾讯邮箱主页

电子邮件与大众的生活息息相关，在内容上可以是文字、图像、声音等多种形式，所以电子邮件营销成为了企业必不可少的营销组成部分。对于用户而言，通过电子邮件可以得到大量免费的新闻、专题邮件，并进行轻松的信息搜索。

为了避免电子邮件被受众迅速地扔进垃圾箱，创作者要在文案创作之前对相关的重点进行分析，并且运用于实际的文字内容。一般而言，电子邮件营销文案的创作重点主要有图 7-7 所示的几个方面。

图 7-7　电子邮件营销文案的创作重点

文案创作者在写作电子邮件营销文案时，除了对于创作重点的把握之外，还需要了解电子邮件营销文案的 3 个主要要素，如图 7-8 所示。

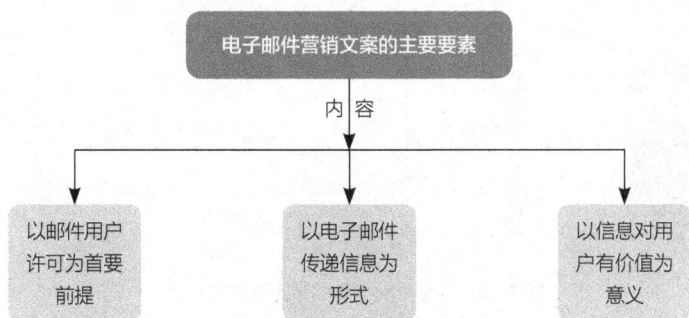

图 7-8　电子邮件营销文案的主要因素

7.1.5　网络模式相关文案

网络模式相关文案在表现上，往往只是一句简短却让人感兴趣的话，属于一种适用于细分化市场营销趋势的新媒体写作文案。

在内容上，网络模式相关文案并不局限于广告模式，也适用于其他的多种类型，比如公益文案的创作。图 7-9 所示为警示酒驾的公益广告文案。

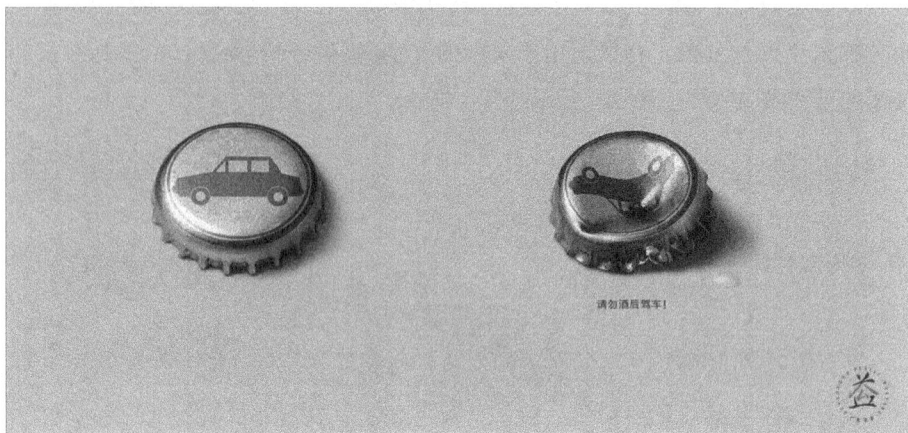

图 7-9　警示酒驾的公益广告文案

互联网受众的人数在不断增长，而且年龄层次随着年轻一代成熟度的提升而不断下降。同时互联网具有较强的交互性，使用者能够自由地发布信息、寻找需要的信息。对于广告商而言，网络模式的文案必将越来越受到重视。

从文案创作者的角度出发，创作者需要有一定的文学水平，同时对于网络特性要有一定的认识，网络文案创作的重点及相关分析如图 7-10 所示。

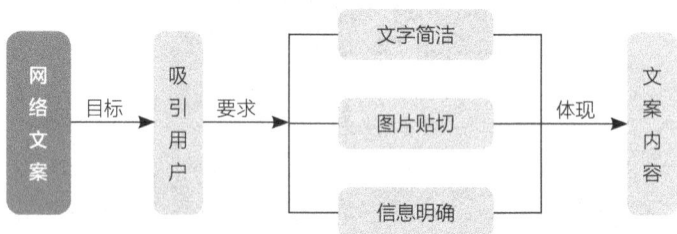

图 7-10　网络文案创作的重点及相关分析

随着互联网地球村的出现，受众语言也成为了文案创作中需要注意的一个方面，创作者要根据企业的传播目标选择站点，决定运用何种语言。在不同的地区，受众的文化背景也不相同，对广告文案的表现形式也会有不同的认知。

7.1.6　多媒体与电视文案

要了解多媒体形式的文案，首先需要对多媒体有一定的认识。多媒体是多种媒体的综合，在计算机系统中，将两种或两种以上人机交互式信息交流的媒体组合起来的传播媒体称为多媒体。

电视作为传播媒体，允许用户通过选择频道收看不同的内容，并不属于多媒体形式，但是其在内容表现上与多媒体相差甚微，因而在广告文案方面可以作为一个整体进行相关分析。

多媒体技术的应用十分广泛，其本身也存在相应的特点，与其他类型的媒介有着明显的不同，主要表现在以下8个方面，如图7-11所示。

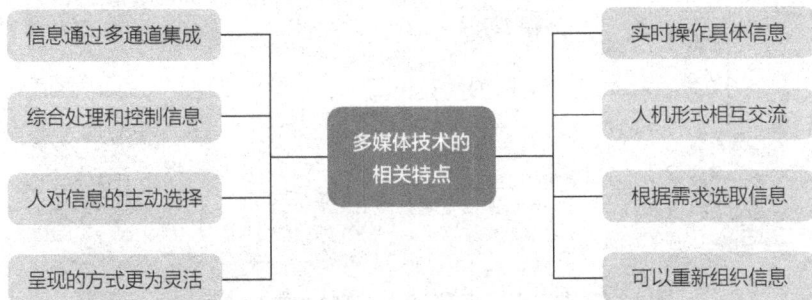

图7-11 多媒体技术的相关特点

由计算机控制的多媒体，能够通过大屏幕显示屏，直接应用到工业、交通、商业广告等领域。随着广告需求的进一步发展，LED大屏幕已成为街头、商场、车站等公共场所的一种主要广告形式。

从文案创作的要求出发，文案创作者需要了解的多媒体广告文案的创作重点如图7-12所示。

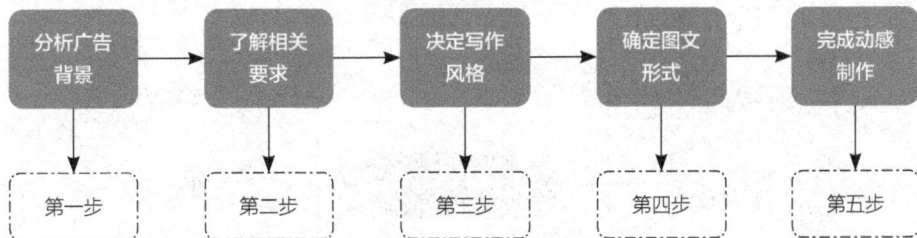

图7-12 多媒体广告文案的创作重点

多媒体广告首先需要明确广告的定位，从而确定广告主题，并通过构思广告形象，在具体内容中融入表现形式和技巧；然后充分运用感性诉求方式，调动消费者的参与意识；最后是主题统一，内容明确。

除了这些具体的文案创作重点之外，由于电视广告片的制作更多是在镜头下的展示，所以电视广告文案从视觉上分析，还要把握图 7-13 所示的 4 个重点。

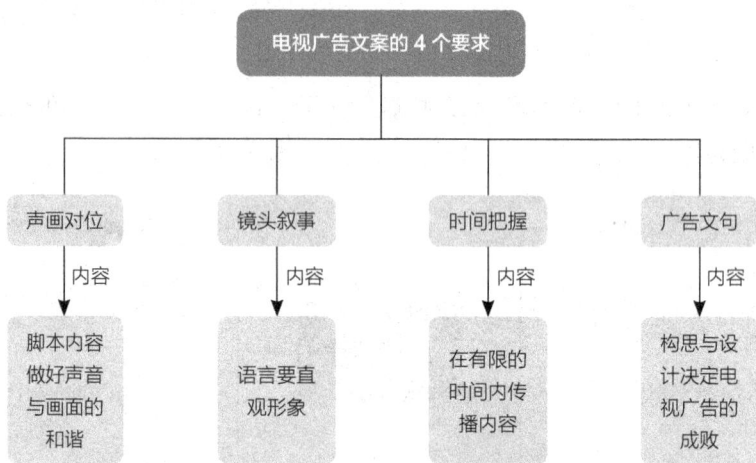

图 7-13　电视广告文案的 4 个要求

7.2　节日文案的撰写

节日早就成为了商家进行活动营销的重要对象，与事件活动的效果类似。

节日促销是极为常见的活动形式，在众多的节日中，能够形成整体活动氛围、目前主要是以传统节日为主。传统节日是我国悠久历史文化的一个重要组成部分。图 7-14 所示为部分节日。

图 7-14　部分节日

节假日一般指全国大规模进行庆祝活动及休假的休息时间，它由国家法律统一规定，也被称为法定节假日。对于商家而言，节假日是少有的能够吸引大量消费者的节点，所以节假日活动往往能够起到事半功倍的销售效果，文案的作用就更为突出，相关内容分析如图 7-15 所示。

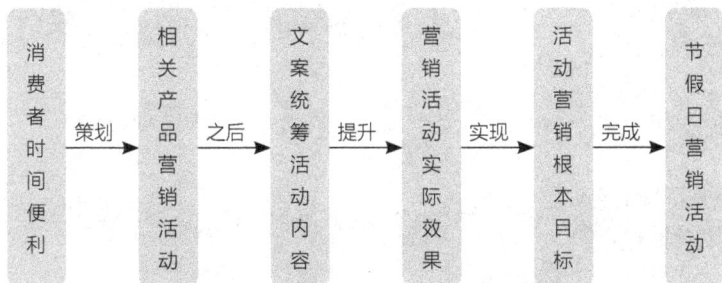

图 7-15　节假日活动文案作用的相关分析

7.2.1　传统节日文案

传统节日往往是商家们进行促销活动的重要时间节点，下面以春节、中秋和端午 3 个传统节日为例，分析传统节日文案的写作。

1．春节

春节是传统节日中最为重要的节日，根据春节的喜庆氛围，一般活动文案主要是突出喜庆方面的内容。

如图 7-16 所示，在表现形式上主要以喜庆的红黄色为主。

图 7-16　某产品的春节时期团购活动广告

对春节活动策划文案的分析主要是将整个春节活动相关内容进行全面分析，包括活动主题、活动时间和地点、活动对象、活动内容、工作安排，相关内容分析如图 7-17 所示。

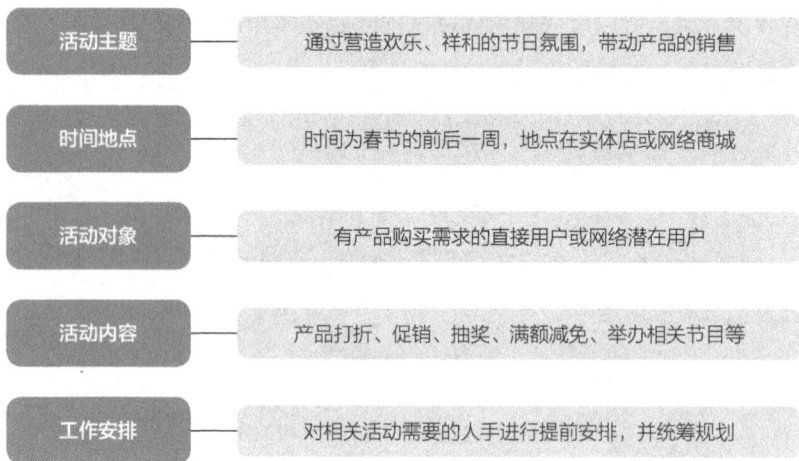

图 7-17　关于春节活动策划的相关分析

2．中秋

中秋节也是传统文化节日，时间在每年农历八月十五。中秋节的意义主要在于以月的团圆来表示人的团圆，一般都有寄托思念的情结，所以活动策划往往以亲人、团圆等为题材。

图 7-18 所示为某品牌月饼促销的中秋节活动广告，在文案的表现形式上主要以月亮、月饼等为主。

图 7-18　某品牌月饼促销的中秋节活动广告

对中秋活动策划文案的分析主要是将整个中秋节活动相关内容进行全面分

析，它同样包括活动主题、活动时间和地点、活动对象、活动内容、工作安排，相关内容分析如图 7-19 所示。

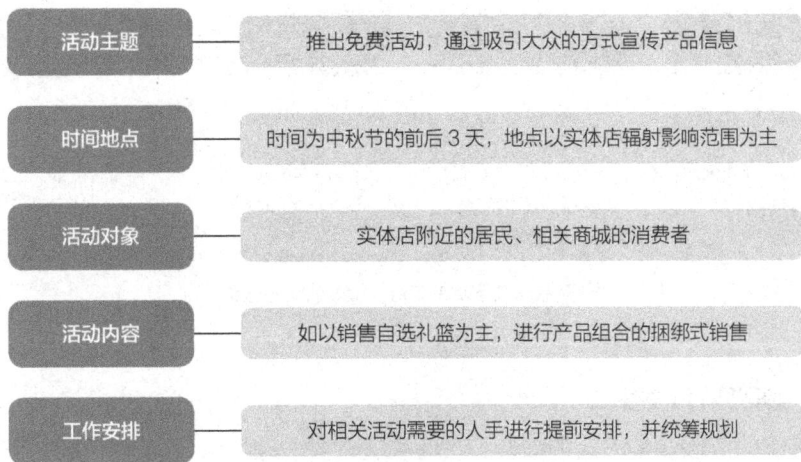

活动主题	推出免费活动，通过吸引大众的方式宣传产品信息
时间地点	时间为中秋节的前后 3 天，地点以实体店辐射影响范围为主
活动对象	实体店附近的居民、相关商城的消费者
活动内容	如以销售自选礼篮为主，进行产品组合的捆绑式销售
工作安排	对相关活动需要的人手进行提前安排，并统筹规划

图 7-19　关于中秋节活动策划的相关分析

3. 端午

端午节属于常见的节日之一，时间为每年农历五月初五，又称端阳节等。随着市场营销的运作，端午节逐渐成为了大众消费的一个节日，往往以粽子的销售为主，带动其他产品销售。图 7-20 所示为端午节的活动宣传，底色以绿色为主。

图 7-20　关于端午节的活动宣传

对端午活动策划文案的分析主要是从景点出发，对端午节活动相关内容进行全面分析，包括活动主题、活动时间、活动对象、活动内容等，具体分析如图 7-21 所示。

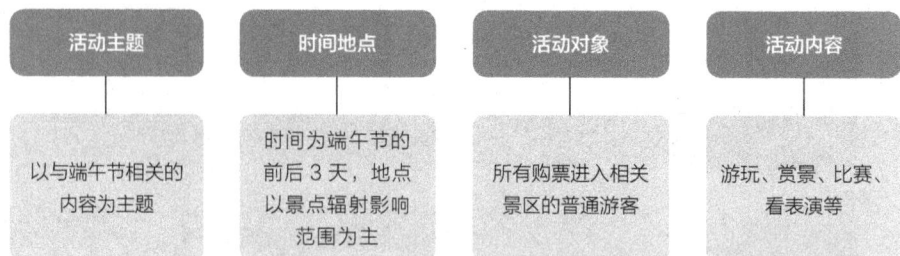

活动主题	时间地点	活动对象	活动内容
以与端午节相关的内容为主题	时间为端午节的前后 3 天，地点以景点辐射影响范围为主	所有购票进入相关景区的普通游客	游玩、赏景、比赛、看表演等

图 7-21　关于端午节活动策划的相关分析

7.2.2　新兴节日文案

传统的节假日是大众的消费日，商家还针对一些特殊日子设计相关活动进而促进产品的销售，进而创造了以消费为目的的新兴节日，其中部分节日获得了广泛认可，并取得了类似传统节日的营销效果。新兴节日主要源于网络，常见的节日如图 7-22 所示。

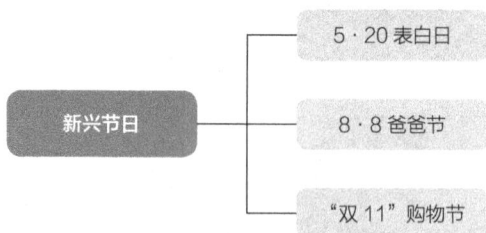

新兴节日	5 · 20 表白日
	8 · 8 爸爸节
	"双 11"购物节

图 7-22　新兴节日

相对而言，新兴节日的受众较多，被认可度较高，除此之外，还有一些节日同样能够应用于商业，因类型不同而效果不同，相关内容如图 7-23 所示。

具体而言，国外流行节日有圣诞节等，被有心商家抓住商机，成为了新的营销活动契机。还有由商家策划的，比如"双 11"购物节，除此之外有部分节日被国家认可，但是没有形成社会性商业效果，比如医疗行业的"爱耳日"，环保领域的"植树节"等。

从营销文案的角度出发，能够引发全民购物狂潮的新兴节日以圣诞节、"双八"购物节等为主，其他节日的影响力较为有限。

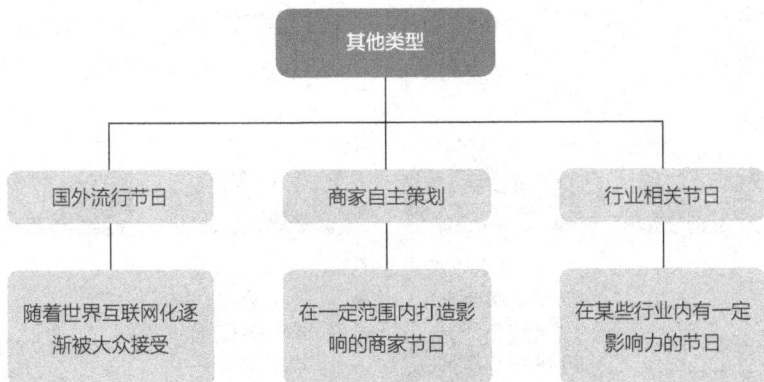

图 7-23　新兴节假日类型效果相关分析

下面以圣诞节和"双 11"为例，分析新兴节日文案的写作。

1. 圣诞节

圣诞节属于西方国家的传统节日，时间在每年的 12 月 25 日，也是西方国家以及其他很多地区的公共假日。

随着互联网打造的全球一体化逐渐成熟，圣诞节在国内的传播十分迅速，21 世纪初，圣诞节有机地结合了国内的习俗，正式成为商业营销的重要节日。国内的圣诞节以吃苹果、带圣诞帽、情侣互送礼物和圣诞购物等方式为主，被年轻人广泛接受和认可。

图 7-24 所示为某产品在圣诞节时的宣传广告。

图 7-24　某产品在圣诞节时的宣传广告

对圣诞节活动策划文案的分析主要是从圣诞购物出发，将活动相关内容进行全面分析，包括活动主题、活动时间、活动对象、活动内容等，具体信息分析如图 7-25 所示。

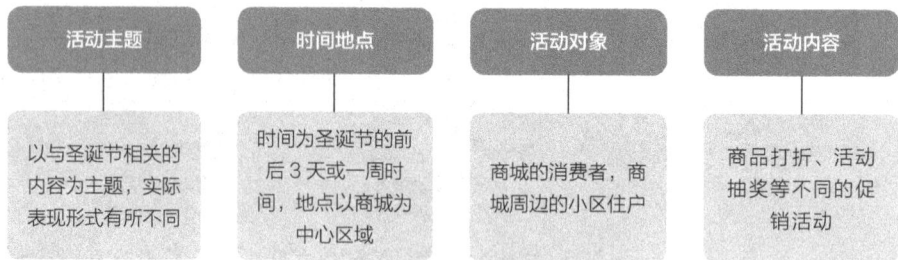

活动主题	时间地点	活动对象	活动内容
以与圣诞节相关的内容为主题，实际表现形式有所不同	时间为圣诞节的前后 3 天或一周时间，地点以商城为中心区域	商城的消费者，商城周边的小区住户	商品打折、活动抽奖等不同的促销活动

图 7-25　关于圣诞节活动策划的相关分析

2．"双 11"

"双 11"原本属于网络节日，因为数字的特点被定为"光棍节"，随着市场经济的发展，由阿里巴巴集团推出的"双 11"网购促销狂欢节受到了大众的广泛认可和支持。

由于节日效果明显，每年以天猫、京东、苏宁易购、当当网为代表的大型电子商务网站，都会进行一些大规模的打折促销活动，以提高销售额度。目前"双 11"是国内互联网较大规模的商业促销活动。

图 7-26 所示为东风日产的"双 11"活动相关界面。

图 7-26　东风日产的"双 11"活动相关界面

需要注意的是，"双 11"属于网络节日，一般以网络上的商城打折活动为主，实体店也会借助此次活动的影响力进行产品销售。下面主要从淘宝店铺的角度出发，对活动策划相关内容进行全面分析，包括活动主题、活动时间、活动对象、活动内容等，具体信息展示如图 7-27 所示。

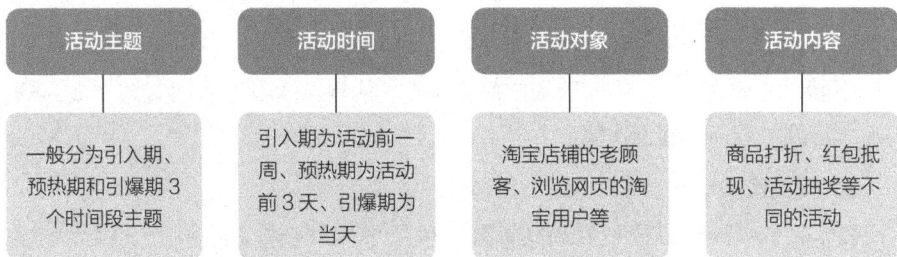

活动主题	活动时间	活动对象	活动内容
一般分为引入期、预热期和引爆期 3 个时间段主题	引入期为活动前一周、预热期为活动前 3 天、引爆期为当天	淘宝店铺的老顾客、浏览网页的淘宝用户等	商品打折、红包抵现、活动抽奖等不同的活动

图 7-27 关于"双 11"活动策划的相关分析

7.3 活动文案的撰写

活动文案有着活动本身的特性，在一定程度上与活动策划书的模式较为相似。

本节主要针对活动文案进行分析，阐述不同类型的活动所需要了解的文案或策划书模式内容，深入掌握活动文案的创作方式。

7.3.1 事件活动策划文案

事件活动对于大众而言，已经属于极其常见的活动类型了，比如各类商城、服装店在周年庆、节日时的打折活动等，由此引发了事件营销的概念，关于事件营销的内容如图 7-28 所示。

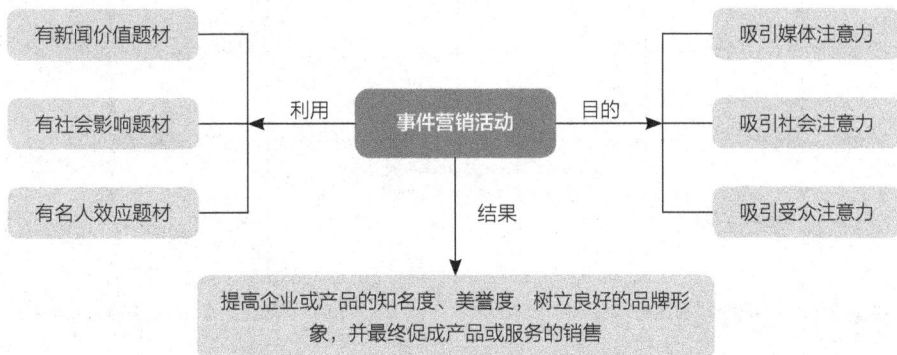

图 7-28 事件营销的内容分析

从形式上而言，事件营销就是通过对相关新闻规律的把握，主动制造一些易于产生影响力的事件，或借助原有的事件，通过具体的操作，让这一事件得以传播，从而达到广告的效果。

下面以开业庆典、借势营销和产品招商这3种常见的事件活动策划文案为例，分析事件活动策划文案的写作。

1. 开业庆典

庆典，是对各种庆祝仪式的统称。在常见的与企业相关的活动中，组织开业庆祝仪式是最为常见的。大多数庆祝仪式，都是基于一定的目的而进行的。

对开业庆典活动策划文案的分析主要是将活动整体开展内容描述清楚，内容包括活动主题、时间地点、活动对象、活动形式，如图7-29所示。

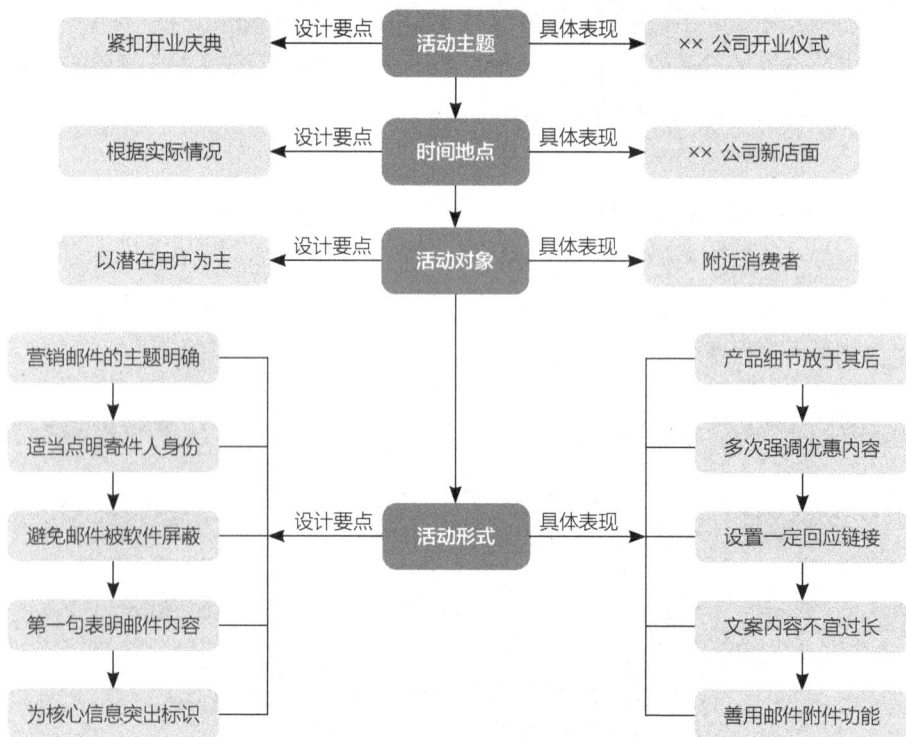

图 7-29　开业庆典活动策划相关内容分析

2．借势营销

借势营销对于很多互联网企业而言，已经是驾轻就熟了。其目的主要是将销售目标隐藏于营销活动之中，使公司或产品的受众通过活动了解产品并接受产品的相关信息。

以 2016 年某影星获得奥斯卡最佳男主角事件为例，这是他第 5 次提名奥斯卡，其 5 次提名历时 22 年，这种方式让某互联网公司找到了坚持、努力、荣誉等关键词，随即推出一系列借势营销的广告，如图 7-30 所示。

图 7-30 借势营销的典型案例

借势营销同样可以成就企业的大型活动，这需要根据事件本身的影响力而定，对借势营销的相关分析如图 7-31 所示。

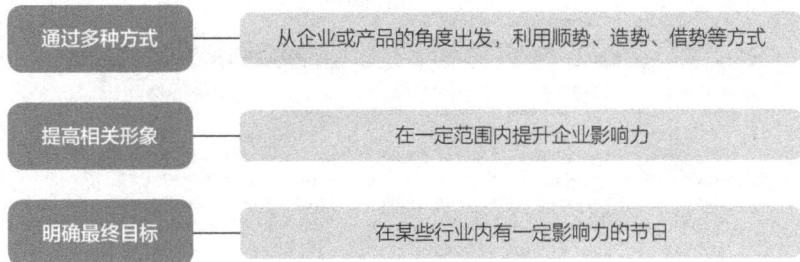

通过多种方式	从企业或产品的角度出发，利用顺势、造势、借势等方式
提高相关形象	在一定范围内提升企业影响力
明确最终目标	在某些行业内有一定影响力的节日

图 7-31 借势营销内容的相关分析

对整个借势营销活动进行全面分析，内容包括策划主题、宣传渠道、活动对象、表现形式，这是以某影星获得奥斯卡最佳男主角事件为例，如图 7-32 所示。

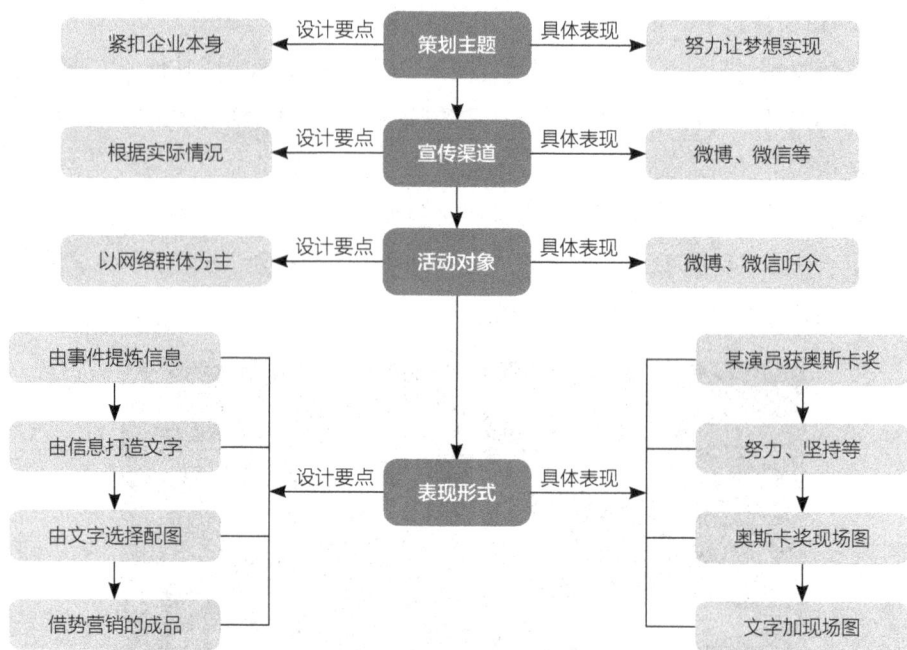

图 7-32 借势营销策划文案的相关分析

3.产品招商

产品招商属于招商类型的一种，也属于招商的一部分，但与传统的招商有一定的区别。随着市场经济的发展，产品招商可分为实地招商和网络招商两种形式，其中网络招商包括供应信息和求购信息，图 7-33 所示为网络招商网站爱商网的官方主页。

图 7-33 爱商网的官方主页

除了通过网络渠道进行招商之外，常见的招商方式还有很多，主要以企业为主，相关内容如图 7-34 所示。

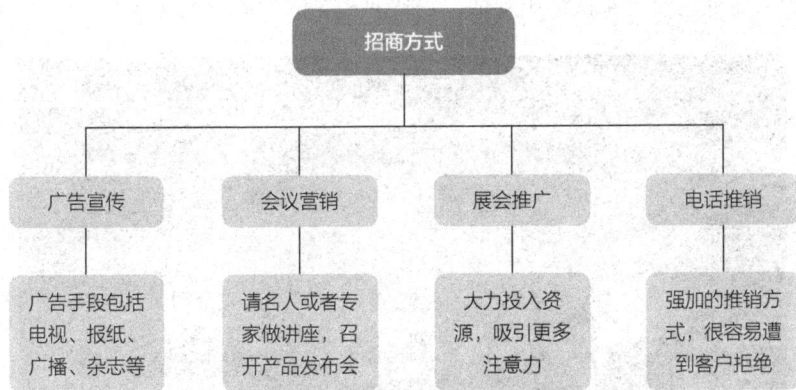

图 7-34 招商方式的相关分析

对整个产品招商活动文案进行全面分析，内容包括招商主题、招商渠道、招商对象、实际运作，如图 7-35 所示。

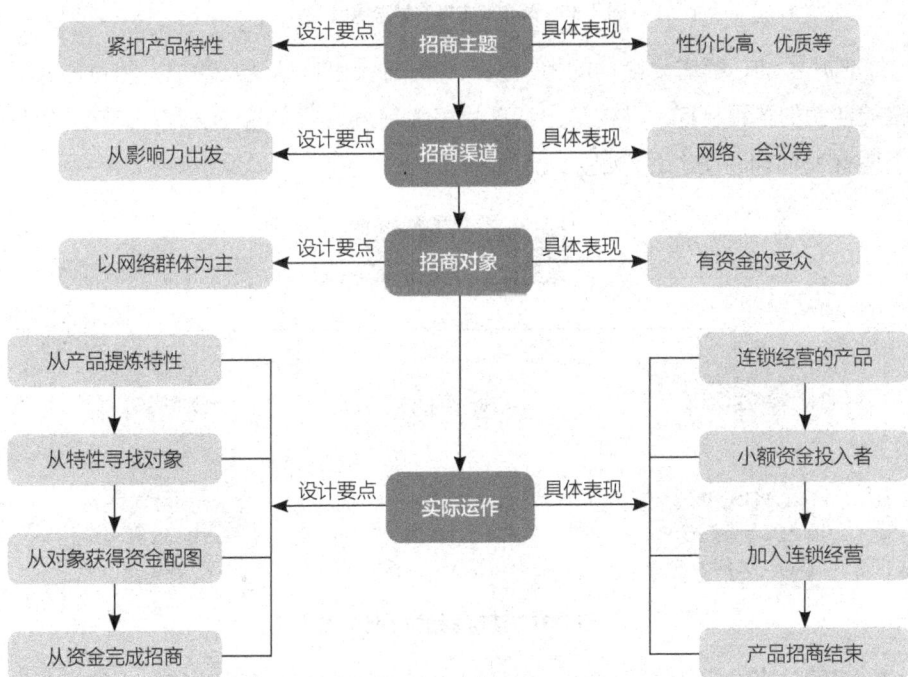

图 7-35 产品招商文案的相关分析

7.3.2　产品活动策划文案

活动策划对于企业而言十分重要，能够直接提高企业的市场占有率。图7-36所示为某企业主办的某次演出现场，需要有相关的活动策划文案。

图 7-36　某企业主办的某次演出现场

但凡活动，都需要活动的相关预期，同时吸引目标受众参加，尽可能实现相关活动的各种目标，并传达出活动的相关信息。从实际效果而言，活动策划主要有3种不同的形式，如图7-37所示。

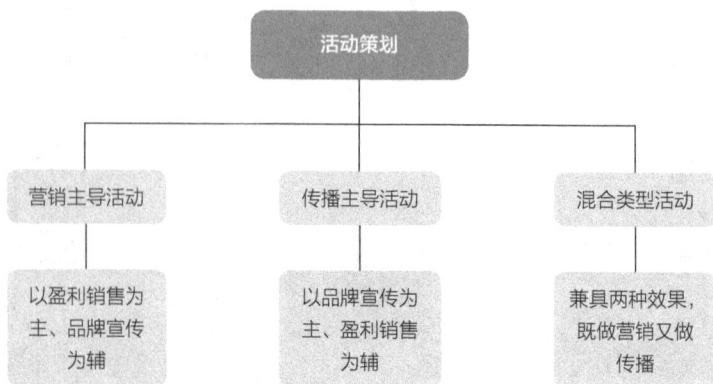

图 7-37　活动策划的 3 种形式

下面以演出活动、比赛活动和品牌推广活动这 3 种活动的策划文案为例，分析产品活动策划文案的写作。

1．演出活动

为了更好地达到演出效果，演出活动策划文案可以由企业委托活动策划公司进行，关于活动策划公司的相关分析如图 7-38 所示。

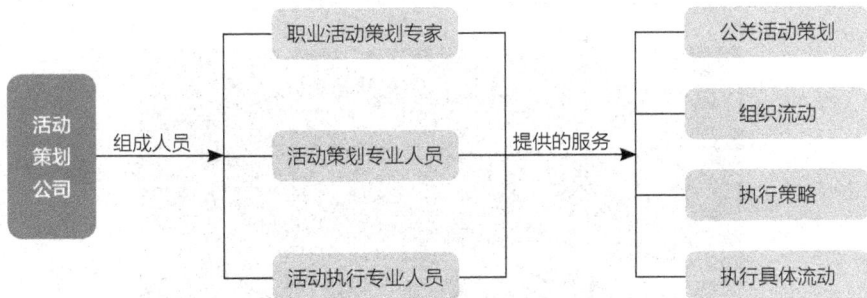

图 7-38　关于活动策划公司的相关分析

对整个演出活动相关内容进行全面分析，包括演出活动的主题、相关新闻媒体、活动对象、活动内容，如图 7-39 所示。

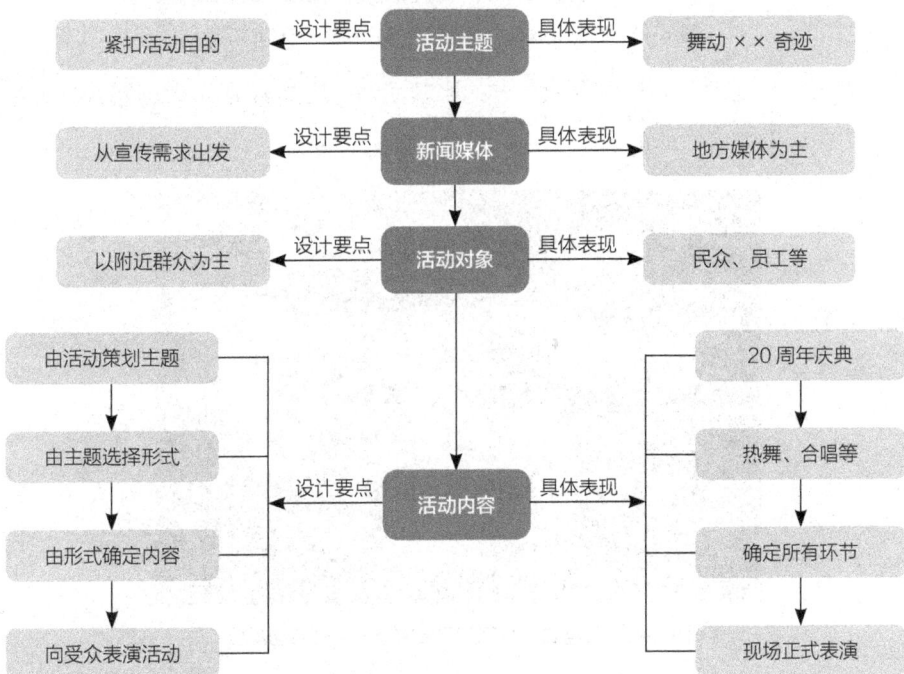

图 7-39　关于演出活动策划文案的相关分析

2. 比赛活动

在常见的产品活动策划中，还有通过自主主办比赛活动，或者冠名比赛活动的方式来推广产品的。比如凉茶行业中时常冠名各类综艺节目的加多宝企业，图 7-40 所示为加多宝冠名《中国好声音》比赛的宣传广告。

图 7-40　加多宝冠名《中国好声音》比赛的宣传广告

除了冠名活动，还有由企业主办的比赛活动，图 7-41 所示为王老吉与某商家联合主办的比赛活动海报。

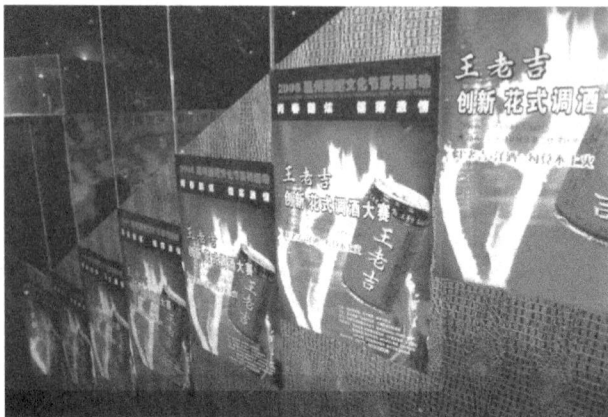

图 7-41　王老吉与某商家联合主办的比赛活动海报

比赛就是比较本领、技术的高低，往往能够吸引人的注意。比赛可以根据进行地点的不同，分为线上比赛和线下比赛，部分比赛是在线上和线下同时进行的。常见的比赛形式主要有图 7-42 所示的 4 种。

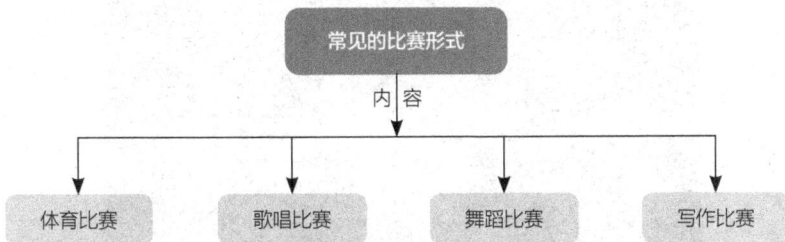

图 7-42 常见的比赛形式

对整个比赛活动的相关内容进行全面分析，包括比赛活动主题、相关奖项设置、参与活动对象、具体比赛内容，如图 7-43 所示。

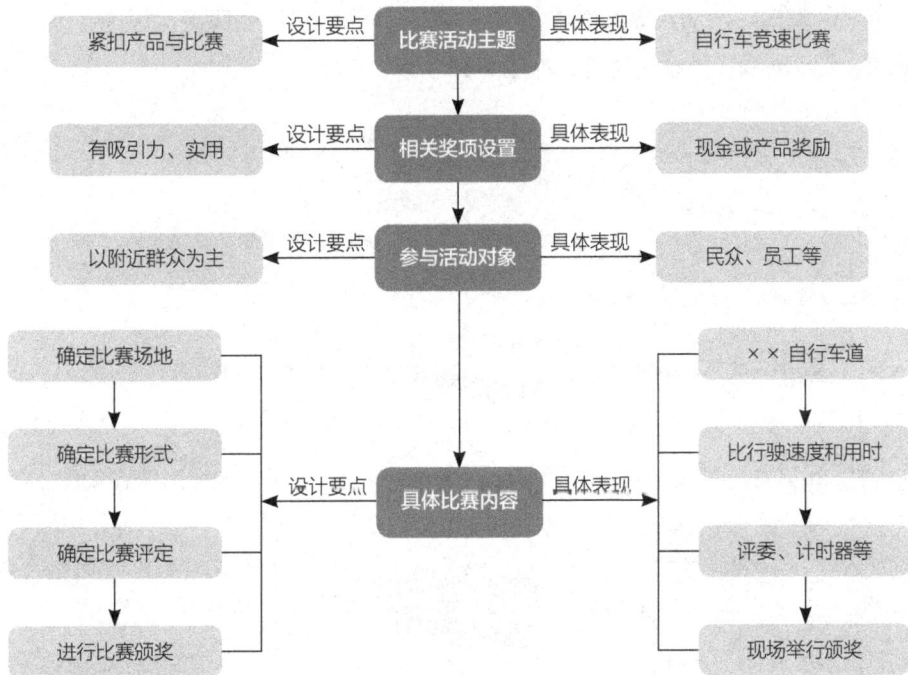

图 7-43 关于比赛活动策划文案的相关分析

3. 品牌推广

品牌推广的作用同样是为了推广产品。品牌推广主要是指企业塑造自身及产品的品牌形象，从而让受众和潜在用户认可产品或企业，从根本上提升品牌的名度。图 7-44 所示为阿萨姆奶茶的品牌推广活动现场。

图 7-44　阿萨姆奶茶的品牌推广活动现场

对品牌推广活动策划文案的相关内容进行全面分析，包括活动主题、时间地点、活动对象、活动内容等，如图 7-45 所示。

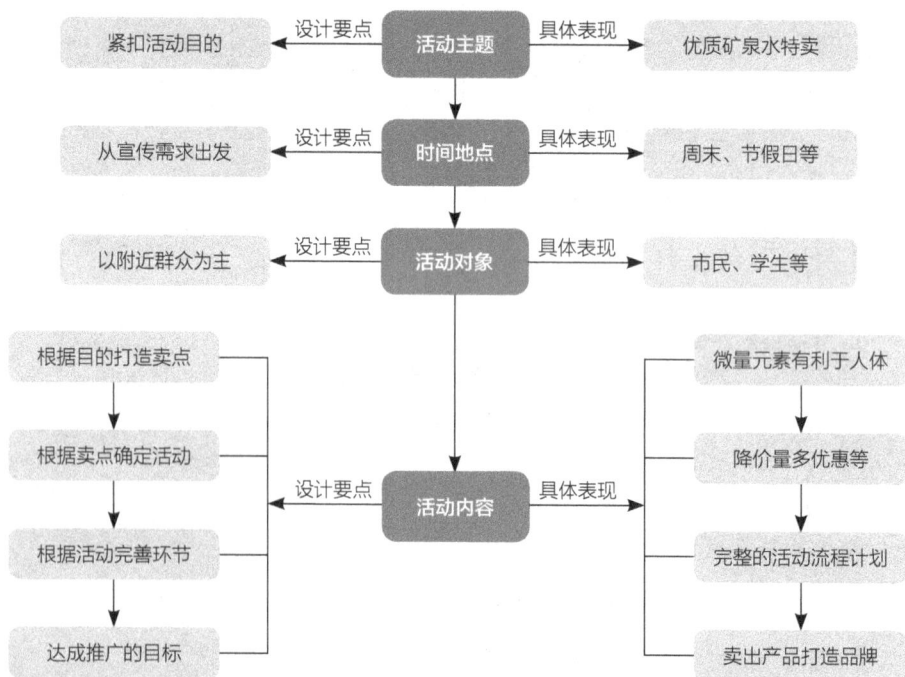

图 7-45　品牌推广活动策划文案的相关分析

第 8 章

剖析活动策划的价值

对于企业来说，不管在营销方面还是企业内部活动方面，活动策划是一个绕不开的话题，一个合适的活动策划能促进企业与受众之间的感情。

总的来说，活动策划是营销、管理等方面人才所需要掌握的"挖金手段"。

学前提示

➤ 活动策划的 5 大优势
➤ 活动策划的 3 大作用
➤ 活动策划的两大类型

要点展示

8.1 活动策划的 5 大优势

企业在选择营销方式、推广手段的过程中，一般都需要了解各种营销方式或推广手段的优势，然后选择对自身产品最有利的推广方式或手段，这样企业在产品推广、销售的过程中才不会走太多弯路。下面就来了解一下活动策划的优势。

8.1.1 强大的互动传播能力

企业之所以要进行活动策划，是因为它具有 3 大特点，大大加强了企业互动传播能力，如图 8-1 所示。

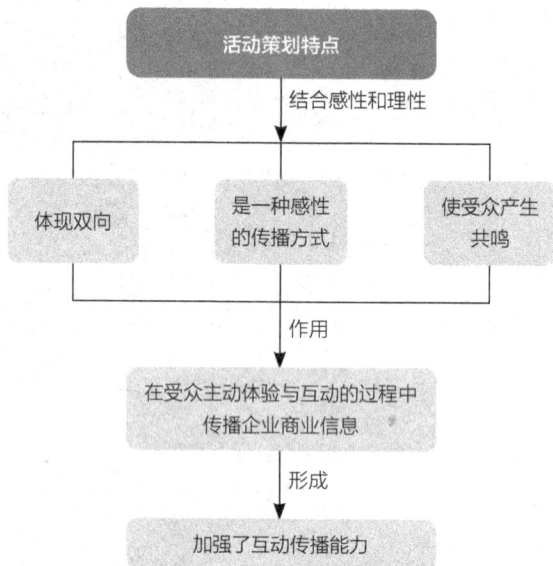

图 8-1 活动策划的特点

企业若想在活动策划中实现信息的传播，必须要抓住"体验点"进行活动策划，其目的就是让受众在活动中，能有一个难忘的、喜欢的体验，这既能提高受众的参与度，又能在受众的体验过程中巧妙地将企业商业信息传递给受众。

8.1.2 活动策划受限幅度小

活动策划通常很少受到一些常见限制，如图 8-2 所示。

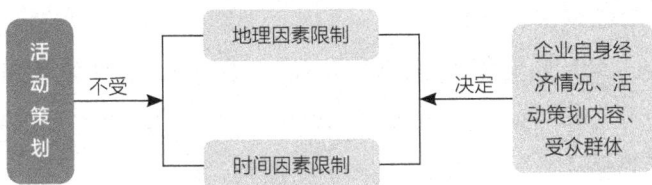

图 8-2　活动策划很少受常见限制

8.1.3　快速提升品牌知名度

活动策划一般来说都是围绕一个特定主题进行的。图 8-3 所示为活动主题的作用。

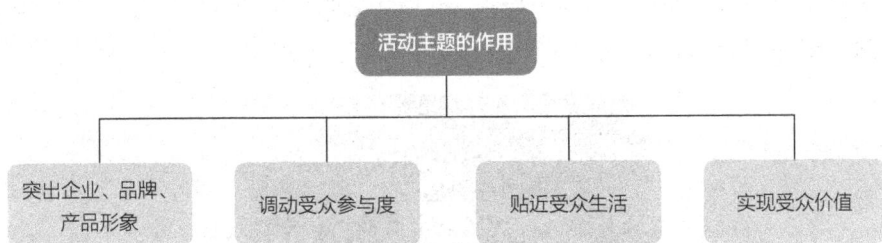

图 8-3　活动主题的作用

活动主题之所以有这些作用，是因为在受众心中增加了品牌的知名度，若能让受众积极参与到活动中，既能让受众在精神层面感到满足，又能让受众在物质生活层面获得快乐，这样对企业的公关效应有特别好的提升作用。例如，可口可乐饮料在微博、微信等载体上多次策划活动，吸引受众的注意力，通过这样的方式成为了人们耳熟能详的饮料品牌。图 8-4 所示为可口可乐昵称瓶子分享活动。

图 8-4　可口可乐昵称瓶子分享活动

8.1.4 受众群体范围比较广

一般来说，活动的受众范围比较广。当然，企业在进行活动策划的过程中，需要按照用户群体的需求、特点进行策划工作，这样策划出来的活动才不会出现"冷场"的情况。

在活动开展过程中，只要活动足够吸引人，那么企业产品的潜在用户、甚至之前对企业产品不感兴趣的人也会主动参与活动，在无形之中，又为企业扩大了用户群体范围。

例如，某手机邀请某明星在自家门店与粉丝交流对某手机的体验，并让该明星演示手机的各个功能，吸引经过手机门店的路人纷纷上前观望。该活动就是利用了明星的名气来吸引明星粉丝、对明星感兴趣的路人以及喜欢凑热闹的人群。图 8-5 所示为某明星在某手机门店进行宣传活动。

图 8-5　某明星在手机门店进行宣传活动

8.1.5 成本较低，效果更明显

不管是在电视上还是网络上，绝大多数媒体的广告费都是比较高昂的，对于小型企业来说，推广产品的广告费是一笔比较大的负担，如图 8-6 所示。

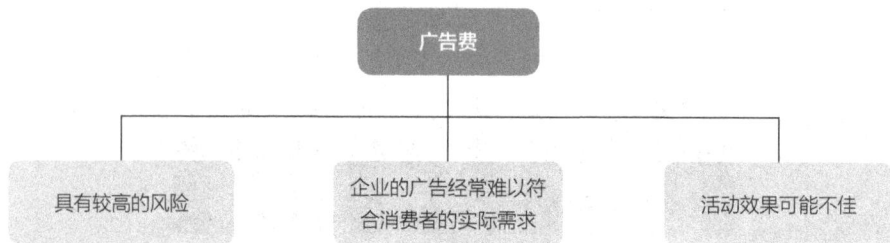

图 8-6　广告费负担相关分析

相对来说，以活动的形式进行产品推广，成本比较低，效果却更加明显，在活动中企业受益程度也要比"冰冷"的广告强几十倍。图 8-7 所示为企业和受众在活动中能获得的好处。

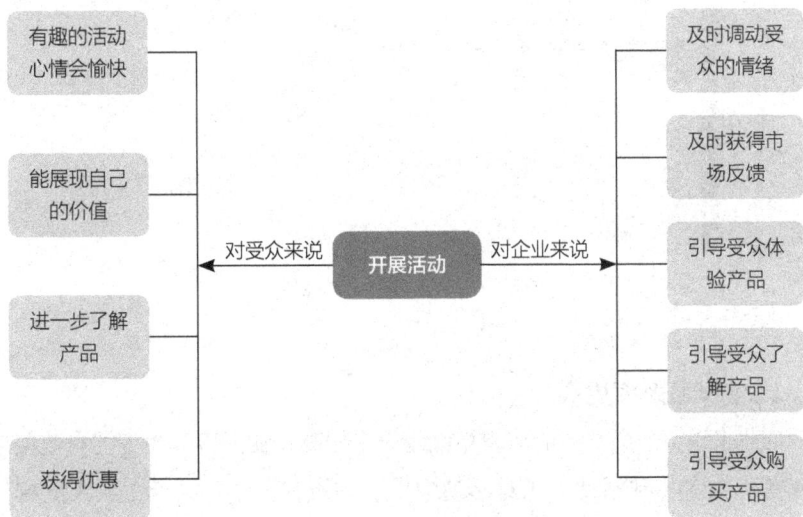

图 8-7　企业和受众在活动中能获得的好处

8.2　活动策划的 3 大作用

活动策划之所以被企业看重，是因为它能有效提升企业品牌在消费者心中的美誉度。下面就来进一步了解活动策划的作用。

8.2.1　调动受众积极参与

一个好的活动策划能充分调动受众的参与性，只有受众愿意参与到活动中，企业才能达到通过活动的方式向受众传播商业信息的目的。

例如，支付宝与 2016 年春节联欢晚会联手共同推出的"咻一咻集齐 5 福，平分 2 亿红包"活动，就很好地调动了消费者的参与性。在 2016 年春节联欢晚会期间，全国 6.9 亿观众守候收看，其中支付宝"咻一咻"的次数达到了 3 245 亿次，在 21 点 09 分"咻一咻"达到了 210 亿次 / 分钟的峰值。在活动结束后，共有 79 1405 人集齐了 5 福，最终每人平均分得 271.66 元，如图 8-8 所示。

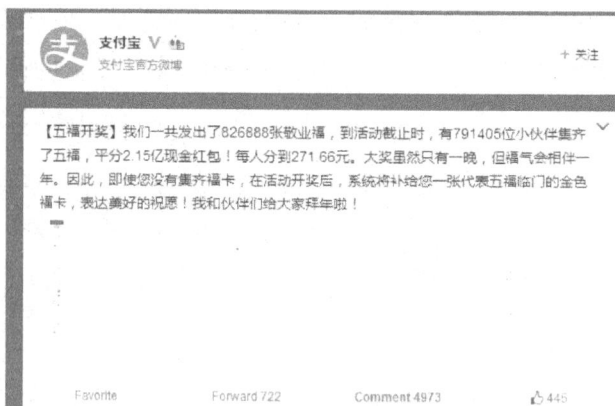

图 8-8 "咻一咻"活动结果

8.2.2 让品牌曝光率更高

对企业来说，一个好的活动策划就是一个提高企业品牌曝光率的有效渠道。当消费者积极参与到活动中，对活动中出现的所有因素不会产生太大的排斥反应时，企业在活动中注入的商业信息就不会让消费者产生厌烦的感觉，甚至愿意接受这些商业信息，从而大大提高了商业信息或品牌的曝光率。

例如，支付宝与45家品牌商家联合推出"咻一咻"送红包的活动，广受关注。在活动过程中，用户只要在支付宝"咻一咻"上咻到红包，就能看到商家赠送的红包，且红包配有祝福，这样的方式既能让用户备感温暖，又能增加用户对商家的好感。图 8-9 所示为支付宝"咻一咻"上的商家红包。

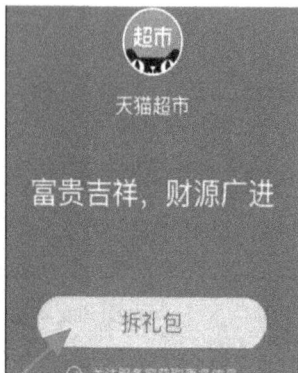

图 8-9 支付宝"咻一咻"上的商家红包

在支付宝与众安保险联合的活动中，共有160多万人参与了新春抢福袋活动，通过这次活动，众安保险收获颇多，如图8-10所示。

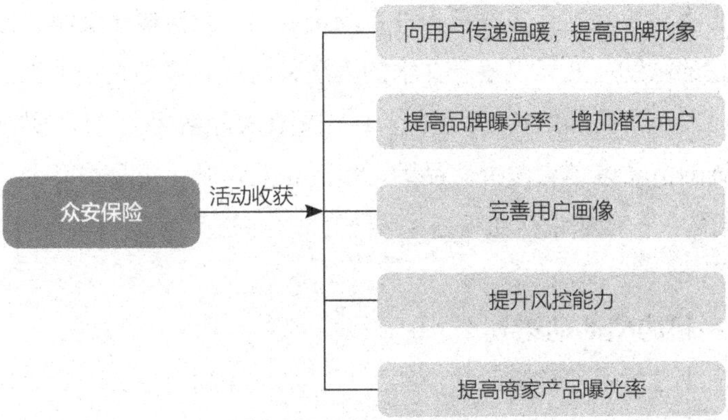

图8-10　众安保险通过福袋活动的收获

8.2.3　增加受众间的情感

一个好的活动策划，并不只是对企业有好处，对于参与活动的受众来说也是益处多多，最大的好处在于能建立受众之间的连接，增加受众间的情感。

人们可以通过活动与自己的亲朋好友建立连接，一起分享活动的快乐，也可以在活动中结交新的朋友。这样活动就成为了人与人之间加深感情的桥梁。

例如，在支付宝"咻一咻"活动中，受众连接性非常明显。人们在支付宝中首次添加10名好友可以得到3张福卡，且用户与用户之间可以相互交换多余的福卡。这一设计可以让用户主动将自己的朋友引进到支付宝中，也能强化用户与用户之间的情感。图8-11所示为用户之间交换福卡。

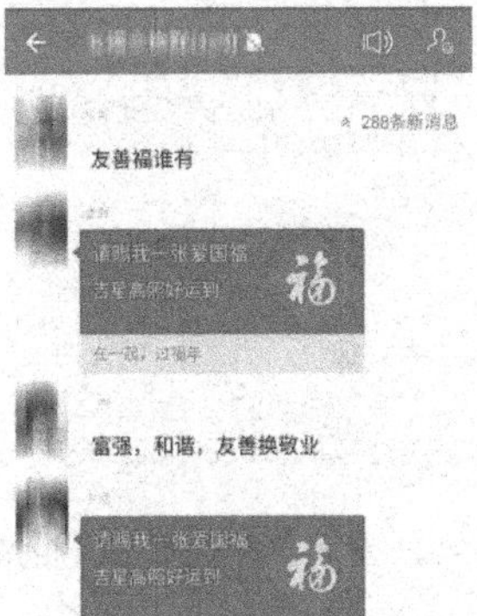

图8-11　用户之间交换福卡

8.3 活动策划的 2 大类型

所谓的活动策划，其实就是一种市场策划案，它隶属于文案，但与文案之间存在一定的区别：文案仅限于文字的表达，而活动策划是一种为活动而进行的文字策划案，除了用文字表现之外，还需要在实际生活中进行兑现、实操。

一个好的活动策划可以推广品牌、提高企业声誉，更是提高企业市场占有率的有效行为。一般来说活动策划大致分为 2 类：盈利目的型，宣传推广型。

8.3.1 盈利目的型活动策划

不管企业进行哪种营销活动，其目的都是以盈利为主，由此盈利目的型活动策划深受企业重视。其实盈利目的型活动策划的目的并不单一，它具有主次分明的目的，只要运用得当定能引起消费者的关注，勾起消费者的购买欲望。图 8-12 所示为盈利目的型活动策划的概念。

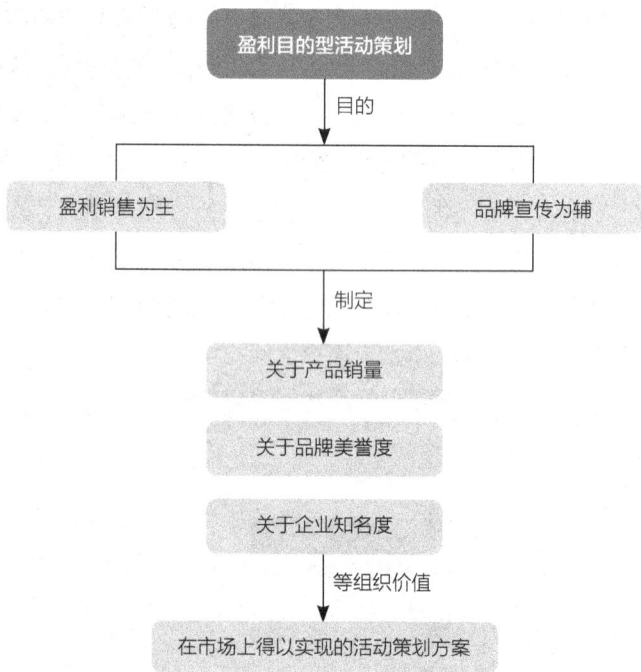

图 8-12　盈利目的型活动策划的概念

活动策划者在进行盈利目的型活动时，可以以大众所感兴趣、所关注的事物为主题，从侧面突出企业产品或品牌，这样能大大地提高企业产品的知名度和美誉度。

例如，某品牌凉茶在商场外推出参与"保龄球"活动，即可免费获得该品牌凉茶，当时不少逛商场的消费者积极参与了活动。这样的活动以游戏为主题，以产品为奖品，能很好地受到人们的关注，既能提高产品曝光率，又能引起消费者对产品的购买欲望。

一般来说，活动策划者进行以下步骤，即可有效实现盈利目的型活动策划，如图 8-13 所示。

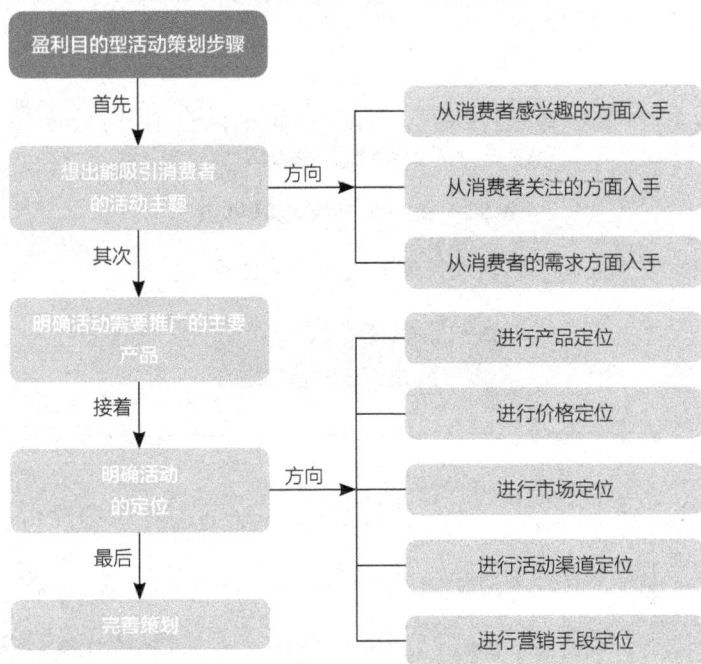

图 8-13 盈利目的型活动策划步骤

8.3.2 宣传推广型活动策划

有一部分企业比较注重品牌宣传与推广，因而会选择宣传推广型活动策划，希望进一步扩大企业品牌影响力。图 8-14 所示为宣传推广型活动策划的概念。

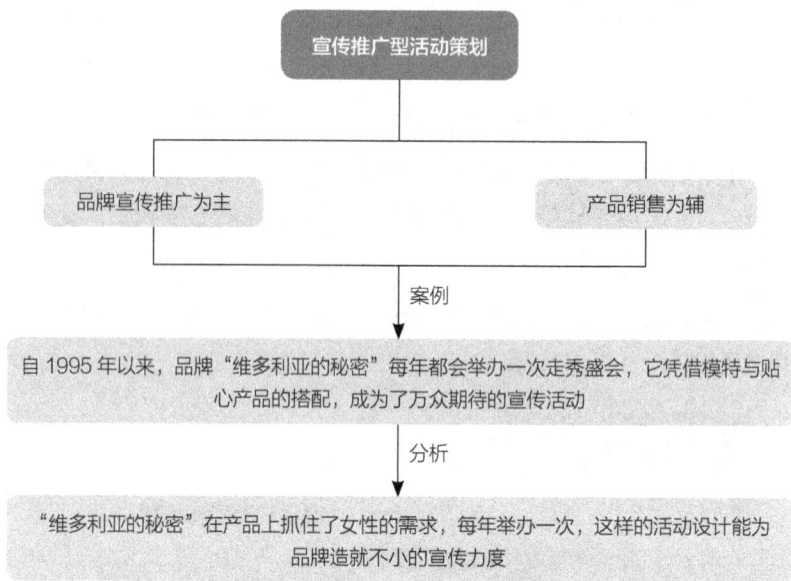

图 8-14　宣传推广型活动策划概念

一般常用的宣传推广型活动策划形式如图 8-15 所示。

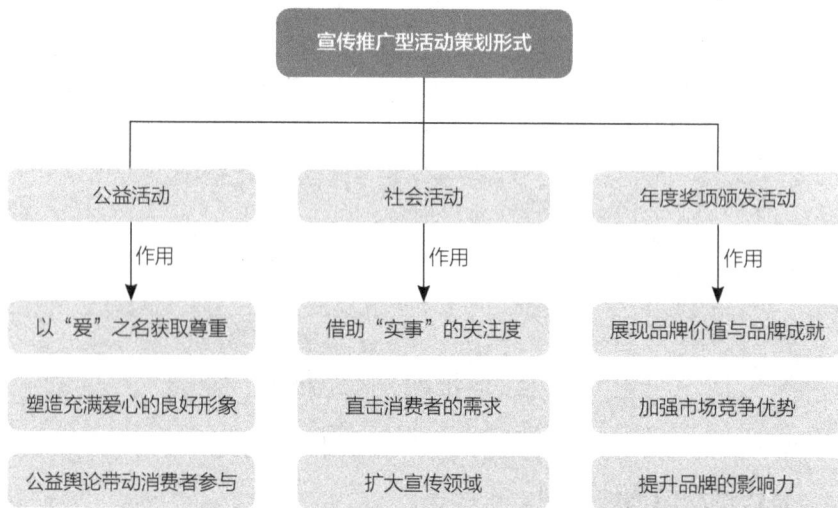

图 8-15　常用的宣传推广型活动策划形式

第 9 章

活动策划的主体思路

企业在进行活动策划的过程中，千万不要凭感觉来策划活动，这样策划出来的活动，有效性是非常低的。

本章将讲述活动策划思路，让活动策划者在策划活动的过程中，少走一些弯路。

学前提示

要点展示

- ➤ 活动策划的流程
- ➤ 活动策划的 7 大原则
- ➤ 活动策划的实战心得

9.1 活动策划的流程

活动策划者在进行活动策划时是有步骤可循的，并不是随意"铺设"、凭个人感觉策划活动。

本节通过讲述活动策划的流程步骤，让活动策划者能更好地掌握活动策划的诀窍。

9.1.1 明确活动目的

一般来说，因活动类型不同，活动目的也会随之不同，因此，活动策划者除了要明确活动目的之外，还要根据活动类型来确定活动目的。下面就列举几个活动类型，来了解不同活动类型背后不同的活动目的。

1. 众筹型活动

众筹是如今比较流行的一种营销活动，它是在特定的时间内向消费者提供新产品的性能、特色、背景等方面的信息，并发起筹款活动，若筹款成功则向筹款人赠予各种礼物。

例如，长沙众筹网上有一个众筹项目叫"民谣在路上"，项目设定了几档筹款，每档筹款都设定了不同的礼品，这样的设定也是吸引用户愿意筹款的一个原因，此筹款活动同时明确说明了自己的筹款目的，如图9-1所示。

图 9-1 "民谣在路上"的众筹初衷

下面来了解一下众筹活动背后所隐射出的活动目的，如图9-2所示。

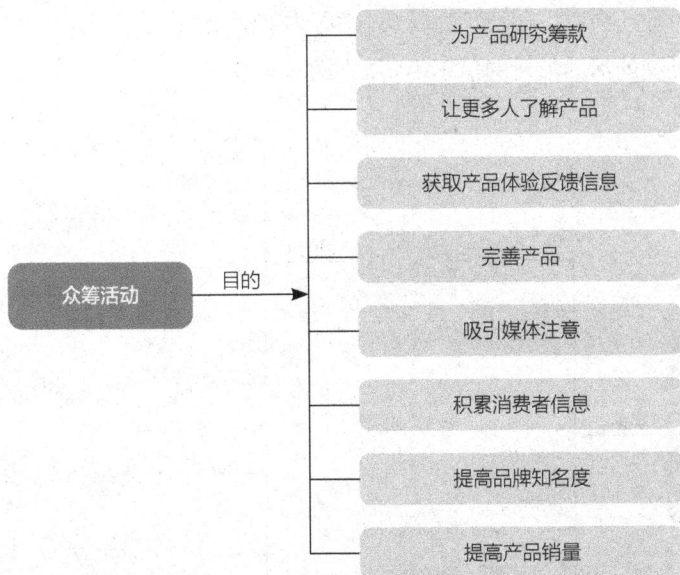

图9-2 众筹活动的目的

2. 促销型活动

促销型活动，顾名思义，就是指以产品促销为目的的活动。这类活动的策划要求其实并不高，一般在活动策划书中将以下4个方面的内容撰写清楚，获企业管理者批准的可能性就比较大：

- 促销力度；
- 促销背景；
- 促销时间；
- 促销目的。

当然，促销型活动的目的并不只是为了促销产品，还可有其他的目的，如图9-3所示。

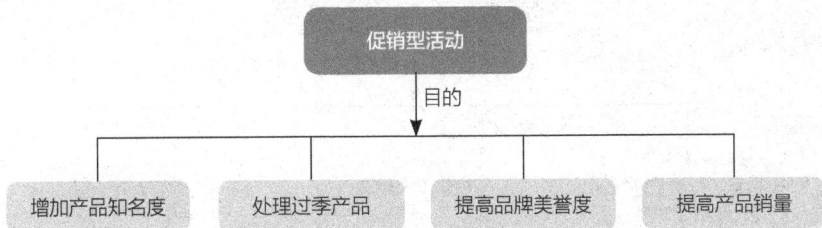

图9-3 促销型活动的目的

3．内部型活动

一般企业还会以公司员工为受众，举办内部活动。内部型活动一般分为两种，且这两种类型的活动的目的也不相同，如图9-4所示。

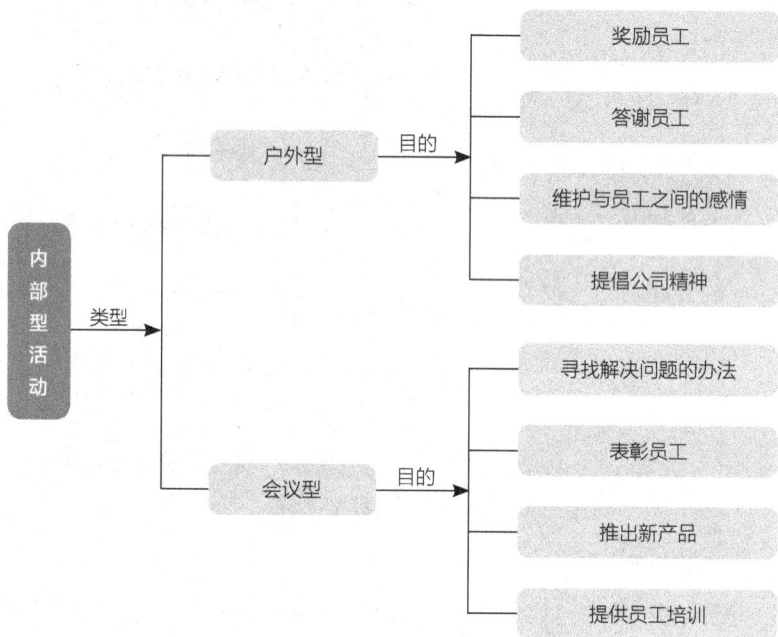

图9-4　内部型活动的活动目的

9.1.2　策划活动总体方案

企业在进行活动策划之前，需要将活动总体方案简单策划出来，即策划出一个大体的活动雏形，为后续工作提供有效方向。

在进行活动策划之前，活动总体方案无须太过详细，不要花太多的时间在策划活动前的准备上，活动总体方案只需满足3个要求即可，如图9-5所示。

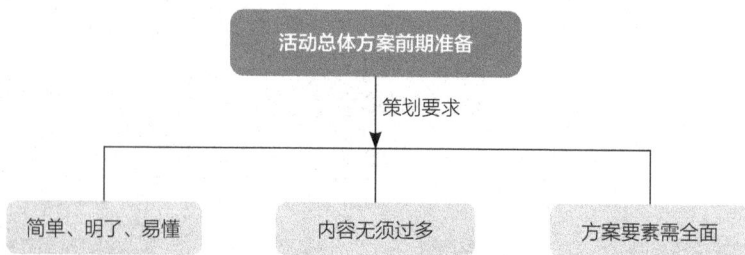

图9-5　活动总体方案中需要列出的事项

9.1.3　掌握活动整体预算

在进行活动策划之前，活动策划者需要清楚活动的大概成本，这样才能拟定一个预算给企业管理者，进而获得活动资金。而活动策划者需要按照活动资金预算来进行整个活动的策划。

1．估算活动成本

活动策划者在进行活动策划之前，必须先估算出成本，当然，活动内容不同，活动成本的估算价格和估算要素也是不同的，这就需要活动策划者有丰富的经验才能一个人胜任估算工作，不然就需要在估算成本的过程中，多与其他部门的人员沟通，多征集相关意见。

2．细算活动成本

活动策划者在估算出大致成本后，还需要进行成本细算，以保证活动成本的精准性。例如，企业准备在酒店邀请同行知名人士同进晚宴，这里就不考虑其他的成本费用，只考虑在酒店的花费，如图9-6所示。

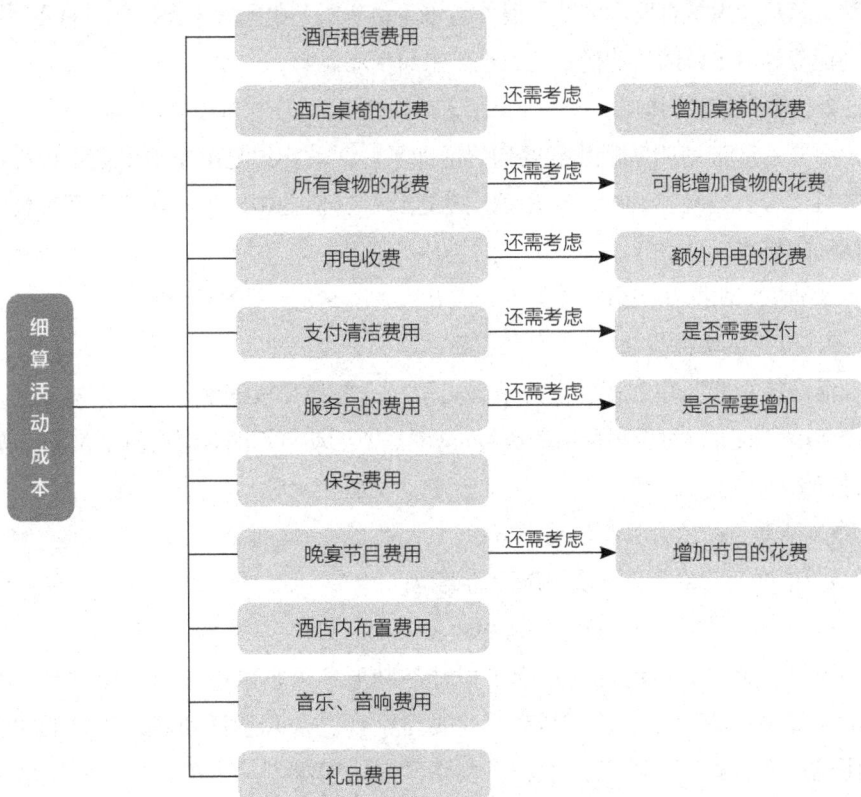

图9-6　细算活动成本

9.1.4 制定活动工作安排

活动策划者在确定了活动目的和活动成本之后，就需要进行初步的活动策划，制定活动工作安排，让活动策划逐步成型。

1. 组织一个团队

活动策划者在进行活动策划工作之前，千万不要一个人埋头苦干，不然策划出来的活动容易出现纰漏。

活动策划者需要组织一个团队，一起完成活动的策划，团队人数根据活动大小来确定。

- 一般小型活动在 10 人以下即可；
- 大型活动要根据活动的具体要求进行人数的拟定。

活动策划者需要根据团员的性格、爱好、技能来分配任务，只有这样团队成员在处理问题时才会比较高效。

在活动策划过程中，还需要多开会议，来征求团队成员对各方面的意见和看法，以及考虑是否要求借助外援，比如活动策划专业人士、公关方面的公司、活动运营导演等，通过他们专业的视觉来给活动添彩。

2. 构思活动工作

组建活动策划团队后就需要构思活动了。活动构思是整个活动策划过程中的关键部分，它与活动设计、活动成功运行、在活动中发现问题等方面组成策划活动的整体。

活动策划团队在构思的过程中，需要考虑图 9-7 所示的几个问题。

3. 选择活动类型

活动策划团队还需要确定好活动类型，一般都是根据活动目的来确定的，一个活动目的可以对应多种活动类型，这就需要活动策划团队考虑以下 3 个问题，再进行活动类型的选择：

- 活动目的适合哪些活动类型；
- 根据活动主题再一次挑选活动类型；
- 根据企业经济能力选择活动类型。

例如，企业的活动目的是为了提升品牌形象，则可以选择新闻发布会型活动、促销型活动、娱乐型活动、奖励型活动、众筹型活动等；如果活动主题比较严谨，则可选择新闻发布会型活动、众筹型活动；如果企业经济能力较弱，则可选择众筹型活动。

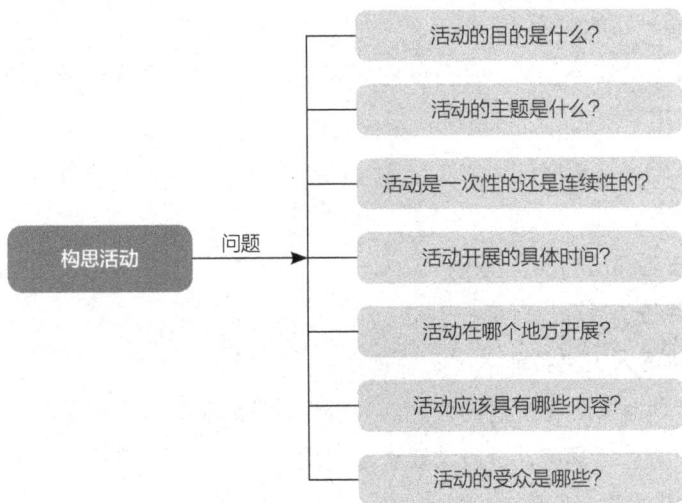

图 9-7　活动构思要考虑的几个问题

4. 预算活动时间

在策划活动的过程中，总会遇到各种各样的问题，例如，难以找到合适的活动场地，难以联系合适的娱乐节目等。解决问题是需要时间的，因此，活动策划团队需要将活动策划的整体时间计算出来，避免出现时间不够用的状况。

活动策划团队在计算策划时间时，需要考虑以下 3 个问题：

- 确定策划、布置活动场地、确定举办活动的时间；
- 计算每个活动项目需要花费的时间；
- 解决已知问题所要花费的时间。

9.1.5　确定活动具体流程

在活动策划中，活动流程表也是一个要点，活动策划人需要将活动当天的流程安排到位，并一一列举出来，让领导、操作人员知道活动的整体流程，这样的活动才更严谨，更容易举办成功。

9.1.6　注意活动细节事项

众所周知，细节决定成败，由此，明确活动细节是活动策划的最后一个步骤。下面就来了解活动细节方面的知识。

1. 预留一定的时间

活动策划者需要预留一部分的时间来规避、检查活动整体准备情况，若发现问题也可用预留时间进行解决。

一般来说，预留时间可为 1 ~ 3 天，在预留时间内，活动策划团队还需要做以下两件事：

- 检查各部门的准备状况；
- 了解各节目可执行度和工作人员的心情。

2. 安排客人主次名单

活动策划者需要将邀请的客人列入表格，然后确认客人能否如期到达，且活动座位应有前后顺序，一般需要将比较重要的客人安排到最靠前的位置，然后按客人的主次进行座位的安排。

在邀请客人之前，最好拟出两份客人名单，第一份名单是主要客人，第二份名单是次要客人，若主要客人中有人不能如期达到，则可以立马邀请次要客人进行补位。

3. 活动工作人员的调配

活动工作人员的调配除了需要合理之外，还应让他们注意 4 个方面的要求：

- 衣着方面的要求；
- 行为举止方面的要求；
- 礼节方面的要求；
- 处事风格方面的要求。

9.1.7 预备紧急备用方案

活动总方案至少会在活动开展前的 1 个月进行策划，由于无法预测活动当天会发生的事情，所以活动策划者需要做出一份备用活动紧急方案，来应对不可知的变化。

一般来说，备用活动紧急方案与活动总方案大致相同，只是为了一些不可控制的因素而另行制定。

例如，总方案的活动场地是在室外，可能活动当天会下雨，则可在备份方案中将活动场地改成室内或者在室外加一个雨棚；活动当天有可能遇到情绪比较激烈的受众，需要有应对的措施，或者聘用保安维护现场安全等。

9.1.8 获得活动效果评价

活动结束之后，最好制作一份评估调查问卷，向员工及参与活动的媒体投放，了解他们对活动的满意度，以便为今后的活动策划提供思路。

活动策划者在制作评估调查问卷时，需要明确两个内容：

- 评估的目的；
- 评估的内容。

活动策划者需要根据评估目的来制定评估内容，常见的是对整个活动进行评估，找出活动开展过程中的优缺点，积累了相当经验后，今后的活动开展将会更加顺利。

一般来说，活动策划者可以针对4个方面进行评估：

- 活动前准备工作；
- 活动整体过程；
- 活动整体花费；
- 活动整体效果。

以某新品发布会为例，针对活动整体效果可以制作一份简单的评估调查问卷来进行评估。其中评估调查问卷可以从4个方面进行调查，如图9-8所示。

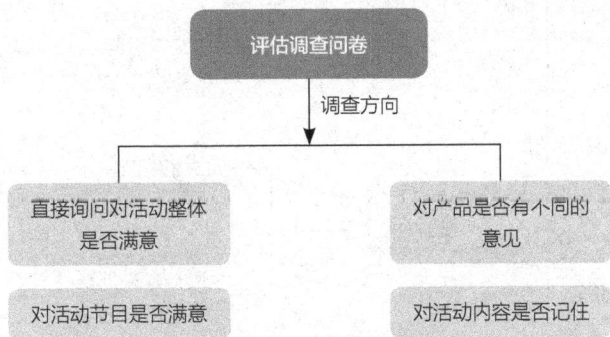

图 9-8　评估调查问卷的 4 个调查方面

9.2　活动策划的 7 大原则

活动策划者在进行活动策划工作时，一定要以可进行操作原则为基础，遵循活动策划的7大原则，才能策划出一个好的活动。

9.2.1 可进行操作

可进行操作原则，指的是策划者所策划出来的活动方案必须具有如下6个特点：

- 从实际出发；
- 从真实出发；
- 从科学出发；
- 可操作性强；
- 具有前瞻性；
- 具有吸引力。

一般来说，确定一份活动策划是否符合可进行操作原则，应该从3个方面进行分析，如图9-9所示。

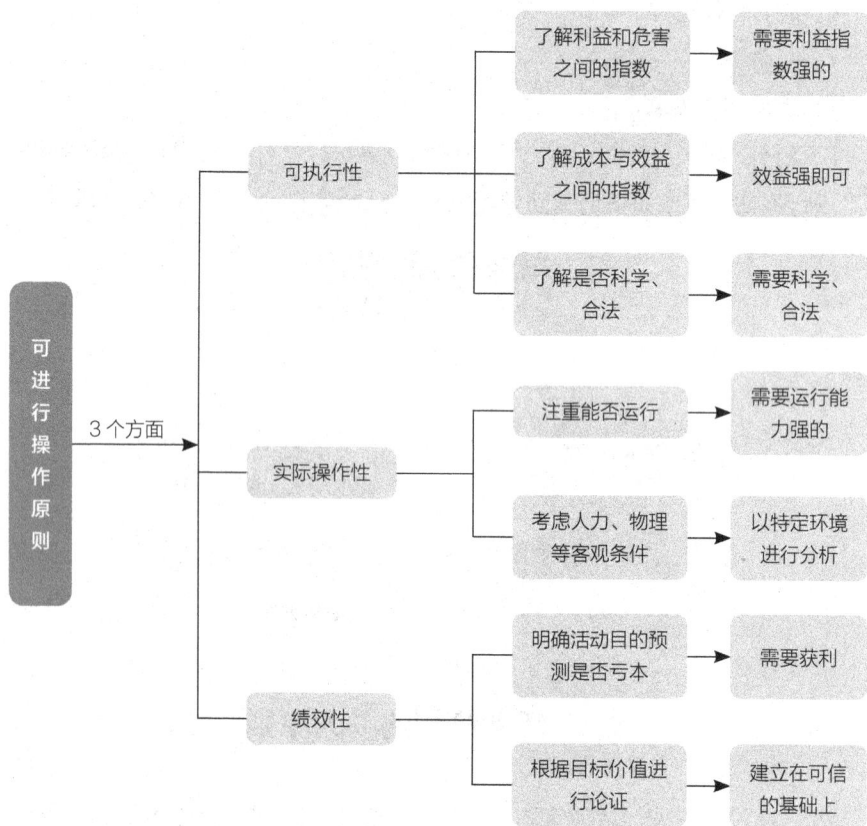

图9-9　可进行操作原则的3个方面

9.2.2　体现创新性

如今，企业利用活动进行营销活动已经是一种司空见惯的手段了。由此，活动策划者需要遵循创新性原则，在活动中嵌入一些能让受众感到新意十足的内容，增加活动对受众的吸引力。

那么到底什么是体现创新性原则，如图 9-10 所示。

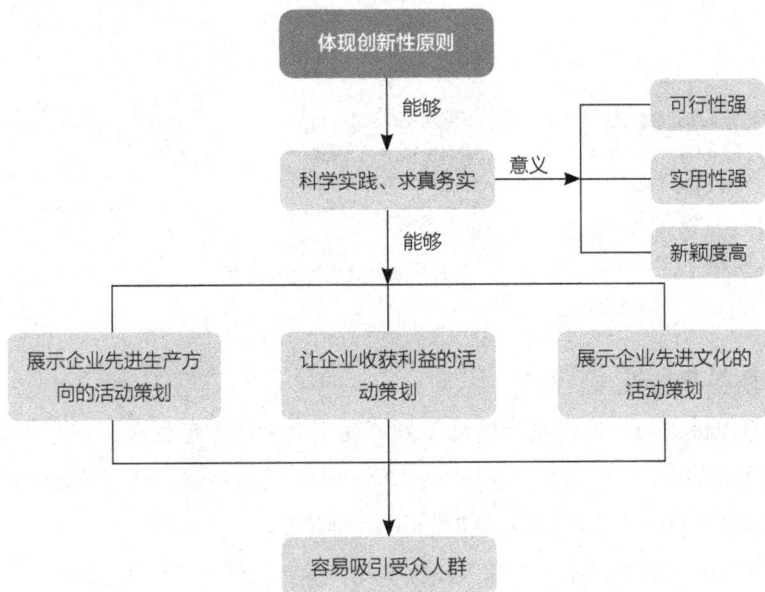

图 9-10　体现创新性原则的概念

值得注意的是，活动策划中的创新指的绝对不是标新立异、胡乱策划，而应遵循 3 个要点，如图 9-11 所示。

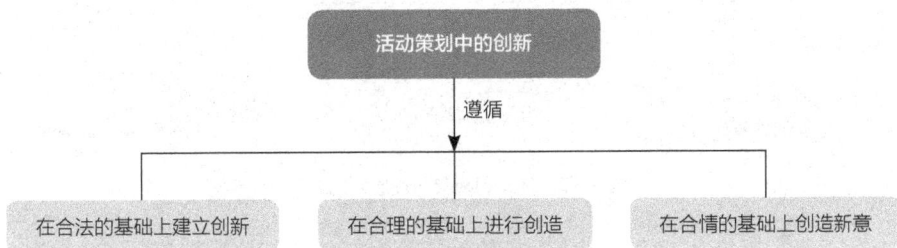

图 9-11　活动策划中的创新

活动策划者在遵循体现创新性原则的同时，还需注意 3 个事项，如图 9-12 所示。

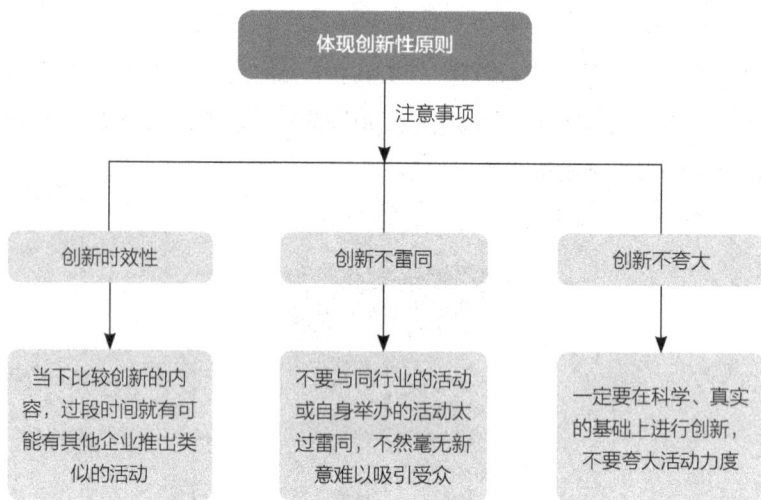

图 9-12　体现创新性原则的注意事项

9.2.3　积极参与性

所谓积极参与性原则是指活动策划者在策划活动的过程中，需要将强参与性嵌入到活动中，引导受众积极参与到活动中，这样既能调动受众的情绪、聚焦人气，又能拉近受众与企业品牌之间的距离。

那么如何才能策划出一个体现积极参与性原则的活动呢？如图 9-13 所示。

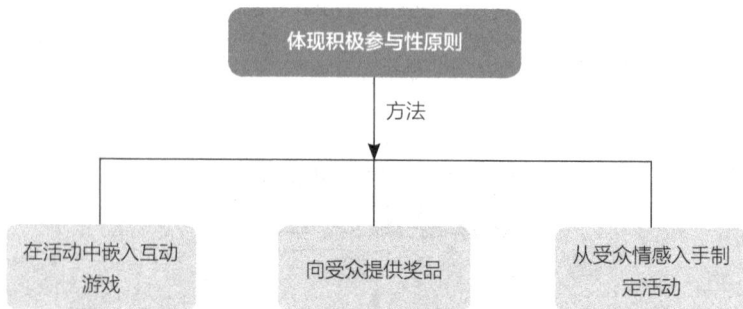

图 9-13　体现积极参与性原则的方法

9.2.4　借势原则

所谓的借势原则是指借助热点时事，将之作为策划活动的思路。活动策划者可以从 3 个方面来贯彻借势原则，如图 9-14 所示。

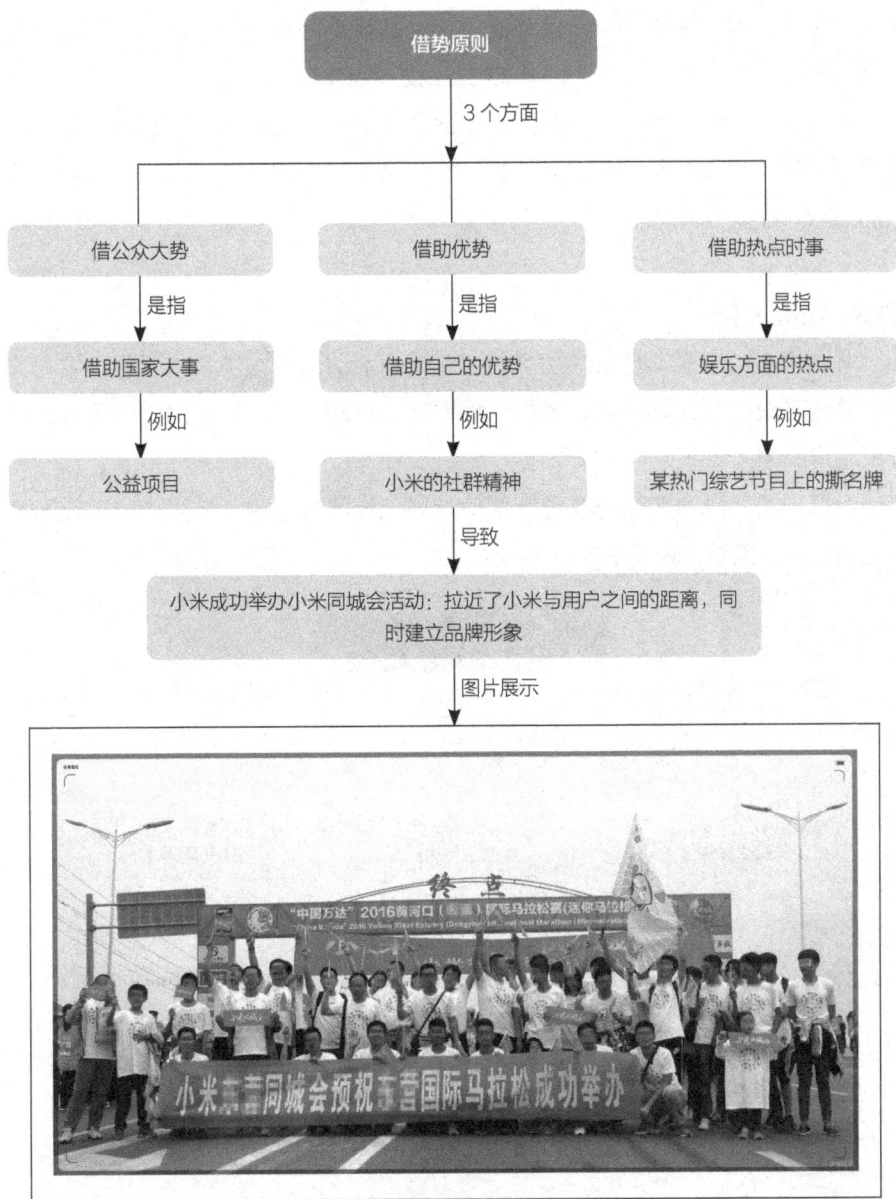

图 9-14 贯彻借势原则的 3 个方面

9.2.5 吻合主题

所谓的吻合主题原则是指策划出来的活动需要与活动主题吻合，千万不要脱离了主题范围，否则活动毫无可进行操作意义。除此之外，活动中的所有节目气氛都需要与设定主题相符，不然很容易脱离主题。

例如，举办一场新品发布会，若在活动中加入太过搞笑的节目，则与主题气氛不相符合，很容易偏离主题，届时受众可能只会记住节目的笑点，而不是产品优点、性能等信息。

9.2.6 精准定位

所谓精准定位原则是指活动策划者在策划活动的过程中，需要明确策划方向、策划定位以及活动目的，根据这些因素进行精准的、有针对性的策划，这样策划出来的活动才更具有操作性。

一般来说，活动策划者在进行活动策划工作的过程中，针对 3 个因素即可实现精准定位原则，如图 9-15 所示。

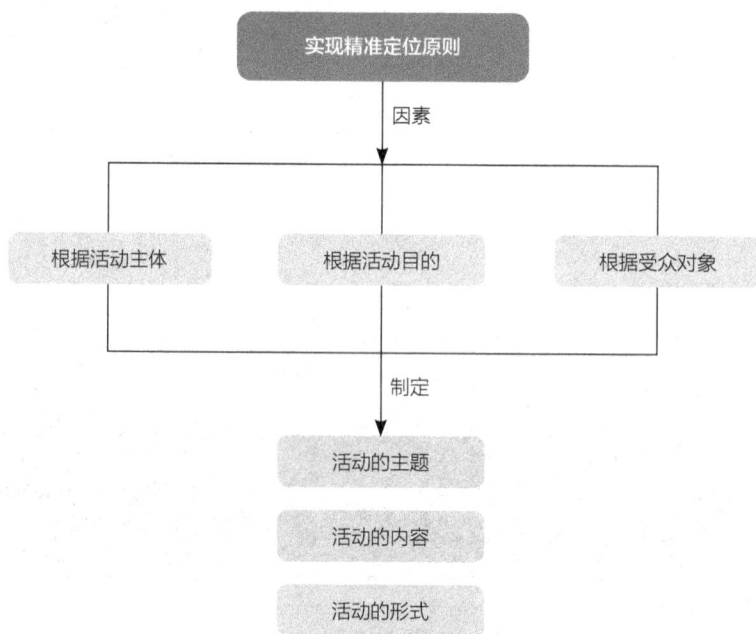

图 9-15　实现精准定位原则的 3 个因素

9.2.7 做好活动宣传

活动策划者不仅要拟定活动策划方案，还需要考虑活动宣传这一环节——

一个好的活动策划，还需要一个好的活动宣传来"号召"受众才有价值，否则会出现"空有一身好本领却无用武之地"的状况。

活动策划者可以从以下 3 个方面来如何做好活动宣传，如图 9-16 所示。

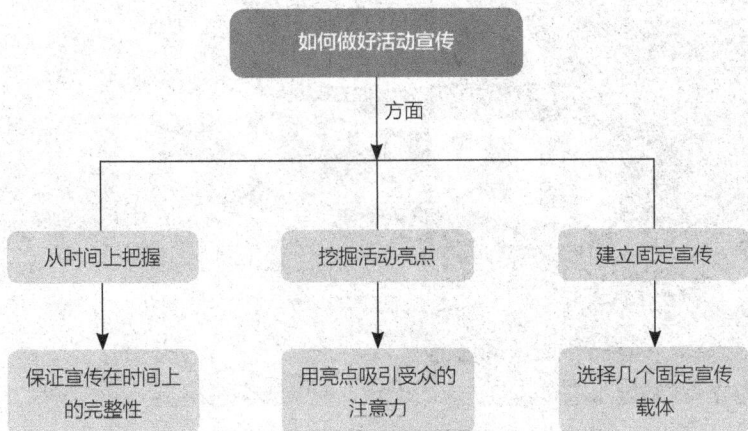

图 9-16　如何做好活动宣传的 3 个方面

9.3　活动策划的实战心得

了解了活动策划的流程和活动策划的 7 大原则后，下面我们将分析活动策划的实战策略。

9.3.1　如何挖掘更多的活动

活动策划者在策划活动的过程中，不能直接表明活动的利益目的，通常是以传统节日或重大事件作为宣传出发点和活动理由。活动理由作为活动策划的推动力，可以大大增加活动的信服力。而要想在非传统节日和重大事件发生时挖掘更多活动就需要更多有推动力的理由。

下面以 3 种常见的活动理由为例进行分析。

1. 理由一：合适时间

不管在现实生活中，还是在互联网上，以时间为理由的活动策划是非常常见的，例如，天猫的"双 11"活动，就是以一个固定时间——"每年 11 月 11 日"来进行促销活动，且活动力度是消费者所期待的，由此才会出现

912 亿元销售额的好成绩。图 9-17 所示为天猫某店铺的"双 11"活动宣传广告。

图 9-17　天猫某店铺"双 11"活动宣传广告

活动策划中所指的时间，并不单指日期，还包括图 9-18 所示的两个方面。

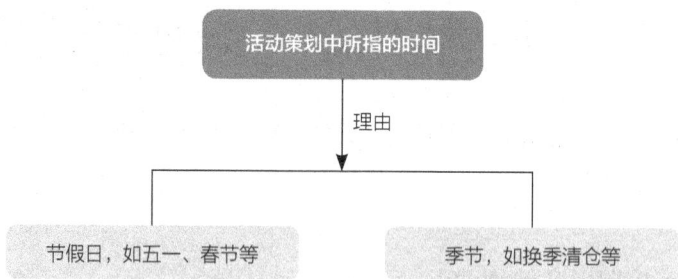

图 9-18　活动策划中的时间理由

2．理由二：时事热点

时事热点是人们最为关注的话题，活动策划者可以借助它们的"热势"，来让自己的活动更加容易地受人们的欢迎。那么，哪些时事热点是可以作为活动策划的素材的呢？可以从 3 点入手，如图 9-19 所示。

3．理由三：产品亮点

活动策划者还可以产品的亮点作为策划活动的素材，来吸引受众的注意，在现实生活中新品发布会就是一个非常典型的以亮点为理由的活动类型。

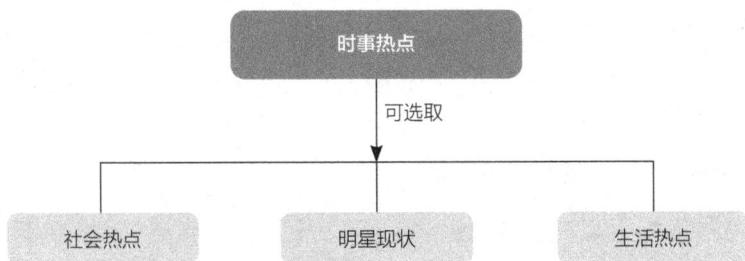

图 9-19　活动策划中的热点理由

　　例如 OPPO R7s 发布会，就是以"充电 5 分钟，通话 2 小时"这一亮点作为活动素材，吸引了各大媒体以及粉丝的注意，进而举办成功的，如图 9-20 所示。

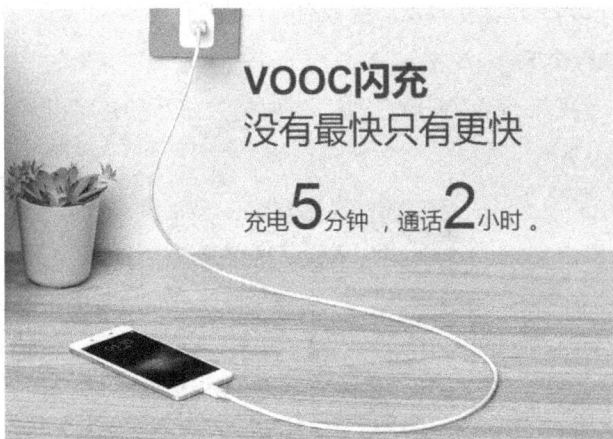

图 9-20　OPPO R7s 的亮点

9.3.2　活动策划的 4 个规则

　　有一些活动策划新手，在策划活动时总会遇到各种大大小小的问题，随着问题的积累，也容易受打击，甚至出现了自我贬低的情况，这是非常不可取的。

　　下面就来了解活动策划的规则，活动策划新手只有将活动策划的规则牢牢掌握，才能在活动策划的过程中，避免一些问题的发生，为自己增加一些信心。

1. 确定核心主题

　　活动策划者在策划活动时，只需要确定一个核心主题，并围绕此主题策划活动，千万不要在一个活动中嵌入多个主题思想，这样策划出来的活动可操作性非常低，是没有任何意义的。

一般来说，活动主题需基于以下 3 点才能得以确定：

- 从企业实际情况出发；
- 根据市场发展状况进行确定；
- 是目标受众的需求。

2. 明确活动利益

一个好的活动策划，一般都会将对受众有利的方面直截了当地告知受众，这样更容易感染受众。

例如，举办一场优惠促销活动，那么就需要在宣传的过程中，让受众了解到优惠力度，这样比较容易激发消费者的购买心理。

3. 把控执行情况

活动策划者在策划活动的过程中，需要把控好活动，可以从 3 个方面进行把控，如图 9-21 所示。

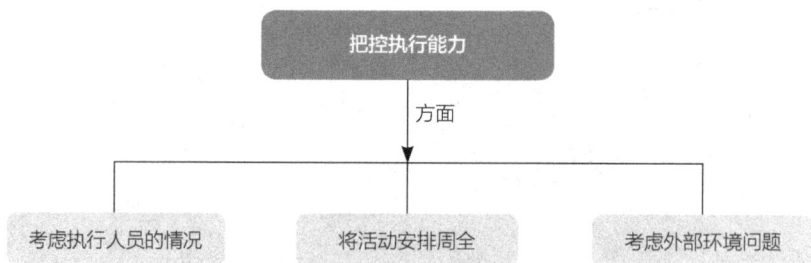

图 9-21　把控执行能力的 3 个方面

4. 转化活动类型

活动策划者在策划活动时千万不要只盯着一种活动类型，要评估多种活动类型，这样才能在正确的时间上选用正确的活动类型，也能提高活动的可执行力，以及策划者的策划能力。

9.3.3　活动策划书的常见规范

活动策划者在策划活动的过程中，需要撰写活动策划书，下面来了解一下活动策划书常见的撰写规范。

1. 活动名称的规范

一般来说，在策划书上，活动名称主要包含 3 点内容，如图 9-22 所示。

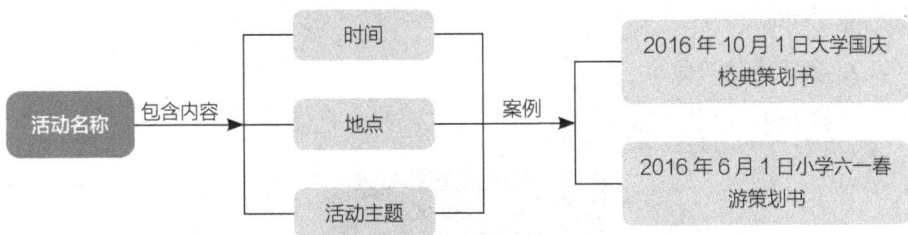

图 9-22 活动名称所包含的内容

2．活动主题的规范

在活动策划书上一定要明确活动主题，不然企业管理者就不能快速抓住重点，既浪费了管理者的时间，又可能让活动策划者"白费心思"。

一般来说，活动主题最好控制在 300 个字以内，且要包括活动的目的、意义，势必要用最精简的语言，让企业管理者快速了解整个活动的核心内容。

3．活动开展的规范

在活动策划书中，活动的开展包括 4 个部分，如图 9-23 所示。

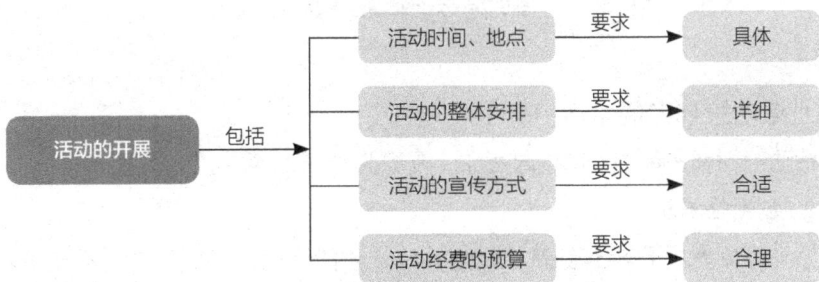

图 9-23 活动的开展所包含的内容

4．活动要求的规范

在活动策划书的结尾部分，详细写出整个活动的要求，即举办活动的注意事项，避免开展活动时出现原本可控的错误。

9.3.4 活动策划的注意事项

活动策划者在进行活动策划的过程中，很容易遇到一些问题，下面就来了解一些注意事项，帮助活动策划者规避一些问题。

1．确定受众对象

活动策划者在策划活动之前，一定要明确受众对象，且围绕活动受众的需求、喜好来策划活动。

2. 确定活动阶段

一般来说，活动分为 3 个阶段进行，如图 9-24 所示。

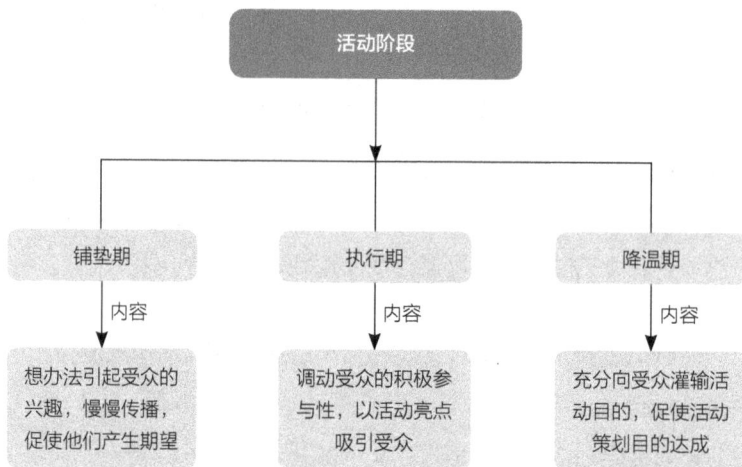

图 9-24　活动的 3 个阶段

9.3.5　活动策划者的素质培养

活动策划者在策划活动的过程中，需要具备以下素质。

1. 创新性思想

活动策划者需要具有创新性思想，这样才能让自己策划出来的活动更具亮点。创新性思想的作用如图 9-25 所示。

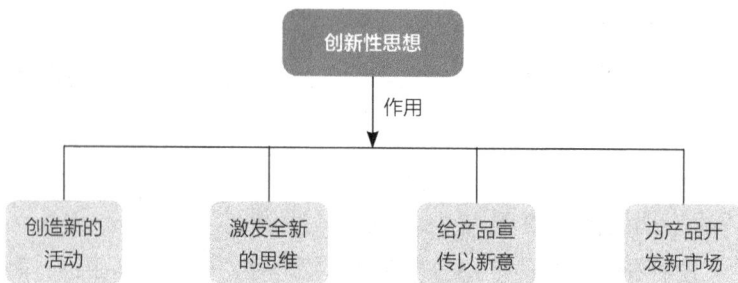

图 9-25　创新性思想的作用

2. 强协调能力

活动策划者可以说是整个活动的"指挥员"，需要具有较强的协调能力，才能与其他人员相互交流，才能维护活动运行。那么，活动策划者的协调能力在活动中是如何体现的呢？如图 9-26 所示。

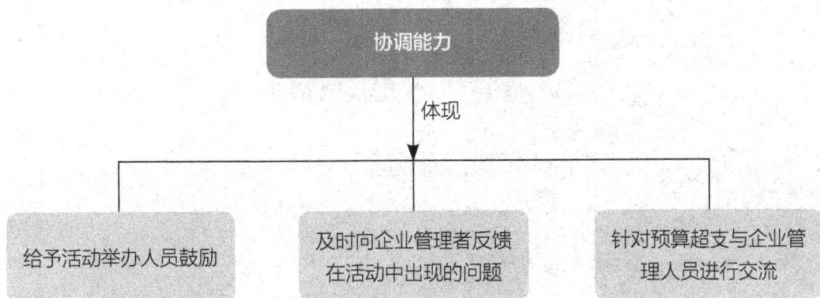

图 9-26 协调能力的 3 个体现

3．心理素质强

对于活动策划者来说，良好的心理素质是必须要具备的，特别在处理突发事件时，非常考验活动策划者的心理承受能力。下面就来了解活动策划者在心理素质方面需要做到的几点，如图 9-27 所示。

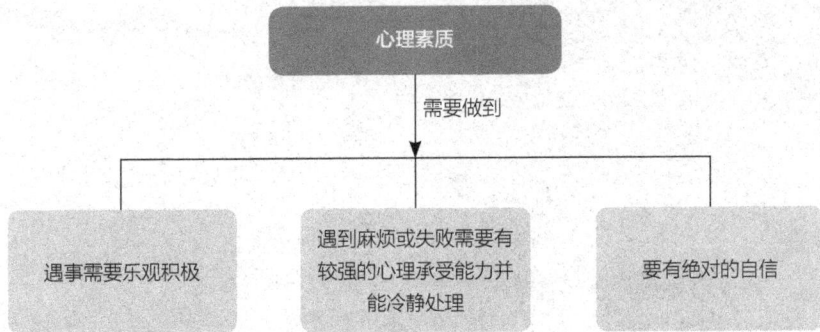

图 9-27 心理素质要求相关分析

第 10 章

活动策划的核心要点

学前提示

　　活动策划者除了要仔细思考活动目的、活动主题之外，还需要选择合理的活动时间、活动地点、宣传方式，制定合理的活动流程，才能策划出一个好的活动。本章将讲述活动策划的核心内容。

要点展示

➤ 时间：正确的时间是成功的前提
➤ 地点：合适的地点可吸引更多的人
➤ 宣传：活动的重要组成部分
➤ 流程：让活动执行起来更加流畅

10.1　时间：正确的时间是成功的前提

对于活动策划来说，时间是比较核心的一个部分，时间选择是否合适能决定活动策划的成功程度。下面就来了解一下在活动策划中如何选择时间。

10.1.1　时间选择会直接影响活动成效

时间选择对于活动策划来说，具有非常大的作用力：若时间没有选择恰当，会严重影响活动的举办效果；若时间选择恰当，则会成为推动活动成功的利器。时间选择在活动策划中的作用如图 10-1 所示。

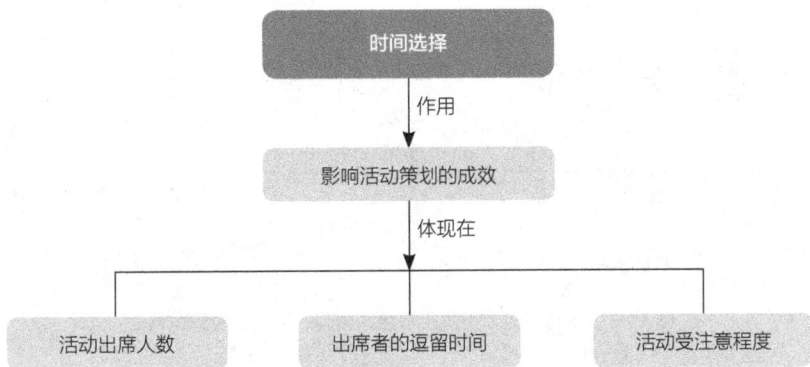

図 10-1　时间选择在活动策划中的作用

例如，活动时间安排在工作日的晚上，因为第二天出席者多需要上早班，则会出现出席者逗留时间短的情况，时间太短就很难让出席者对活动留下深刻的印象，活动效果也很难保证。

10.1.2　活动的 3 个时间段

一般来说，活动时间分为 3 个阶段，如图 10-2 所示。

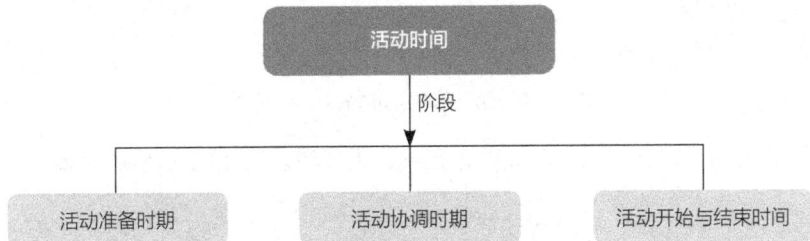

図 10-2　活动策划中的 3 个时间段

这 3 个阶段与活动内容、活动目的的关系如图 10-3 所示。

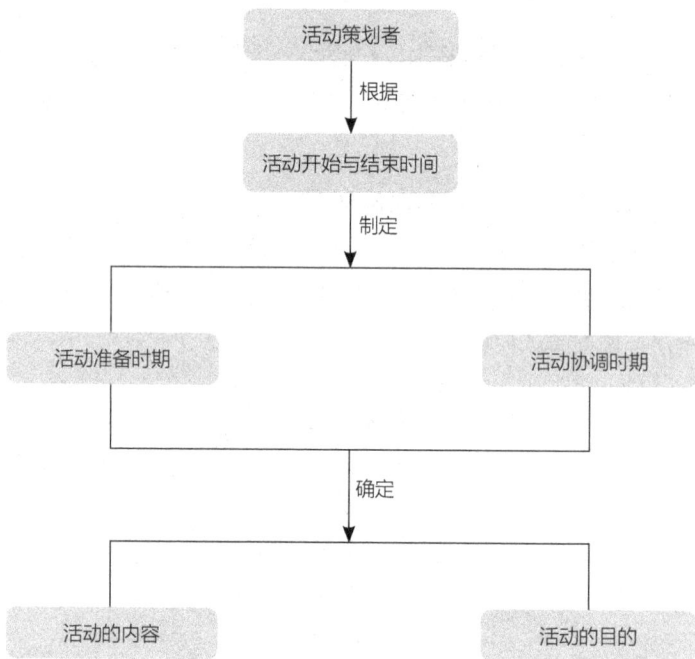

图 10-3　活动时间 3 个阶段与活动内容、活动目的的关系

10.1.3　确定活动时间的考虑因素

活动策划者在确定活动时间的过程中，需要考虑图 10-4 所示的问题。

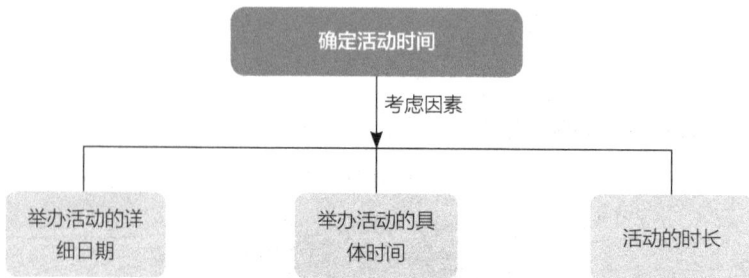

图 10-4　确定活动时间时需考虑的因素

活动策划者在确定活动时间的过程中，需要考虑表 10-1 所示的因素。

表 10-1 选择活动时间所需要考虑的因素

因素	方面
关于出席者	避开出席者工作日，最好选择星期五的晚上到星期天的下午这个时间段
关于主讲人	若主讲人是公司高管，则需要考虑主讲人的时间安排
关于天气	天气不好，会影响出席者、工作人员的心情，且对出行有所影响，很有可能会让出席者产生不出席活动的念头
关于高峰期	若在工作日进行活动，则需要避免在下班高峰期结束，例如，16：30～17：00
居民生活习惯	开展的时间不要太早或太晚，且历时不宜过长，一般控制在一两个小时即可
适当选择节日	最好能借助节日来烘托活动气氛，但要注意像春节这样的节日，大家都希望和家人在一起，若是在这样的节日举办活动，是难以邀请到出席者的

10.2 地点：合适的地点可吸引更多的人

地点是否合适能决定活动的效果，若在合适的地点进行活动，则活动效果会非常显著；若在不合适的地点进行活动，则活动效果会大打折扣。可见，在活动策划中地点选择也是影响活动成功的核心要素。

10.2.1 地点选择在活动策划中的作用

地点选择在活动策划中是必不可少的一环，若没有这一环，那么活动就会出现无从下手的情况，届时再好的活动，带给企业的利益也会大打折扣。因此，活动地点的选择是活动策划者需要注意的要素。下面就来了解地点选择在活动策划中的作用，如图 10-5 所示。

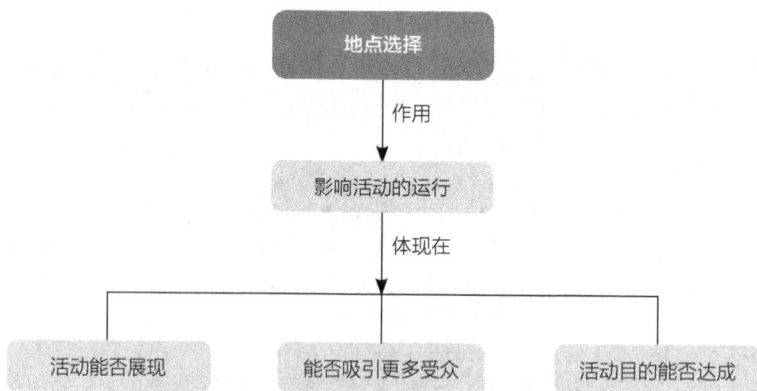

图 10-5　地点选择在活动策划中的作用

10.2.2　根据活动类型来选择地点

活动策划者在选择活动地点时，需要考虑的方面有很多，其中首先要考虑的因素就是根据活动类型来选择活动地点，如图 10-6 所示。

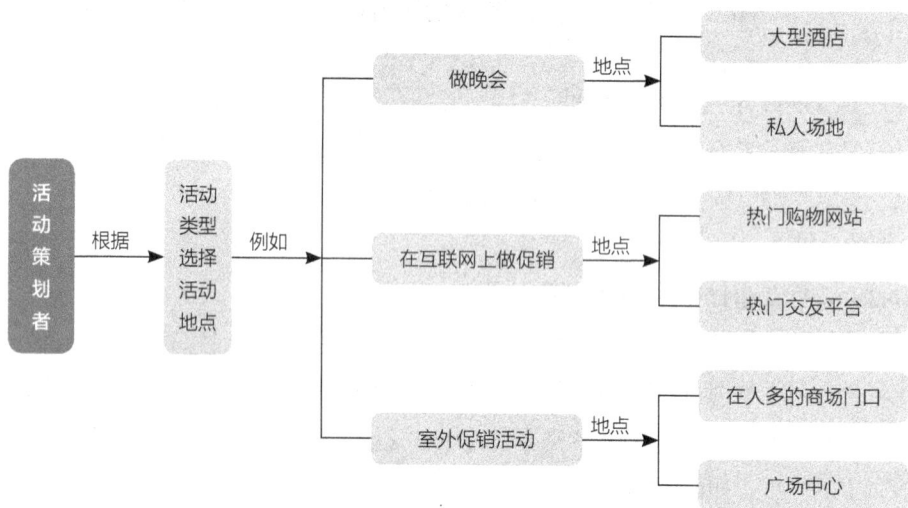

图 10-6　根据活动类型来选择活动地点

活动策划者在选择活动地点时，需要考虑成本问题，如图 10-7 所示。

活动策划者在选择活动地点时，还需要考虑地址问题，应尽量选择交通便利，不太偏僻的地方作为活动地点。

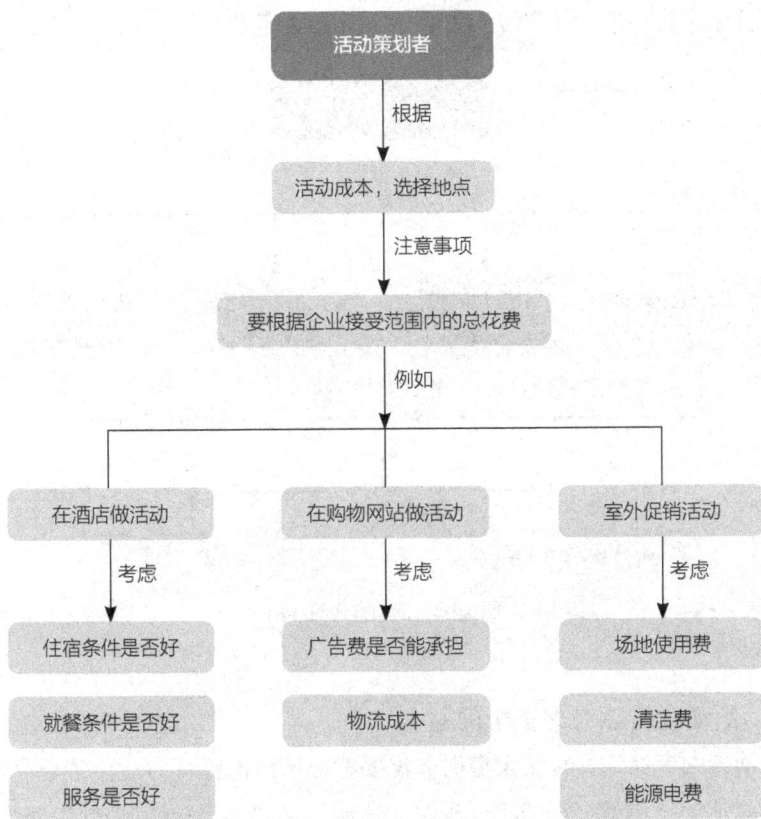

图 10-7 选择活动地点需要考虑成本问题

10.3 宣传：活动的重要组成部分

对于活动策划来说，活动的宣传方式是活动成功的重要组成部分，当宣传效果非常好时，活动成功率会大大提高；若宣传效果不佳，那么活动效果必然不会太好。

10.3.1 活动宣传可以吸引人流量

活动宣传的主要目的和作用在于吸引人流量，让人们知晓企业活动的存在，只有这样才能提高活动的成功率，在活动策划书中也可以将活动宣传方式予以描述，以加大获批概率。

下面来了解一下活动宣传的作用，如图 10-8 所示。

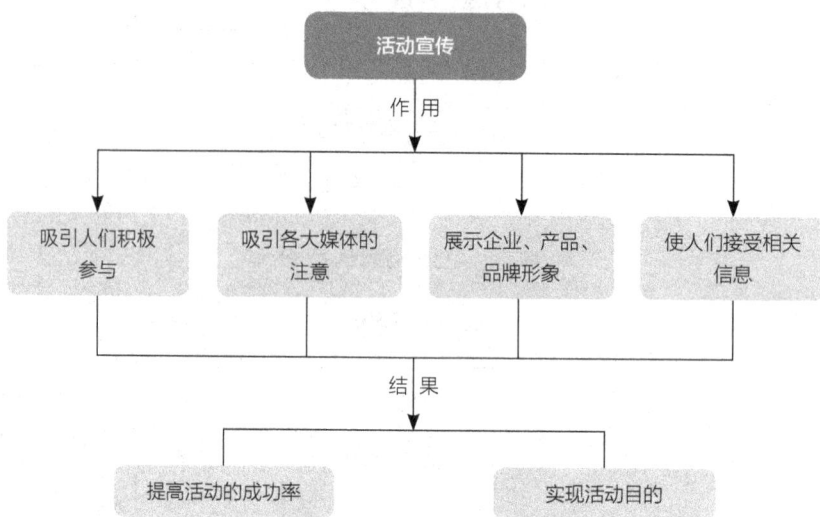

图 10-8　活动宣传的作用

10.3.2　活动宣传需考虑 3 个问题

活动策划者在选择宣传渠道时，需要考虑该渠道能否为活动带来预期的效果，不然活动宣传就会变成了一种又"烧钱"又"无用"的形式了。因此，活动策划者在选择宣传渠道时，需要考虑 3 个问题，如图 10-9 所示。

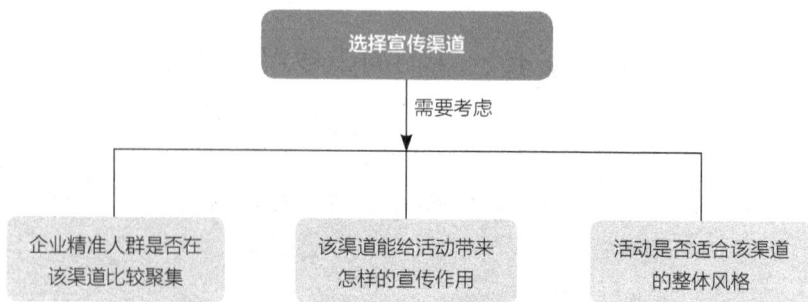

图 10-9　选择宣传渠道需要考虑的问题

活动策划者在选择活动宣传策略时，需要在宣传策略中嵌入 6 大特色，才能吸引受众注意，如图 10-10 所示。

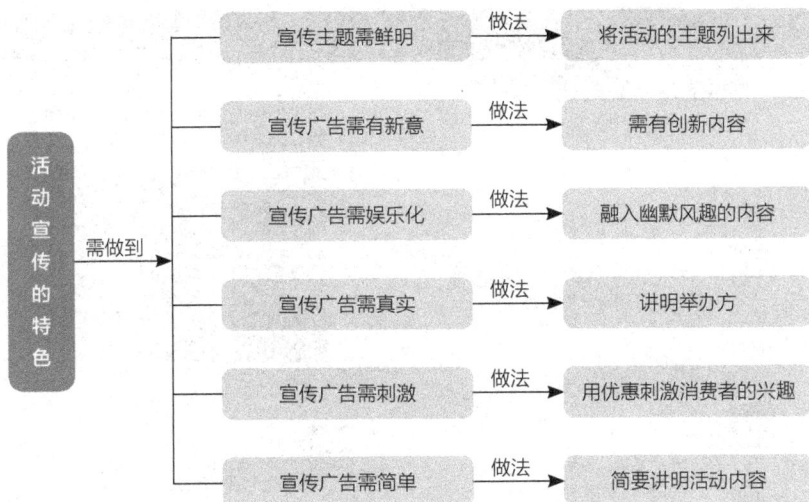

图 10-10　活动宣传的特色

10.3.3　多种多样的活动宣传方式

活动宣传方式多种多样，活动策划者若想在众多的宣传方式中选出一个最适合某活动的方式，则需要从 3 个方面考虑，如图 10-11 所示。

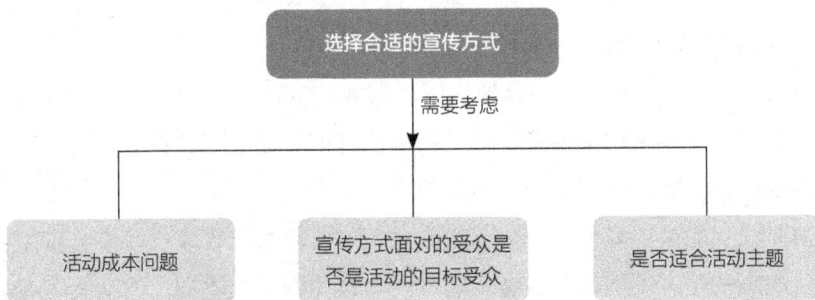

图 10-11　选择宣传方式需要考虑的 3 个方面

除此之外，活动策划者还需要对活动宣传方式有一定的了解，才能客观选择。下面就来了解一下活动宣传的常见方式。

1．利用微信朋友圈

有不少活动策划者喜欢将活动放置到微信朋友圈中进行宣传，这种做法既能节省一定的成本，又能将自己人际资源都利用起来，能产生一定的口碑效应，如图 10-12 所示。

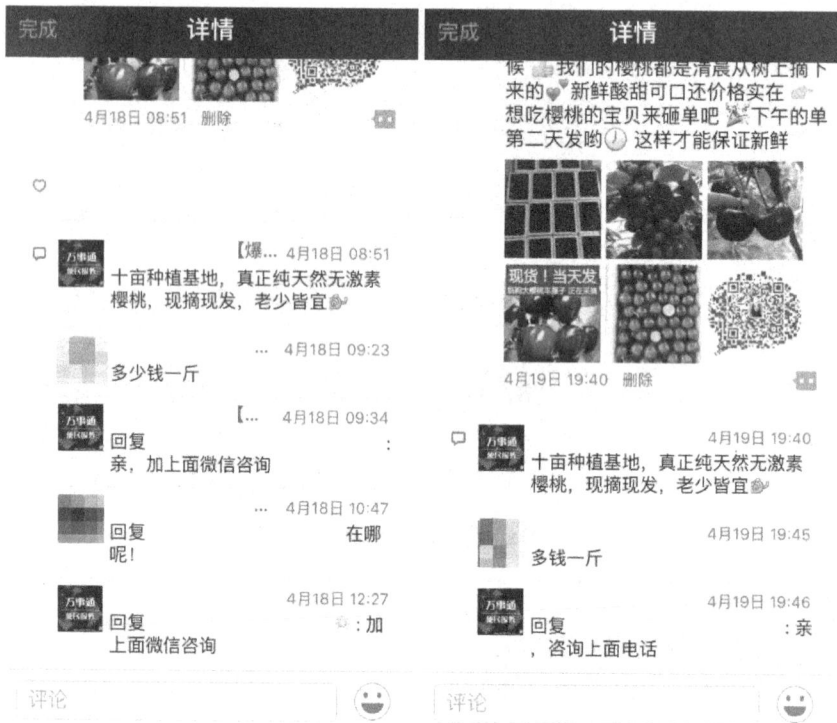

图 10-12 微信朋友圈宣传

2. 借助互联网载体

一般热门互联网载体指的是像微博、微信、QQ、淘宝网、京东网等网民们喜欢逗留的地方。活动策划者可以将活动宣传广告投送到这些载体上，这样比较容易获得人流量。

需要注意的是，淘宝网、京东网这类的购物网站会收取一些广告费用，根据广告投放的位置不同，收取费用的方式与具体费用也不同，活动策划者需要根据活动预算灵活选择。

而像微博、微信、QQ 这类社交软件，投放宣传广告有两种方式：

- 付费投放；
- 免费投放。

对于预算比较紧张的企业来说，免费投放比较实用。在不同的社交软件，投放位置是不一样的，下面就以 QQ 为例，如图 10-13 所示。

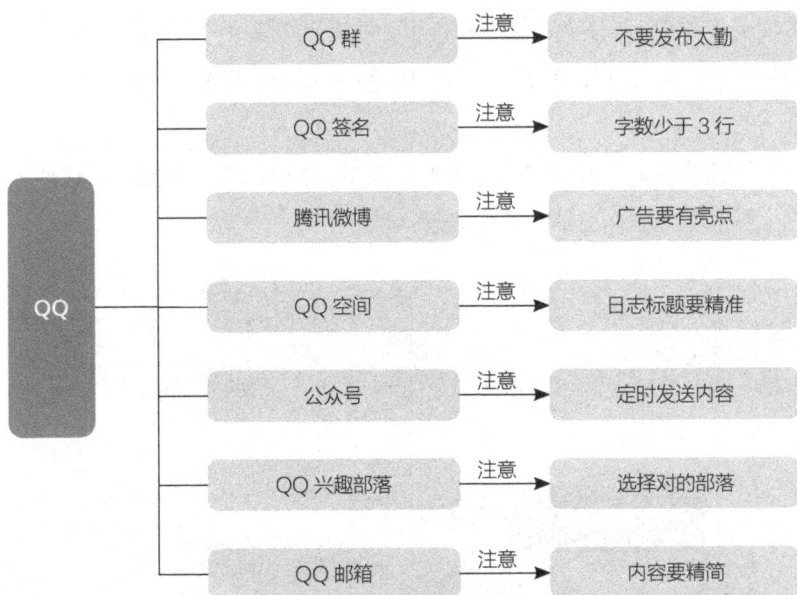

图 10-13　QQ 宣传广告的免费投放地

对于资金比较宽裕的企业，可以选择淘宝网、京东这类购物聚集地来宣传促销类活动，如图 10-14 所示。

图 10-14　淘宝首页的付费广告

3．派发详情宣传单

活动策划者可以通过市场调查，了解哪个地方的人流量比较大且企业目标客户比较多，则可以选择在此地发宣传单，而发布宣传单的时间最好避开工作日，选择在上午 9：10 ~ 11：00 点和下午 3：00 ~ 4：30 的时间段内发传单，效果比较好一些。

需要注意的是，在宣传单上一定要有图 10-15 所示的 5 大要素，这样才能让人们更了解活动，进而对活动产生兴趣。

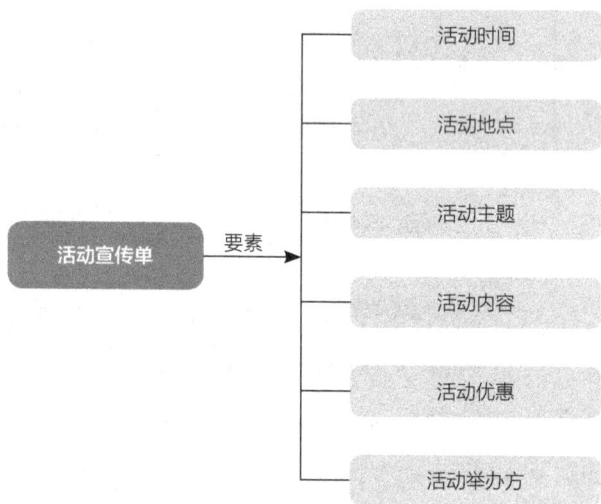

图 10-15　宣传单上的 5 大要素

10.4　流程：让活动执行起来更加流畅

活动流程是否合理、是否严谨能影响整个活动在执行过程的是否运行顺畅，下面来了解一下活动策划流程该如何制定。

10.4.1　制定活动流程的原则

活动策划者在制定活动流程时，千万不能随意将一些毫无关系的流程环节拼凑在一起，拼凑而成的活动策划书一定不会被采纳。

制定活动流程需要掌握 4 个要点，如图 10-16 所示。

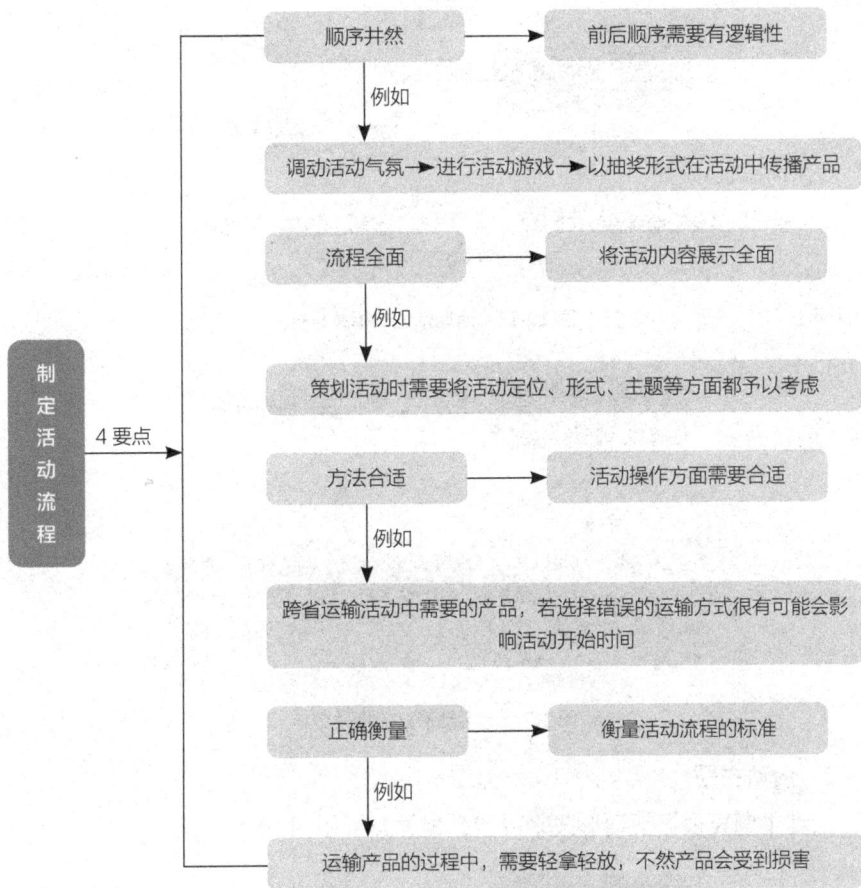

图 10-16　活动流程 4 要点

10.4.2　策划活动流程的要素

这里说的活动策划流程，不单指活动执行流程，还包括活动策划整体流程，即将整个活动从策划到执行进行综合思考，才能策划出一个容易引人注意的活动。下面就来了解活动策划者在策划活动整体流程时需要考虑的要素。

1．活动定位

活动定位包括活动目的和活动氛围，相关分析如图 10-17 所示。

2．活动形式

活动形式要根据产品类型来考虑，相关分析如图 10-18 所示。

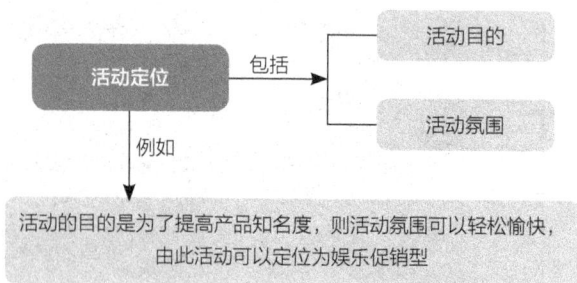

图 10-17　活动定位的相关分析

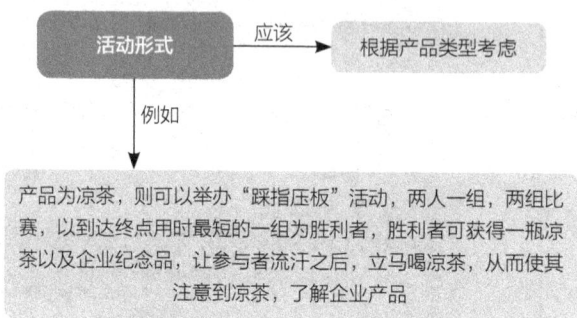

图 10-18　活动形式的相关分析

3．活动主题

活动主题要根据活动形式来决定，相关分析如图 10-19 所示。

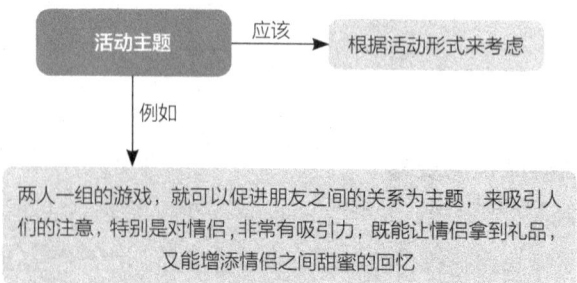

图 10-19　活动主题的相关分析

4．活动细化

活动细化指的是对活动的规则进行制定等工作，相关分析如图 10-20 所示。

5．工作安排

活动整体的工作安排也是十分重要的，相关分析如图 10-21 所示。

```
┌─────────────┐  内容    ┌─────────────┐
│   活动细化   │ ──────→ │  制定游戏规则 │
└─────────────┘         └─────────────┘
      │
      │ 例如
      ↓
┌──────────────────────────────────────────┐
│ 一轮比赛限时 20 分钟，主持人可以在比赛过程中邀请观众参与 │
│        下一轮的游戏，且直播参与者的状况              │
└──────────────────────────────────────────┘
```

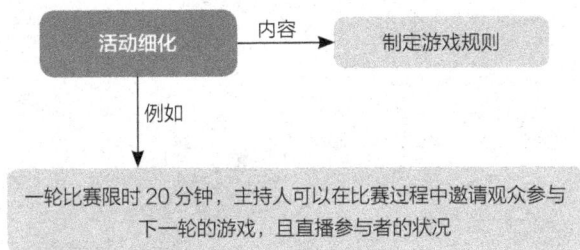

图 10-20　活动细化的相关分析

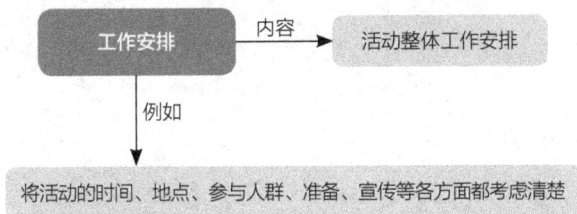

```
┌─────────────┐  内容    ┌─────────────┐
│   工作安排   │ ──────→ │ 活动整体工作安排 │
└─────────────┘         └─────────────┘
      │
      │ 例如
      ↓
┌──────────────────────────────────────────┐
│ 将活动的时间、地点、参与人群、准备、宣传等各方面都考虑清楚 │
└──────────────────────────────────────────┘
```

图 10-21　工作安排的相关分析

6．宣传口号

宣传口号是活动中必不可少的部分，一般根据活动主题来决定宣传口号，相关分析如图 10-22 所示。

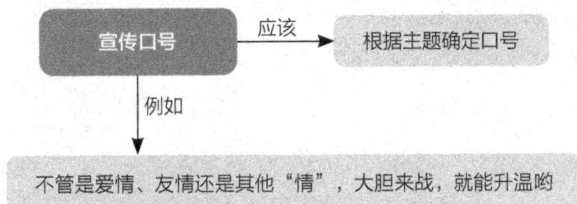

```
┌─────────────┐  应该    ┌─────────────┐
│   宣传口号   │ ──────→ │ 根据主题确定口号 │
└─────────────┘         └─────────────┘
      │
      │ 例如
      ↓
┌──────────────────────────────────────────┐
│ 不管是爱情、友情还是其他"情"，大胆来战，就能升温哟    │
└──────────────────────────────────────────┘
```

图 10-22　宣传口号的相关分析

7．应对意外

活动中难免会出现突发状况，应对意外也是重要的工作，最好是做一份备案，相关分析如图 10-23 所示。

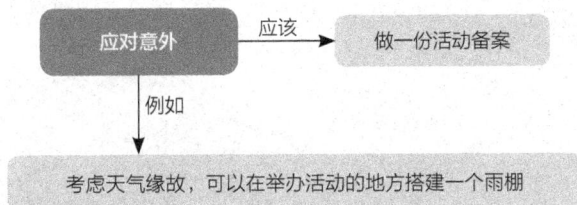

```
┌─────────────┐  应该    ┌─────────────┐
│   应对意外   │ ──────→ │  做一份活动备案 │
└─────────────┘         └─────────────┘
      │
      │ 例如
      ↓
┌──────────────────────────────────────────┐
│ 考虑天气缘故，可以在举办活动的地方搭建一个雨棚        │
└──────────────────────────────────────────┘
```

图 10-23　应对意外的相关分析

第 11 章

活动策划综合实战

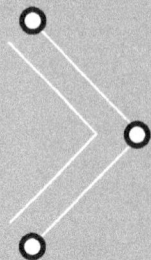

社会活动是多种多样的，对活动的策划自然也可分为多种类型，每一种活动策划都有其独特之处。

本章以实战为主，分析各种活动的策划技巧。

学前提示

要点展示

- ➤ 节假日活动策划技巧
- ➤ 促销活动策划技巧
- ➤ 会展活动策划技巧
- ➤ 企业活动策划技巧
- ➤ 公关活动策划技巧
- ➤ 大学活动策划技巧
- ➤ 微信活动策划技巧
- ➤ 行业活动策划技巧
- ➤ 互联网活动策划技巧

11.1 节假日活动策划技巧

节假日历来是企业开展活动的契机，活动策划者需要掌握节假日活动的策划要点，才能巧妙借助节假日的气氛，顺势实现活动目的。本节以元宵节和情人节为例，讲解节假日活动策划的相关内容。

11.1.1 元宵节活动策划技巧

对于消费者来说，元宵节是一个看元宵喜乐会、跟家人在一起"团团圆圆过元宵"的日子；而对于企业来说，元宵节是进行促销活动的契机。下面就来了解元宵节活动策划相关内容。

活动策划中的前期构思准备工作是决定元宵活动能否成功的一大因素。活动策划者在策划元宵活动时，需要先考虑以下 3 个问题：

- 活动面向的人群有哪些?
- 活动开展的方式有哪些?
- 活动预计的规模怎么样?

元宵节猜灯谜是一项传统活动，因此，活动策划者可以将元宵灯谜作为活动重点，吸引消费者的注意，并制定猜谜规则，以奖品作为"助力"，引导消费者积极参与。

若活动目的是促销产品，则可与商场合作，只要消费者当天在商场消费额达到规定范围，且消费产品中需要包含企业指定产品，就可以参与元宵猜灯谜活动，就算猜错了也会有一份纪念品。

活动作用如图 11-1 所示。

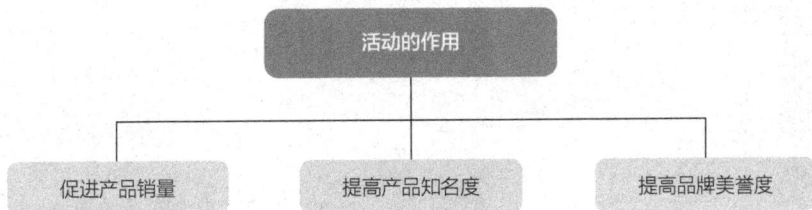

图 11-1 活动的作用

11.1.2 情人节活动策划技巧

活动策划者在策划活动之前，需要沉下心来思考如何解决预计可能出现的问题，并结合这些问题来进行活动策划书的撰写，才会事半功倍。在活动策划中一般需要思考以下 8 个问题：

- 目的是什么？
- 该怎么做？
- 何时会完成？
- 在哪里进行？
- 需要谁？
- 预算是多少？
- 这么做的原因是什么？
- 如何评估效益？

活动策划者在进行情人节活动策划的过程中，要考虑活动整体开展节奏的连贯性、合理性，只有这样才能调动参与者的情绪。

一般来说，活动策划者可以从两个方面来控制活动的整体节奏，如图 11-2 所示。

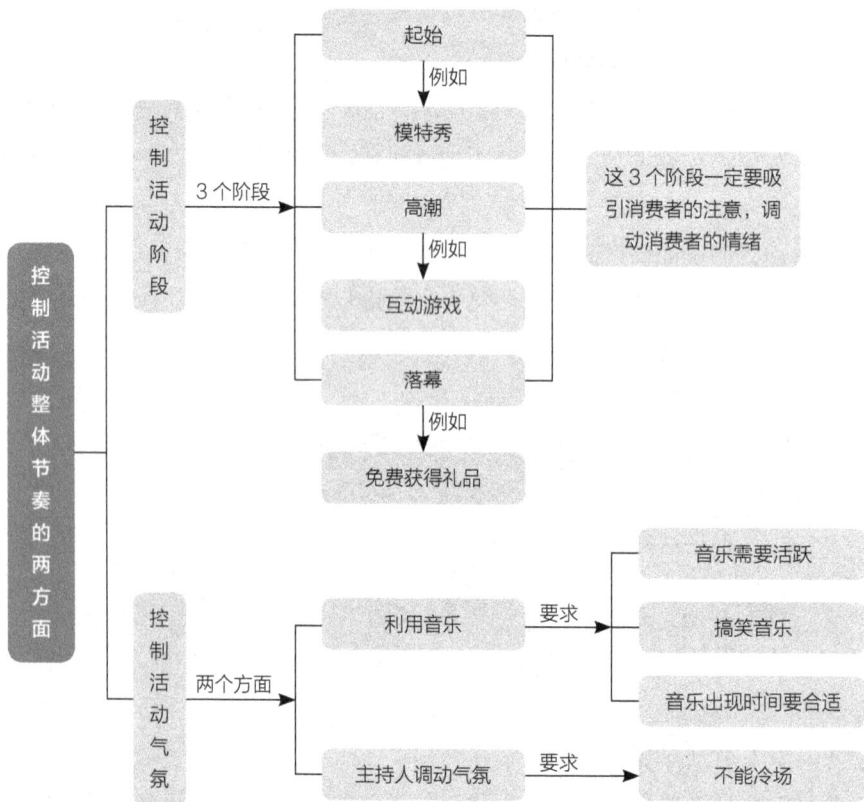

图 11-2 控制活动整体节奏的两个方面

11.2 促销活动策划技巧

促销活动一直是企业热衷的营销方式，它比其他类型的活动更容易让企业提高产品销量，而销量的提高对于企业来说，是增加收益的渠道之一。

由此可知，促销活动对于企业来说是比较重要的营销手段。本节将讲解促销活动策划的相关内容。

11.2.1 线上促销活动策划技巧

随着互联网的发展，种类繁多的线上推广活动也顺势崛起，对于活动策划者来说，选择一个合适的活动推广方式，就是对活动可执行力的一种保障，下面就来了解3种常用的线上促销活动推广方式。

1. 方式一：微信公众号

一般来说，消费者只会对某企业、产品感兴趣才会长久关注该企业的微信公众号，这就说明，企业微信公众号所面对的人群，几乎都是其忠实用户和潜在用户，若企业在微信公众号中推广活动，定然能引起不少人的兴趣。

在微信公众号中推广促销活动时，需要掌握6大要素，如图11-3所示。

图11-3 在微信公众号推广促销活动要掌握的要素

2. 方式二：网站广告

线上促销活动若想通过网站广告推广，就需要注意对网站平台的选择和活动广告的制作，如图11-4和图11-5所示。

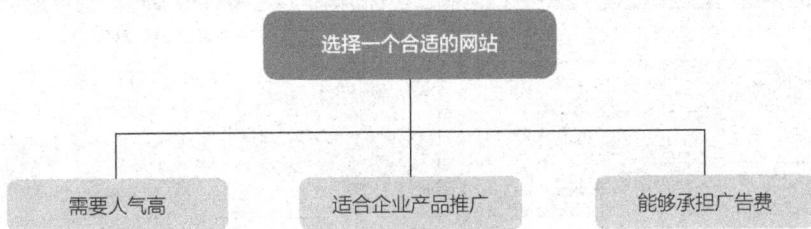

图11-4 对网站平台选择的相关分析

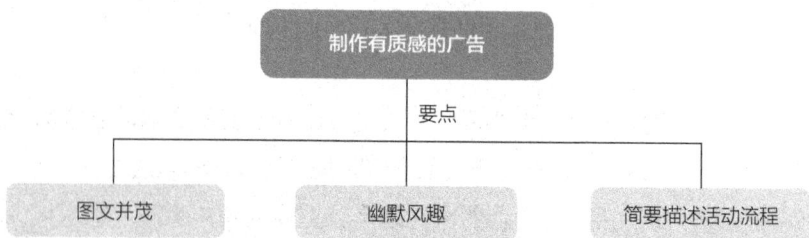

图 11-5　对活动广告内容的相关分析

3．方式三：微博

微博是一个造就热点时事的地方，也是人们在休闲时喜欢逗留的平台，因此，活动策划者一定不能放过每月能聚集 2.36 亿活跃用户的微博平台。一般来说，促销活动在进行微博推广时，需要掌握 3 大要素，如图 11-6 所示。

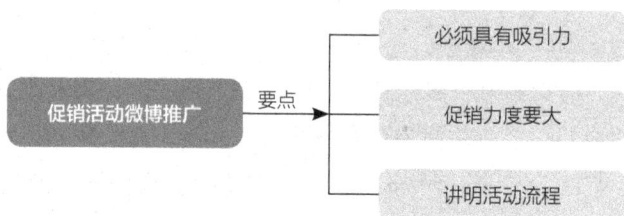

图 11-6　微博推广的要点

除了促销活动的推广方式，还需要注意促销活动开展的时间——促销活动的开展时间并不是随心所欲地选择，而是需要找准合适的时机，这样才能有事半功倍的效果。促销活动不要开展得太频繁，不然消费者会认为企业不管怎样做促销活动，都不会亏本，或者认为企业不做促销活动时是故意抬高价格，这会严重影响企业声誉。

那么对于线上促销活动来说，何时才算好时机呢？如表 11-1 所示。

表 11-1　适合开展促销活动的好时机

时机	当日时间	开展时间
春节	农历正月初一	一般在春节前 5 天内开展促销活动即可
元宵节	农历正月十五	前 3 天包括当天在内共 4 天的任意时刻开展活动
母亲节	公历 5 月的第二个周日	
儿童节	公历 6 月 1 日	

续表

时机	当日时间	开展时间
端午节	农历五月初五	前后 2 天包括当天在内共 5 天的任意时刻活动
父亲节	公历 6 月的第 3 个周日	前 3 天包括当天在内共 4 天的任意时刻开展活动的开展
七夕情人节	农历七月初七	
教师节	公历 9 月 10 日	
中秋节	农历八月十五	前后 2 天包括当天在内共 5 天的任意时刻开展活动
国庆节	公历 10 月 1 日	前 2 天、后 6 天包括当天在内共 9 天的任意时刻开展活动
元旦	公历 1 月 1 日	前后 2 天包括当天在内共 5 天的任意时刻开展活动
天猫女王节	公历 3 月 7 日	当天的前后 2 天内开展活动
妇女节	公历 3 月 8 日	
劳动节	公历 5 月 1 日	前后 2 天包括当天在内共 5 天的任意时刻开展活动
"双 11"	公历 11 月 11 日	前 5 天包括当天在内共 6 天的任意时刻开展活动
"双 12"	公历 12 月 12 日	
平安夜	公历 12 月 24 日	前 4 天包括当天在内共 5 天的任意时刻开展活动
圣诞节	公历 12 月 25 日	
开学季	每年 3 月 1 日和 9 月 1 日	在开学前 10 天内开展活动
换季	每年四季更换日	在换季前 10 天内开展活动
情人节	公历 2 月 14 日	前 3 天包括当天在内共 4 天的任意时刻开展活动
周年庆	根据企业周年时机判定	

11.2.2 线下促销活动策划技巧

对于消费者来说，促销活动是否有吸引力，取决于以下两个方面：

- 促销力度；
- 促销内容。

那么，活动策划者要怎么做才能使促销力度和促销内容令消费者满意呢？那就需要活动策划者在进行线下促销活动时，实行两大策略，如图 11-7 所示。

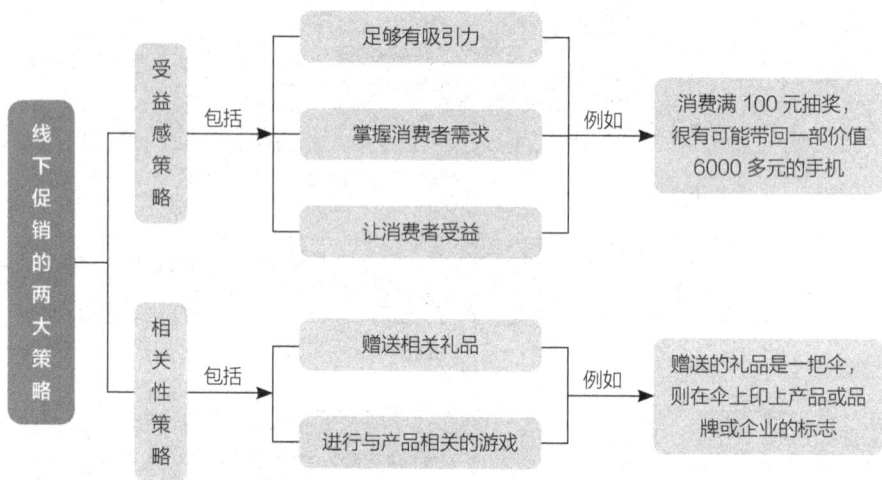

图 11-7　线下促销活动运营策略

11.3　会展活动策划技巧

会展活动是指在某个空间范围内，围绕一个主题而开展的社会交流活动，包括文化主题活动、展览主题活动、节庆主题活动等。本节将讲述会展活动的相关内容。

11.3.1　文化主题活动策划技巧

文化主题活动是指以某一文化为主题，围绕这一文化的特点、历史等方面的内容宣传文化。文化主题活动是否能引起人们的注意，关键在于活动的宣传，若前期活动宣传做得好，那么在活动当天定然会受到广大媒体的关注。

一般对富有文化底蕴的活动来说，尽量选择比较权威的宣传方式，这样才能让人们觉得更加真实、可信。若活动经费足够，则可以联系新闻媒体，借媒体之力来宣传文化主题活动。

若活动经费不足，活动策划者可以撰写软文在网络上进行活动宣传。值得注意的是，活动策划者在撰写软文时，需要以新闻的口吻来描述活动，这样才能为文章增添一些权威色彩，让人们产生信任感。

简单来说，活动策划者在撰写活动软文时，需要站在媒体的角度，以第三方的口吻来报道活动相关内容，以相对中立的角度来宣传活动。

那么，新闻稿的格式是怎样的呢？如图 11-8 所示。

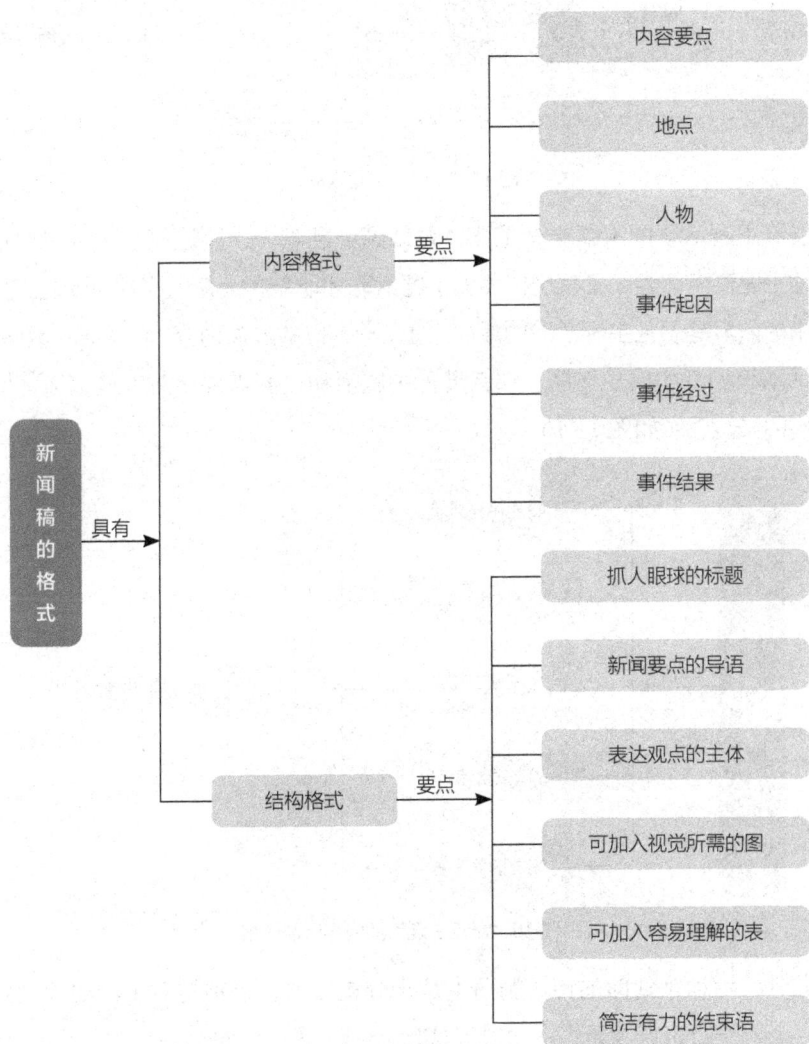

图 11-8　新闻稿格式

11.3.2 展览主题活动策划技巧

展览主题活动是随着社会经济、文化、政治而产生发展的会展活动，如图 11-9 所示。

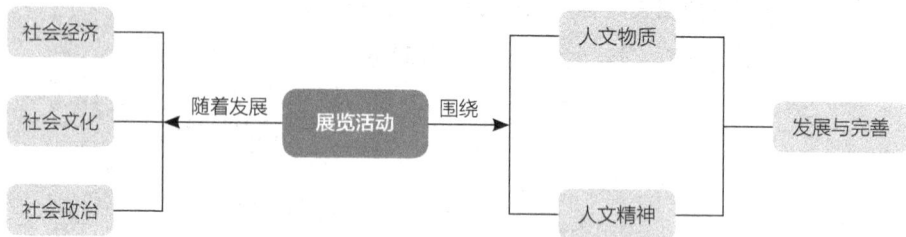

图 11-9　展览主题活动

展览主题活动的主题十分重要，要做到主题唯一，要让整个展览主题活动与活动主题高度契合，只有这样展览主题活动才能受到大众的喜欢。除此之外，展览中的内容是展览主题活动的重中之重，一个好的展览内容，就是一个吸睛点，也是活动策划者的成功作品。那么展览主题活动内容需要具备哪些因素才能引发人们的兴趣呢？如图 11-10 所示。

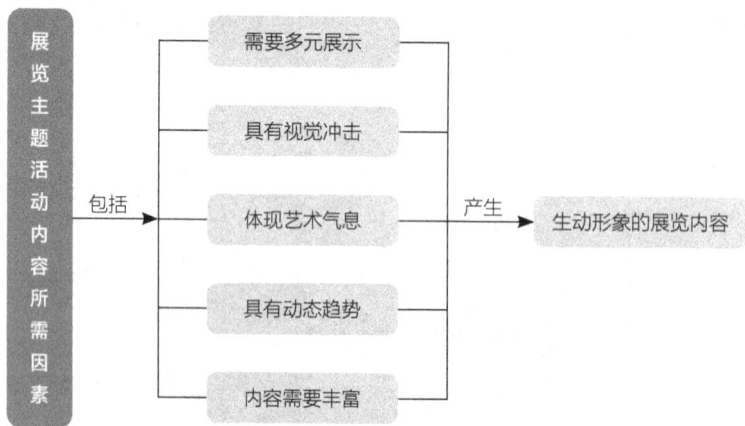

图 11-10　展览主题活动内容所需因素

此外，活动策划前的市场调研也是十分重要的，特别是对于活动策划新手来说，若不进行市场调研，活动很容易会出现以下 3 大问题：

* 跟不上市场节奏；
* 出现很多漏洞；
* 难以为品牌提升知名度。

11.4 企业活动策划技巧

企业活动是指企业内部活动，包括内部会议、员工娱乐等活动类型。本节将讲述关于企业活动策划的相关内容。

11.4.1 企业会议活动策划技巧

企业会议活动是企业活动中的一个重要组成部分，每个企业都会开展，只是开展的种类不一样。企业会议活动需要活动策划者经过缜密的思考、完整的规划而形成的会议活动。企业会议活动的策划要点如图 11-11 所示。

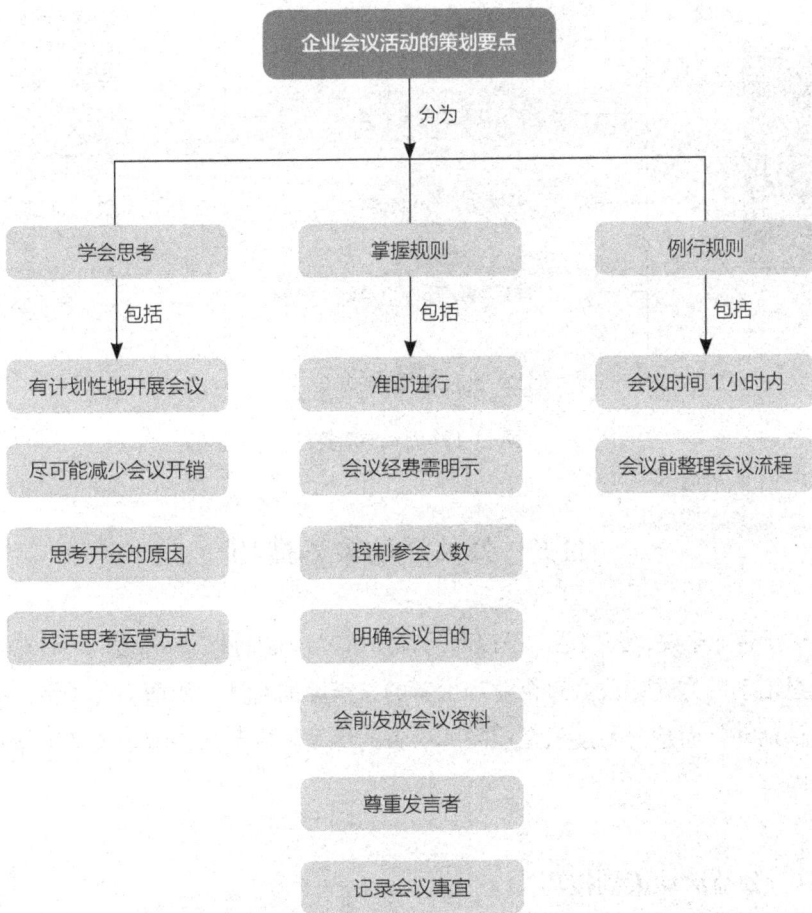

图 11-11 企业会议活动的策划要点

11.4.2 企业员工娱乐活动策划技巧

企业员工娱乐活动最为核心的要点就是让员工感到快乐，既能放松自己又能与同事增进感情，而最能达成这样的效果的方式就是互动游戏。一个好的互动游戏，很容易调动参与者的情感，激发其快乐。因此，企业员工娱乐活动的成功诀窍就在于活动中是否拥有能够调动员工好情绪的互动活动。

那么，活动策划者在策划互动游戏时有什么样的要求呢？如图 11-12 所示。

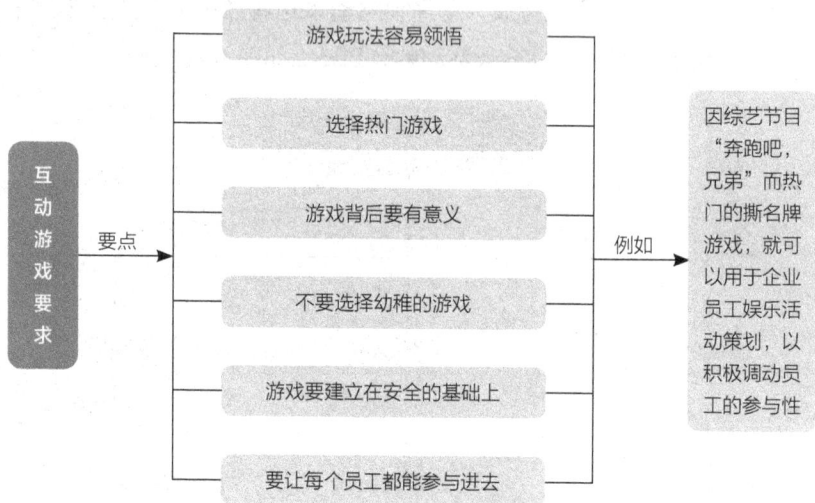

图 11-12　互动游戏要求

11.5　公关活动策划技巧

对于企业来说，公关活动是提高品牌知名度、美誉度、认知度的一种渠道，即通过活动的方式让公众对企业产生新的、正面的看法。所谓的公关活动并不是促销活动，而是一种展示企业品牌形象的活动。本节将讲解公关活动策划的相关内容。

11.5.1 公益活动策划技巧

企业在进行公益活动的过程中，传播效益非常重要，若效益不佳，则难以引起人们的关注，难以达到企业进行公益活动的目的；若效益突出，则能引起轰动，届时不仅能促使公益活动的成功举办，还能提高企业品牌知名度。

那么公益活动应该如何去传播呢？可从 3 个方面入手，如图 11-13 所示。

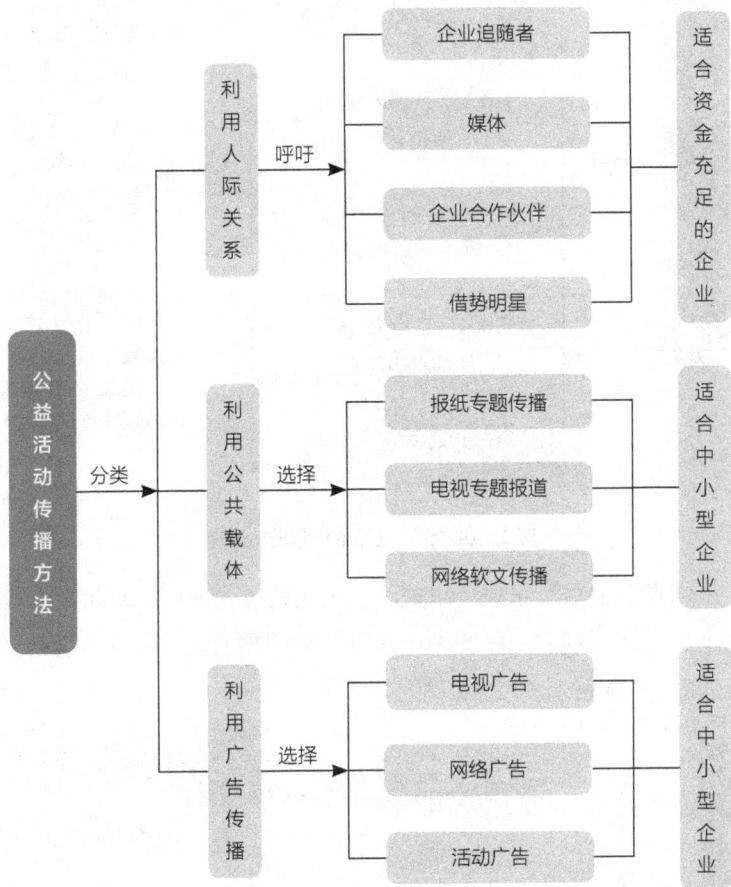

图 11-13　公益活动传播方法

11.5.2　新闻发布会策划技巧

对于活动策划者来说，只要抓住策划新闻发布会活动的 6 大诀窍，就能进一步提高新闻发布会活动的成功概率，如图 11-14 所示。

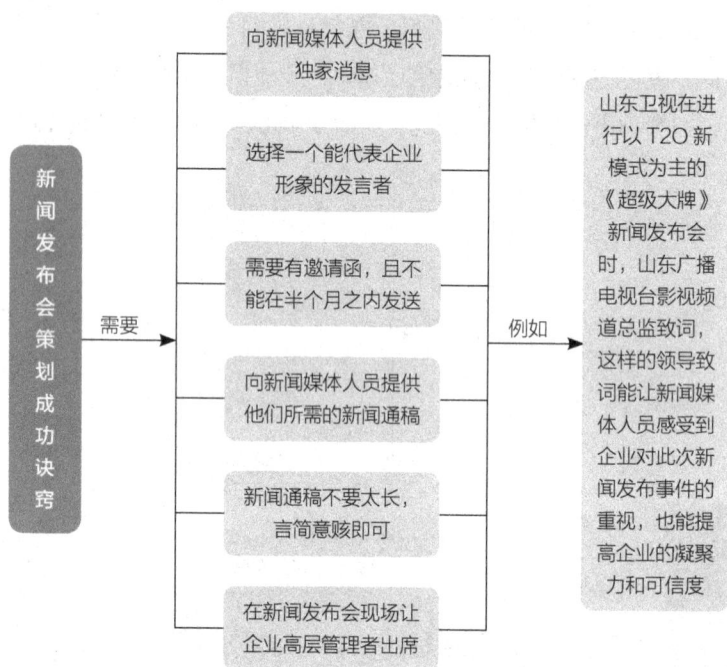

图 11-14　新闻发布会策划成功诀窍

由于新闻发布会具有正式、正规、权威的特点，所以活动策划者在策划新闻发布会时，一定要规避一些容易犯而不可犯的事项。新闻发布会活动策划的注意事项如图 11-15 所示。

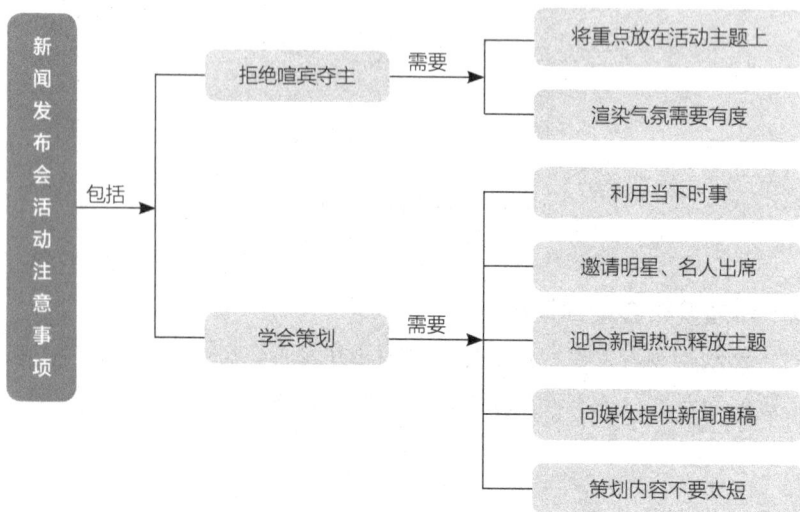

图 11-15　新闻发布会活动注意事项

11.6　大学活动策划技巧

除了企业，大学也是一个需要活动策划的地方。做一个活动策划，对于大学生来说是增加人生经验的一种契机，也是一种提供娱乐的方式。本节将讲解大学活动策划的相关知识。

11.6.1　社团活动策划技巧

社团活动策划书要想获得学校审批，就一定要有亮点，而这个亮点是由创意体现出来的。若社团活动策划书毫无创意，完全照搬之前的社团活动，必然难以通过审批。

值得注意的是，社团活动的创意并不是天马行空般的想象，而需要策划出对社团成员、对学习有意义的活动，只有这样活动才能顺利通过审批。

社团活动要有足够的理由才能打动审批者，为此，组织者可以围绕以下几点诀窍来撰写，如图 11-16 所示。

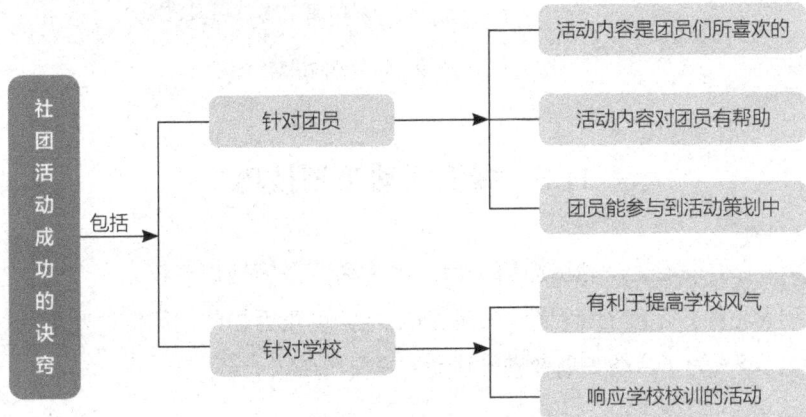

图 11-16　社团活动成功的诀窍

11.6.2　班级活动策划技巧

对于高中生来说，班级活动是一种释放压力的契机；对于大学生来说，班级活动是进一步认识同学，和老师进一步交流的一个桥梁，班级活动也是大学活动中最为常见的一种类型。

例如，主题班会就是一种既具有教育意义又能增加同学之间彼此了解的班级活动，只要活动内容是同学们感兴趣的，能调动同学们积极参与的，同学们多半会积极参与。

但是活动策划者在策划班级活动时，不能随意组织活动，毕竟活动是需要经费的，而班级活动的经费一般都是全班同学缴纳的班费，若活动不能让大家满意，那么班级活动所起到的作用就不会是加强同学之间的感情，而是让同学们满是怨言，这就是所谓的出力不讨好。因此，活动策划者在策划班级活动时，一定要掌握图 11-17 所示的 6 个诀窍，只有这样班级活动才会有意义。

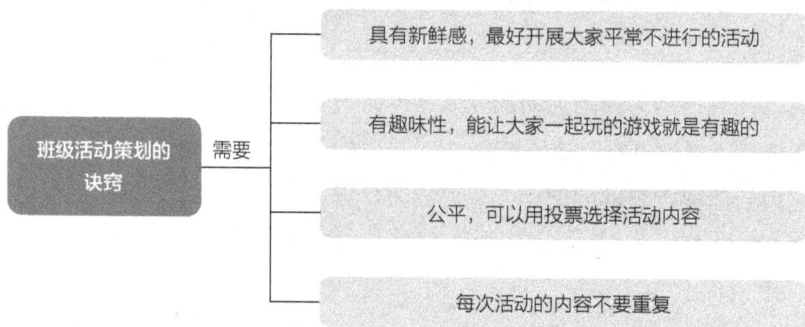

图 11-17　班级活动策划的诀窍

11.7　微信活动策划技巧

微信活动策划是指利用微信平台开展活动。微信是如今较为火爆的社交工具，所以成为了各大企业、个体的引流之地，也正因如此，微信朋友圈和微信公众号已经成为了活动策划者进行活动的重要场所了。

11.7.1　微信朋友圈活动策划技巧

活动策划者策划微信朋友圈活动需做到以下两点：

- 活动是微信朋友所感兴趣的。
- 能让微信朋友以互动的形式获利。

一般来说，活动策划者要想让自己的微信朋友圈的活动引起微信好友的兴趣，需要经过一段时间的调查才能得以实现。那么该如何调查呢？其实很简单，活动策划者可以让整个活动团队成员与他们的微信好友一一交谈，从交谈的过程中，挖掘其对微信活动的喜好与厌烦点，然后将他们回答的内容整合在一起，筛选出合适的内容，再将这些内容融入自己的活动，这样策划出来的活动必然能引起微信好友的注意。

活动策划者可以问自己的微信好友 4 个问题，这些问题的回答可以作为活动策划的参考因素，如图 11-18 所示。

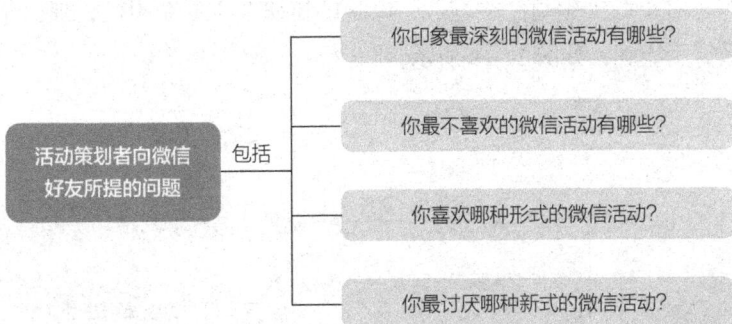

图 11-18　活动策划者应收集的问题

11.7.2　微信公众号活动策划技巧

对于企业微信公众号来说，需要坚持"内容为王"，为关注企业微信公众号的微信用户带来有价值且是他们感兴趣的内容。可见，微信公众号上的活动也需要让微信用户感兴趣才行。

那么该如何做才能让微信公众活动吸引微信用户的注意呢？其实非常简单，活动策划者只要将"亮点"融入活动即可。

打造微信公众号活动亮点可以从以下 3 个方面出发：

* 借势明星；
* 赋予意义；
* 提供福利。

11.7.3　微商活动策划技巧

微商原本是在线上兴起的，它原本只做朋友的生意，后来发展成做朋友的朋友的生意，现在是做朋友和陌生人的生意，而且还可以将购买产品的朋友变成自己的代理，正是这种转变和真实销量，让微商成为了人们口耳相传的营销方式。

活动策划者若想让自己的微商活动举办成功，就需要关注引流方面的内容，可以说引流的成效决定着微商活动的成败。试想，若活动策划者策划出了一个非常完美的微商活动，可是因为引流不理想，难以让活动展示在大范围人群面前，那只能是"英雄无用武之地"，实属浪费。

因此，对于线上微商活动来说，成功的秘诀在于成功引流，那么微商活动该如何进行引流呢？如图11-19所示。

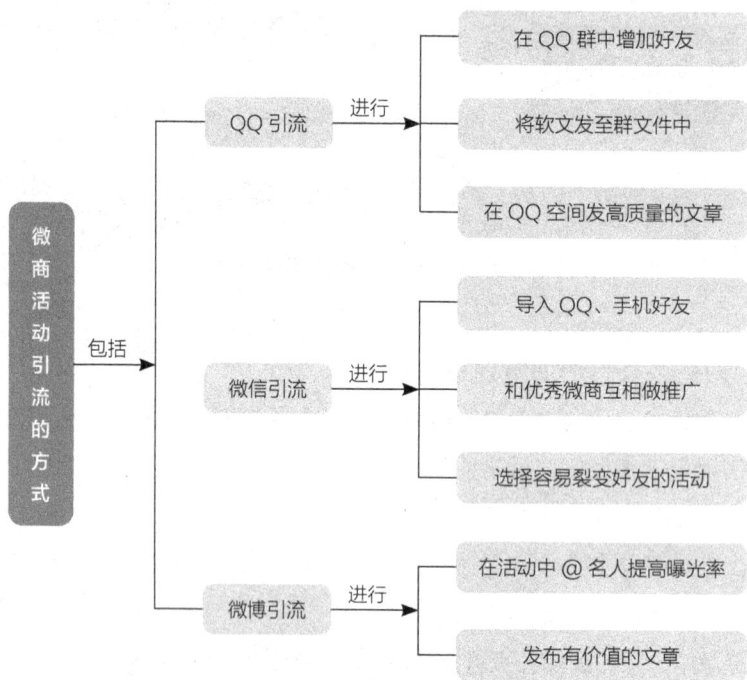

图11-19　微商活动引流的方式

微商活动是一种从情感切入的活动类型，因为微商的绝大多数用户都是自己的好友，或者是从好友那里裂变而来的朋友，不管怎样，这些好友和微商本人都有一定的情感连接，正因如此，微商活动才更需要打出情感牌，来吸引人们的注意。

例如，笔者与某小学同学很久没有联系了，有一天突然加上了微信好友，发现他是一名微商，本是起了删除的念头，可是细想一下还是有同学情的，所以放弃了删除的想法，且还去尝试了他家产品，觉得产品还算不错，慢慢就成为了他的长久用户，如图 11-20 所示。

图 11-20　微商

11.8　行业活动策划技巧

　　如今各行各业都习惯以活动的形式来提高企业的知名度、品牌美誉度、产品销量等。活动已经成为了行业炙手可热的"战士"，成为了各行业不可缺失的一部分。本节就以餐饮、游戏这两大行业为例，了解行业活动策划的相关内容。

11.8.1　餐饮行业活动策划技巧

　　餐饮行业是一个提供全方位服务的行业，因为消费者不单想在餐饮店中获得美味吃食，还想在享用美味的过程中，获得舒心的服务，只有这样消费者才会愿意长久光顾一个地方，才会让消费者感到满意。

　　于是餐饮行业的很多企业不仅为消费者提供美味的吃食，还不停地策划一些足够吸引消费者眼球的活动，来提升消费者的满足感。由此可知，餐饮行业比较看重的"挖金技巧"就是活动策划了，下面就来了解餐饮行业活动策划的相关内容。

1. 营造口碑

餐饮其实是一个非常需要口碑效应的行业，例如在团购中，若自家餐馆被消费者留言说味道不好、服务差等不利于口碑的评价，则会大大损害餐馆的名声，从而影响其他消费者的消费兴趣；若有消费者留言说餐馆味道好、服务也不错等有利于口碑的评价，则会大大提高餐馆的名声，从而引导其他消费者去餐馆亲自体验一番。图 11-21 所示为百度糯米网上同一时间推出团购活动的两家餐馆，图（1）中的餐馆的综合平分为 4.8 分，星级为 5 星，图（2）中的餐馆，综合评分为 4.0 分，星级为 4 星，对比一下，显然是图（1）中的餐馆口碑更好。再对比两家餐馆的好评率和会员评价数量，也不难看出口碑更好的图（1）餐馆销量更高，总计好评 1308 条，而图（2）餐馆的总计好评只有 2 条。

（1）

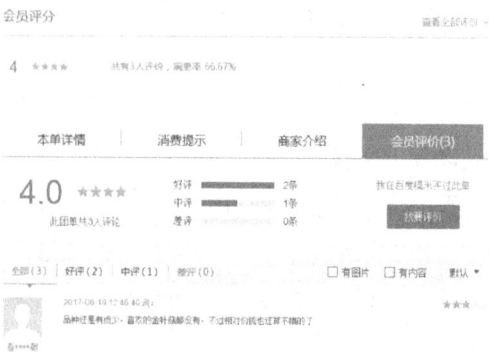

（2）

图 11-21　不利口碑与有利口碑的销量

通过图 11-20 可以看出，两家餐馆同样得到了数个差评，可在同一时间进行的团购活动，口碑好的餐馆进行到了 2016 年 8 月 28 日，而得到不利口碑评论的餐馆，只进行到了 2016 年 8 月 26 日，可见口碑对餐馆的作用力还是非常大的。

因此，活动策划者在策划餐饮行业的活动时，需要以提高口碑作为活动宗旨，时时刻刻注意活动内容是否会影响口碑，若确定活动能提高口碑，即可实行；若不能确定活动能提高口碑或者发现会影响口碑，哪怕是一点小因素也需要修改活动内容，直到确保活动能成为提高口碑的利器为止。

2. 自我分析

活动策划者在进行餐饮行业活动策划工作时不能操之过急，需要根据自身现状做一个分析，分析出可能会影响餐饮活动成功的因素，在活动中尽量规避。活动策划者需要从以下 3 个方面入手进行自我分析：

- 环境变动；
- 自我诊断；
- 了解竞争对手。

3. 切勿盲目

餐饮行业活动最忌讳的就是盲目进行活动策划，若餐饮活动是活动策划者盲目策划出来的，则很容易偏离活动目的、活动宗旨，很有可能成为消费者避而远之的活动，更有可能沦为竞争对手的笑柄。

因此，活动策划者在策划餐饮活动之前，需要根据如下 4 大活动策略，加以思考之后再进行活动策划工作。

- 动员全民策略；
- 剖析客户策略；
- 促销价格策略；
- 全面满足策略。

11.8.2 游戏行业活动策划技巧

游戏行业活动最大的作用在于调动游戏玩家玩游戏的兴趣，也就是以活动的形式，让游戏玩家保持对游戏的"把玩"心态，所以不妨将活动和游戏融在一起，以此加大游戏玩家玩游戏的频率。

活动策划者可以从两个方面来设计活动，使活动融入游戏，如图 11-22 所示。

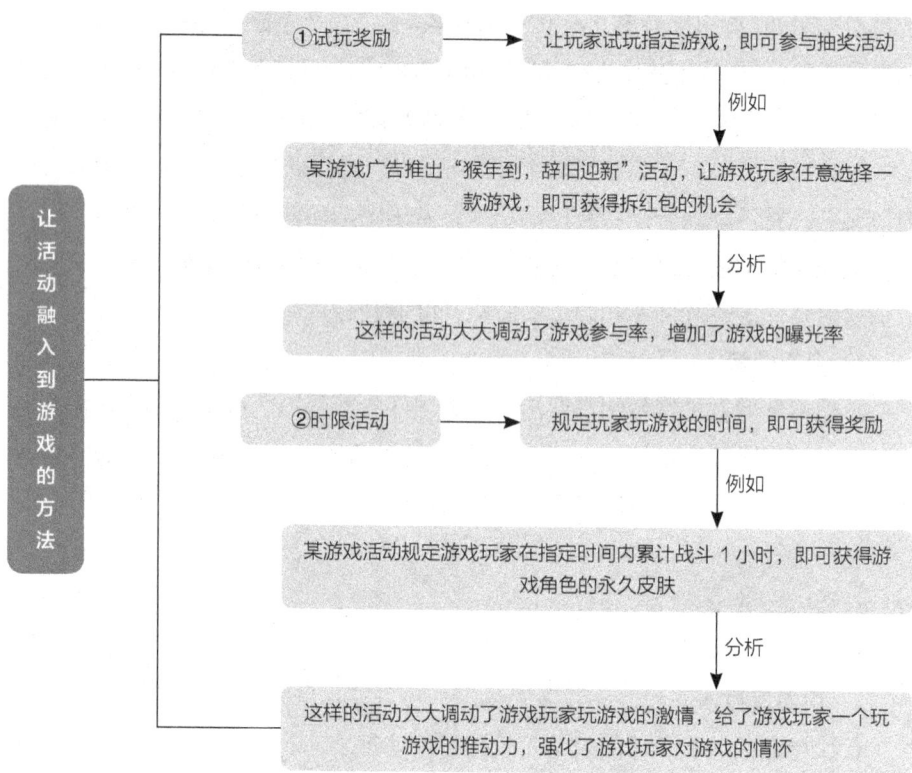

图 11-22　让活动融入游戏的方法

11.9　互联网活动策划技巧

如今，互联网已成为了企业进行营销活动的重要场地，因此活动策划者需要掌握互联网活动策划技巧，才能策划出吸引受众的活动。本节将阐述互联网活动策划相关内容。

11.9.1　众筹活动策划技巧

在互联网活动中，新兴的众筹活动被很多企业所看好，在本书第 9 章的 9.1.1 中也曾提及众筹活动相关内容，下面就来详细了解如何才能策划好一个众筹活动。

有一些活动策划者一般不愿意策划众筹型活动，因为他们认为众筹型活动很难给企业带来利润，甚至是"赔本销售"，其实不然，只要众筹活动能引起消费者的注意，就很容易让消费者主动筹款，且产生口碑效应。

例如，京东众筹官网上有一个众筹项目叫"××创新智能充电器，科技改变生活"，巧妙地掌握了众筹型活动的成功诀窍。

在该众筹活动中，活动策划者将产品能满足"消费者所解决不了的需求"的产品特点罗列出来：

- 智能分配电流；
- 小夜灯功能；
- 2.4A 快速充电；
- 8 重安全保护；
- 触控开关。

因其切中了消费者的痛点，很好地吸引了消费者的注意，如图 11-23 所示。

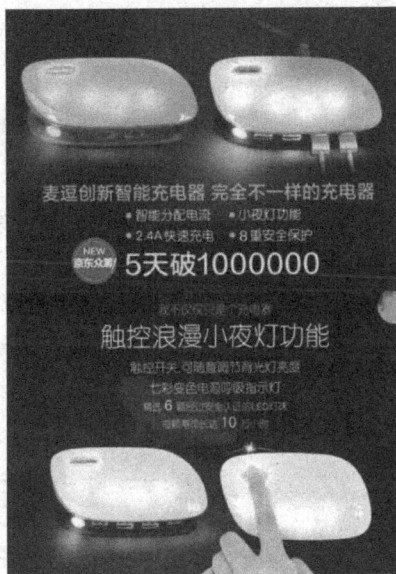

图 11-23　突出满足消费者痛点的产品特点

又如，在××无线充电器众筹活动中，其以"这才是我要的生活……渴望旅行，一个人，一辆单车，一个背包……"这样充满文艺气息的句子，让无线充电器变得有温度、有感情、有感染力。

不管是何种类型的活动，都需要一个好的策划方案，才能让企业达成活动目的。众筹型活动可从如图11-24所示的4个方面入手，策划出一个好的活动方案。

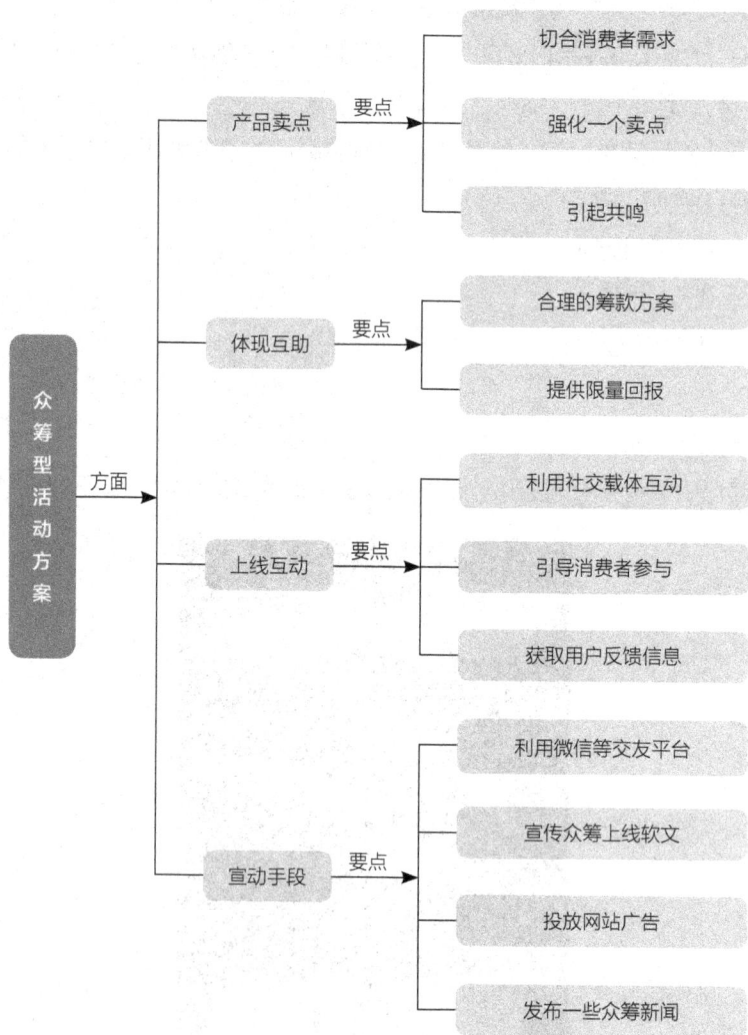

图 11-24　众筹型活动文案

11.9.2　团购活动策划技巧

其实团购活动就是一种促销行为，它最大的作用在于能提高品牌的知名度，获得产品好评。活动策划者若想让自己策划的团购活动获得成功，首要任务是选择一个好的互联网团购平台，可以从3个方面进行考虑，如图11-25所示。

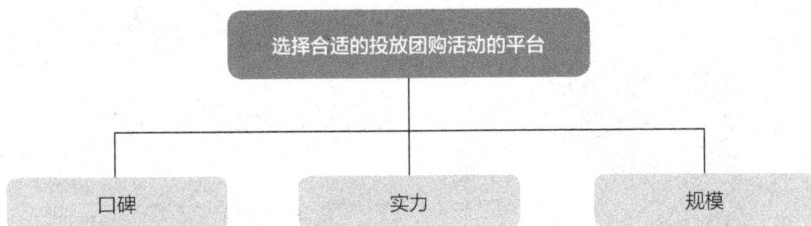

图 11-25　选择团购平台应考虑的因素

活动策划者还可以在互联网上查看各团购平台在当时的市场份额，通过这个调查能查看消费者的青睐偏向。例如，从 2016 年团购市场份额图中可以看出，美团排列第一，大众点评紧随其后，百度糯米也不甘落后，如图 11-26 所示。

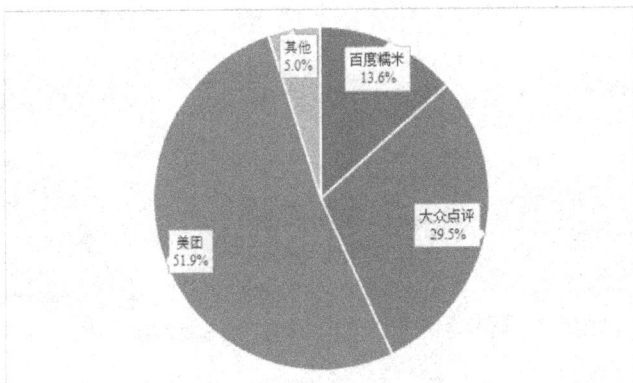

图 11-26　2016 年团购市场份额图

团购活动的折扣力度一定要比平常的活动力度大，只有这样消费者才愿意参与团购活动。

此外，还需要注意活动的真实性和活动评价，这两个方面是决定团购活动是否成功的重要要素。

企业的团购活动一定要真实可靠，且不说虚假活动不可能与合作方谈成合作，单对品牌形象来说，虚假的活动会严重损害品牌口碑，让消费者对产品、品牌失望，这样就得不偿失了。

企业在真实可靠方面需要坚持 3 项原则，如图 11-27 所示。

活动策划者在考虑完活动投放方面的事宜之后，就需要考虑维护问题，即活动评价，如今每个团购平台都设有消费者评价功能，这个功能有如图 11-28 所示的 3 方面好处。

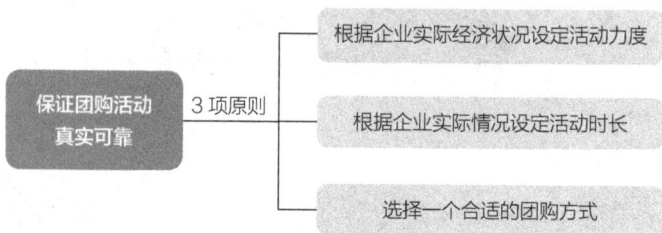

图 11-27　保证团购真实可靠的 3 项原则

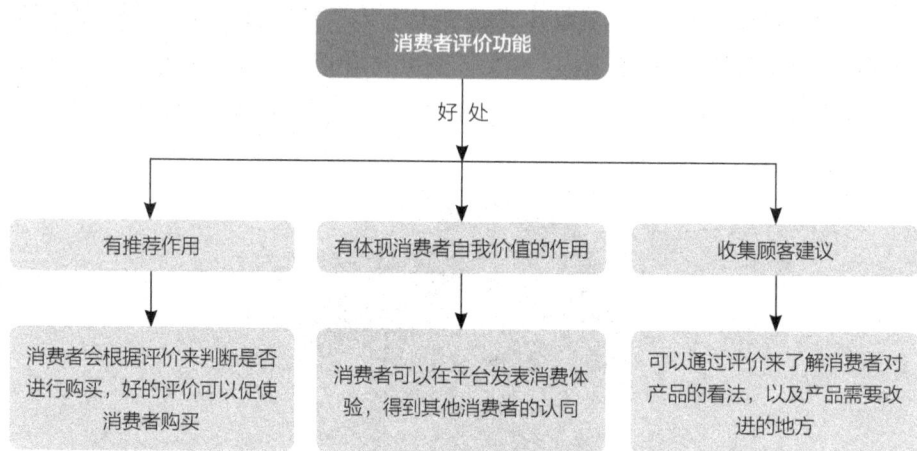

图 11-28　保证团购真实可靠的 3 项原则

对于消费者而言，评价就是一盏"指路灯"，若评价好，消费者就会愿意购买；若评价不好，消费者就很容易打消购买意向。因此，活动策划者需要想办法应对差评问题。

例如，面对消费者抱怨肉难吃时，可以礼貌地建议其蘸酱料食用，并说明肉类经过正规的监测，是合格无害的产品，这样也能让其他消费者看到，避免出现误会，图 11-29 所示为某团购活动面对消费者抱怨"肉难吃"的巧妙回复。

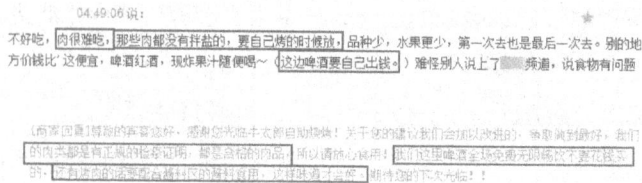

图 11-29　某团购活动面对差评的巧妙回复